Matthias Bartscher

Bildungs- und Erziehungspartnerschaften in Schulen (Band I)

Zusammenarbeit mit Eltern lebensweltorientiert planen und gestalten

Klett | Kallmeyer

Bibliografische Information der Deutschen Nationalbibliothek
Die Deutsche Nationalbibliothek verzeichnet diese Publikation in der Deutschen Nationalbibliografie; detaillierte bibliografische Daten sind im Internet über http://dnb.d-nb.de abrufbar.

Impressum

Matthias Bartscher
Bildungs- und Erziehungspartnerschaften in Schulen
Zusammenarbeit mit Eltern lebensweltorientiert planen und gestalten

1. Auflage 2021

www.friedrich-verlag.de

Redaktion: Inge Michels, Bonn
Realisation: Stefan Zielasko
Druck: BELTZ Grafische Betriebe GmbH, Bad Langensalza
Printed in Germany

ISBN: 978-3-7727-1520-4

Matthias Bartscher

Bildungs- und Erziehungspartnerschaften in Schulen (Band I)

Zusammenarbeit mit Eltern lebensweltorientiert planen und gestalten

Klett | Kallmeyer

TEIL I: Familie und Schule – Perspektiven

TEIL II: Fachliche Grundlagen

TEIL III: Praxis gestalten

Vorwort

Bildungs- und Erziehungspartnerschaften zwischen Elternhaus und Schule sind unabdingbar, wenn der enge Zusammenhang zwischen Schulerfolg und sozialer Herkunft seine Dichte verlieren soll.
In diesem Buch bringt Matthias Bartscher seine langjährigen Erfahrungen in der Kooperation von Elternhaus und Schule auf den Punkt. Er macht das in der unverwechselbaren Art, mit der ich ihn schon vor drei Jahrzehnten kennen und schätzen gelernt habe. An der Universität Bielefeld hatten wir damals ein Forschungsprojekt gestartet, das sich mit gesundheitlichen Entwicklungsproblemen von Kindern in schwierigen familiären Lebenssituationen auseinandersetzte. Matthias Bartscher kam als Praktiker in diesen Kreis, als kommunaler Projektmanager, der intensiv in die Stadtteilarbeit im Norden von Hamm einbezogen war. Die Stadt Hamm war damals, nicht zuletzt wegen des immensen Einsatzes von Matthias Bartscher, in Deutschland führend in dem, was später als „Quartiersentwicklung" bekannt wurde. Sie verfolgte einen umfassenden Ansatz mit dem Ziel, die Ausbreitung von Armutslagen einzudämmen. Die Besonderheit des Hammer Ansatzes lag darin, über rein finanzielle Unterstützungsmodelle hinauszugehen und strukturelle und dauerhafte Lösungen zu forcieren.

Mit diesem Wissen und den daraus gewachsenen Erfahrungen kam Matthias Bartscher in unser Projektteam. Er hat dafür gesorgt, dass wir uns in der weiteren Projektarbeit auf die Analyse von strukturellen und systemischen Ansätzen konzentriert haben, die für gesundheitliche Beeinträchtigungen, soziale Benachteiligungen und Vernachlässigungen und für das Schulversagen von Kindern und Jugendlichen verantwortlich sind. Er hat uns demonstriert, warum zum Beispiel die Gewaltausübung von Jugendlichen immer auch ein Indikator für ein zugrunde liegendes soziales Problem in der Familie und in der Schule und meist für eine schlechte Kooperation zwischen diesen beiden Sozialisationseinrichtungen ist. Er arbeitete damals eng mit der Hauptschule in dem betreffenden Stadtteil in Hamm zusammen und unterstützte die Schule bei einer neuartigen zugehenden Elternarbeit. Sein Bestreben lag darin, eine Einbindung dieser Aktivitäten in eine umfassende Stadtteilerneuerung herzustellen.

Matthias Bartscher ist diesem Ansatz bis heute treu geblieben und hat ihn ständig weiterentwickelt. Seine Kernidee: Die Schule kann zum Zentrum für das soziale Leben von Kindern und Jugendlichen in ihrem jeweiligen Umfeld werden, aber das schafft sie nur, wenn sie über den engeren schulischen Arbeitsprozess im Unterricht hinaus das ganze Schulleben mit aufnimmt und zusätzlich in die umfassenden sozialen Strukturen der Gemeinde hineinwirkt. Die Schule kann auf diese Weise zu einem Zentrum für die Sozial- und Kulturentwicklung eines Stadtteils werden. Und am allerwichtigsten: Die Eltern spielen hierbei die absolute Schlüsselrolle. Es ist nicht etwa nur so, dass der Lernprozess der Kinder in der Schule ohne ihre Eltern nicht möglich ist, die Eltern also immer mitgenommen und begleitend eingezogen werden müssen. Nein, auch auf die soziale Entwicklung der Kinder und Jugendlichen kann eine Schule Einfluss nehmen, wenn sie sich mit Eltern zusammentut.

Wie ein solcher Ansatz konkret aussehen kann, demonstriert Bartscher bis heute. Er hat zusammen mit der Schulleiterin und vielen weiteren Akteuren die „Elternschule Hamm" etabliert, die inzwischen Ausstrahlungskraft über die westfälische Region hinaus besitzt. Auf diese Weise sollen Eltern von Geburt an zum einen darin unterstützt werden, sich gegenüber ihren Kindern so zu verhalten, dass diese an der Schule mehr Freude und mehr Erfolg haben. Zum anderen leistet die Elternschule aber auch Strukturarbeit. Sie fungiert gewissermaßen als eine Agentur für die Erziehungspartnerschaft zwischen Bildungseinrichtungen und Elternhäusern in ihrer Region.

Diese intensiven Vorarbeiten bilden die Grundlage für das hier vorliegende Buch. In ihm verallgemeinert Matthias Bartscher seine langjährigen Erfahrungen und stellt sie in einen umfassenden konzeptionellen Rahmen. Das Buch ist gewissermaßen sein theoretisch abgesichertes Vermächtnis der bisherigen Arbeit. Er hat sich intensiv mit den konzeptionellen Ansätzen von Schul- und Elternarbeit und der Kooperation von Elternhaus und Schule auseinandergesetzt. Die Stärke seines Buches liegt darin, dass hier nicht aus der Literatur referiert, sondern sie herangezogen wird, um die konkreten Umsetzungsschritte gut begründet herzuleiten. Das Buch kann man wie eine Handreichung lesen, die auf verschiedene Schulen mit ihren unterschiedlichen Kollegien passt und Ansätze für die Kooperation mit den Elternhäusern zur Verfügung stellt.

Familien, das hat Matthias Bartscher schon früh erkannt – und diese Erkenntnis zieht sich wie ein roter Faden durch sein Buch –, sind heute in verschiedensten sozialen Konstellationen aufgestellt. Es gibt nicht „die" Familie, sondern es gibt *die Familien* – eine bunte Konstellation von der Großfamilie über die traditionelle Kleinfamilie bis zu Kombifamilien und Alleinerziehenden, von gut funktionierenden und bildungsorientierten bis zu denen, die mit den Bildungsangeboten für ihre Kinder gar nichts anfangen können.

Während der Corona-Pandemie sind alle diese Unterschiede und die sich daraus in einer Krisenkonstellation ergebenden Probleme schlaglichtartig deutlich geworden, als die Schulen vorübergehend ganz und teilweise schließen und auf einen teilweisen Distanzunterricht umschalten mussten. Sowohl für die Lehrkräfte an den Schulen als auch für die Eltern zu Hause wurde von heute auf morgen deutlich, wie stark die Schule das Familienleben beeinflusst und wie intensiv sie in die Familienkonstellationen hineinwirkt.

Dieses Buch ist nicht von einem Lehrer und auch nicht von einem Familientherapeuten geschrieben. Genau hierin liegt seine Besonderheit. Hier spricht ein Fachmann, der die beiden sozialen Systeme Schule und Familie aus einer unabhängigen, dritten Perspektive kennt und entsprechend sensibel einschätzen kann, welche Eigendynamik sie jeweils haben. Auf diese Weise gelingt es Matthias Bartscher herauszuarbeiten, wo die Schwierigkeiten in der Kooperation zwischen diesen beiden sozialen Systemen liegen, warum sie sich in vielen Bereichen geradezu zwangsläufig auseinanderentwickeln und sich teilweise voneinander abstoßen. Die beiden Systeme sind jeweils so stark mit ihren eigenen Abläufen, Aufgaben, Problemen und Konflikten beschäftigt, dass sie gar nicht wahrhaben wollen, nicht alleine in der Welt zu sein. Aber sie sind beide gemeinsam für den Bildungserfolg und den Erfolg der Persönlichkeitsentwicklung der ihnen anvertrauten Kinder und Jugendlichen verantwortlich. Deswegen müssen sie strukturell zusammenarbeiten.

Hierzu Vorschläge zu unterbreiten, im Detail die Berührungspunkte zwischen den beiden sozialen Systemen zu identifizieren und konkrete Konzepte und Schritte zu entwickeln, wie auf dieser prekären systemischen Basis eine Kooperation aussehen kann – das ist die Leistung dieses Buches. Es ist von der Philosophie getragen, dass die Arbeit sich lohnt, die sozialen Systeme Schule und Familie eng miteinander zu verzahnen, weil am Ende nicht nur die beiden Systeme, sondern vor allem die Kinder und Jugendlichen profitieren.

Das Buch ist ausgezeichnet geschrieben, und man merkt jeder Zeile an, mit welcher Zuwendung und welcher Empathie Matthias Bartscher sich sowohl mit der Arbeit der Lehrkräfte in Schulen als auch mit der Aktivität der Eltern in den Familien beschäftigt. Er geht mit sympathisierendem Blick auf die unterschiedlichen Spielräume und Zwänge in den Lebenswelten der Schulen und der Familien ein. Er macht deutlich, wie unterschiedlich die Wege der Kooperation zwischen diesen beiden Einrichtungen sein müssen. Es gibt nicht die eine Schule und es gibt nicht die eine Familie, sondern beide sind vielfältig und bunt, und daraus können sich sehr unterschiedliche und sehr spannende Formen der Zusammenarbeit ergeben.

Aber: Es gibt auch klare Kriterien für die Beurteilung einer guten Kooperation. Diese werden, und das ist wohl der wichtigste Ertrag des Buches, auf der Basis der langjährigen Erfahrung und vielfältiger Anwendungsmodelle konkret herausgearbeitet. Matthias Bartscher erarbeitet ein sorgfältig abgestimmtes Konzept der Qualitätskontrolle, welches es bisher noch nicht gegeben hat. Ich bin mir ganz sicher, dass dieses Konzept Maßstäbe setzen wird.

Klaus Hurrelmann
Professor of Public Health and Education an der Hertie School of Governance, Berlin.

Einleitung

Über „Elternarbeit" in Schulen wird schon seit vielen Jahren geschrieben. Seit 15 Jahren fokussiert sich der Diskurs auf die Entwicklung der Beziehungen zwischen Lehrkräften und Eltern hin zu einer partnerschaftlichen Kooperation auf Augenhöhe – wie auch immer diese dann zu definieren sei. Entsprechende Diskussionen habe ich selbst in vielen Weiterbildungen für und in Schulen geführt und immer wieder auch dazu geschrieben. Heute sind allgemeine Leitlinien und konkrete Standards für die Zusammenarbeit zwischen Elternhaus und Schule verfügbar, sehr vieles davon wissenschaftlich abgesichert. Mit diesem zweibändigen Werk will ich die Entwicklungslinien pointiert nachzeichnen und den Stand der Fachdiskussion zur konstruktiven Zusammenarbeit mit Eltern unter Einbeziehung ihrer Kinder komprimiert verfügbar machen. Damit wende ich mich vor allem an Akteure, die in der Schule mit Eltern in einer beruflichen Rolle kooperieren: Lehrkräfte, Schulleitungen, Fachkräfte der Schulsozialarbeit, Erzieherinnen und Erzieher. Genauso richte ich mich aber auch an alle Kooperationspartner von Schulen, angefangen bei schulpsychologischen Fachkräften bis hin zu Fachkräften aus der Kinder- und Jugendhilfe und dem Gesundheitssystem. Und wenn interessierte Eltern dieses Fachbuch lesen und die Ideen in die Schulen tragen, freue ich mich sehr.

Die Suche nach neuen Wegen und Konzepten der Kooperation war insbesondere von dem Mythos der schwer erreichbaren Eltern bestimmt (vgl. dazu v.a. Medvedev 2020). Eltern, die den institutionellen Erwartungen des Systems Schule nicht entsprechen, werden allzu schnell als uninteressiert und demotiviert etikettiert. Mir widerstrebte zunehmend, in diesen Chor einzustimmen, und die Entstehung dieses Buches ist nicht zuletzt auch dadurch zu erklären, dass ich über viele Jahre hinweg immer wieder neue Argumente suchte, die ich – in Weiterbildungen und Fachveranstaltungen – diesem Mythos entgegenhalten konnte.

Die erste Erkenntnis: Es gibt keine einfachen Antworten, keine Rezepte. Deshalb bündeln insbesondere die ersten beiden Kapitel unterschiedliche Perspektiven auf Elternschaft und die Kooperation mit ihnen. Sie liefern Sichtweisen, die eine Weiterentwicklung der Professionalität der Fachkräfte anstoßen können; eine Professionalität, die auf hilfreichem Wissen basiert, auf einer geeigneten professionellen Haltung, und nicht zuletzt auf methodischen Handwerkszeug, um Brücken besonders zu den Eltern zu bauen, deren Mitwirkung am Bildungserfolg vordringlich notwendig ist.

Das setzt voraus, dass sich nicht nur Fachkräfte, sondern Schulen insgesamt weiterentwickeln. Doch scheinen Schulleitungen und Lehrkräfte angesichts immer neuer Reformbestrebungen müde zu sein. Wenn man genauer hinschaut, sieht man häufig Fassadenarbeit, denn die Fundamente und prägenden Strukturen des schulischen Systems bleiben unangetastet. Sie haben sich mit Beginn der Schulpflicht herauskristallisiert und seitdem nur oberflächlich geändert – und sind ja auch nur schwer zu ändern. Selbst wenn Lehramtsstudenten neue, wirksamere Methoden des Lehrens und Lernens kennenlernen, passen sie sich – in der Schule angekommen – den gegebenen Strukturen an. Reformen finden an der Oberfläche statt, während elementare Systemfaktoren unverändert bleiben: eine Lehrkraft pro Klasse, stringenter Stundentakt, jahrgangsbezogenes Lernen, Notengebung, Lernen im Fächerkanon, schulische Maßnahmen statt pädagogischer Beziehungen, wissensorientiertes lebensweltfremdes Lernen und vieles mehr. Eltern spielten und spielen in diesem System nur eine randständige Rolle.

Wenn man sich mit pädagogischen, psychologischen und medizinischen Erkenntnissen über Lernen und Entwicklung beschäftigt, ist zu erkennen, dass Schule, so wie sie heute verfasst ist, gegen wesentliche Prinzipien guten und wirksamen Lernens verstößt. Die Bildungsbedeutung des familiären Systems und das Potenzial von gut kooperierenden Eltern (aller Eltern!) gehört immer noch zu den unerkannten und ungenutzten Chancen für eine wirksame Weiterentwicklung des Bildungssystems. Aus diesem Grund mache ich mich in diesem Buch auf den Weg, meine Erfahrungen und Erkenntnisse in der Zusammenarbeit mit Eltern in Schulen aufzuschreiben; in der Hoffnung, dass die Leserinnen und Leser sich davon inspirieren lassen. Nicht weil ich denke, ich könnte jemandem Ratschläge geben. Vielmehr möchte ich inspirieren, zum Nachdenken anregen, Anstöße geben – so wie ich selbst von für mich wichtigen Büchern profitiert habe. Ich wende mich an die vielen neugierigen, mutigen, engagierten Lehrkräfte, Schulleitungen und weitere pädagogische Fachkräfte, wie ich sie in Schulen kennengelernt habe und mit ihnen zusammenarbeiten durfte. Sie leiden unter dem real existierenden Schulsystem und machen dennoch das Beste aus der gegebenen Situation.

Es ist mein Anliegen, den Blick nach vorne zu richten. Wie wird sich die Gesellschaft ändern, wie muss sich demzufolge auch Schule entwickeln? Diese generelle Frage wird in diesen Jahren noch einmal verschärft durch die Corona-Krise, die uns alle vor größte Herausforderungen stellt, die aber auch zeigt, wie schnell man Dinge fundamental ändern kann, wenn es die Situation erfordert und dieser Druck allgemein akzeptiert wird. Ich sehe vor allem folgende Herausforderungen:

- Der Abschied des Schulsystems vom kanonischen Wissenserwerb hin zu einer echten Kompetenzorientierung ist überfällig. Wie können Kinder und Jugendliche auf eine völlig ungewisse Zukunft vorbereitet werden? So lautet die wichtige Frage! Wir brauchen eine Kompetenzorientierung, die einerseits auf selbstständiges Lernen und Wissensaneignung ausgerichtet ist, zum anderen aber auch zentrale Selbst- und Sozialkompetenzen vermittelt, die junge Menschen befähigen, mit Unsicherheit, Unterschiedlichkeit und Vielfalt klarzukommen und die Gesellschaft mitzugestalten.

- Ebenso wichtig sind alle mit der Digitalisierung von Unterricht und Kommunikation verbundenen Fragen. Hier geht es mir nicht um die technischen Fragen, sondern mich beschäftigt, wie sich menschliche Beziehungen angesichts umfassender Digitalisierungsprozesse gestalten lassen, ohne dass Humanität verloren geht.
- Als weiterer Punkt lässt sich festhalten: Es gibt viele Initiativen von Menschen innerhalb des Schulsystems und an seinen Rändern, die Schule zu einem Lebensort wandeln wollen; die endlich Erkenntnisse aller Wissenschaften um Lernen, Entwicklung und Motivation ernst nehmen und Strukturen, Methoden und Beziehungen wandeln wollen. Und nicht zuletzt steht die Herausforderung echter Inklusion zwar auf der Agenda, ist aber noch lange nicht bewältigt. Mir geht es um eine Inklusion im umfassenden Sinne, die mehr als die schulische Teilhabe von Kindern mit (drohenden) Behinderungen und sonderpädagogischem Förderbedarf darstellt; Teilhabe aller Eltern, Teilhabe auch zugewanderter Kinder und eine Vielfalt auch in den unterschiedlichen Begabungen, denn heute werden vor allem intellektuelle Begabungen bevorzugt.

Bei allen genannten Herausforderungen ist die Bedeutung einer partnerschaftlichen Zusammenarbeit mit Eltern, ihre Einbeziehung in echte Bildungs- und Erziehungspartnerschaften notwendig.

Mir stellte sich die Frage: Darf man als Externer überhaupt ein Buch über die Arbeit in Schulen schreiben? Ich habe nie Unterricht gegeben, war nie Lehrkraft oder Schulsozialarbeiter, und trotzdem hatte ich immer beruflich mit Schulen zu tun. Ich schreibe zunächst aus der Perspektive derjenigen Eltern, mit denen ich als Berater oder Elternbildner für die Stadt Hamm zu tun hatte. In diesen Funktionen habe ich beruflich intensiv in und mit Schulen gearbeitet, ich war z.B. Kooperationspartner in schulischen Bildungsnetzwerken – zunächst in der Stadtteilarbeit im Hammer Norden. Dort haben wir – ein Verbund von Fachkräften aus Schule, Jugendhilfe, Stadtplanung, Polizei, Justiz und vielen anderen – in den 90er-Jahren gemeinsam einen vernachlässigten, durch Gewalt und andere soziale Probleme geprägten Stadtteil nach vorne gebracht.

Die Initiative hatte eine Hauptschule ergriffen, sie stand lange im Zentrum der Stadtteilentwicklung. Die Akteure der Karlschule haben mich exemplarisch gelehrt, wie Schulen und Lehrkräfte tatkräftig ihre Einrichtung und das Umfeld erneuern können, allen voran der damalige Schulleiter Peter Bunke. Bei der Entwicklung der Elternschule Hamm, mit der wir uns ab dem Jahr 2000 gegen Kinderarmut einsetzten, gehörten Lehrkräfte zum engsten Projektteam. Wir wollten präventiv mit Eltern arbeiten und sie auch deshalb unterstützen, damit ihre Kinder besser in der Schule lernen können. Die danach folgende Dekade in der Erziehungsberatung und Schulpsychologie war von der Erfahrung geprägt, dass Eltern und Familien nicht nur Probleme in die Schule bringen, die durch Diagnostik und Beratung/Therapie zu „reparieren" sind, sondern selbst unter schulischen Dysfunktionalitäten und ungünstig agierenden Fachkräften leiden. So lernte ich – und wurde mir sicherer darin, dass die offensive strukturelle Einbindung aller Eltern in schulische Arbeit ein Schlüssel für den Bildungserfolg sein kann; in einer viel umfassenderen Art und Weise, als wir es heute noch tun. Hierfür erscheint mir seit einer Reihe von Jahren der Begriff der Bildungs- und Erziehungspartnerschaft als programmatische Kategorie am besten geeignet zu sein.

Zur Struktur des Buches: Für die ersten *drei Kapitel* (Teil I) dieses ersten Bandes (ein zweiter ist in Arbeit) habe ich mir ausführlich Zeit genommen, um mich mit der beständig gewachsenen Vielfalt von Familien beschäftigen zu können. Dass Eltern nicht gleich Eltern sind, war mir schon immer klar, doch wenn man sich mit aktuellen bildungstheoretischen, soziologischen, psychologischen und pädagogischen Perspektiven auf Elternschaft auseinandersetzt, entsteht – bildlich gesprochen – aus den in der öffentlichen Wahrnehmung immer noch präsenten typischen Familienfotos von einem glücklichen Elternpaar mit zwei glücklichen Kindern (fast immer ein Mädchen und ein Junge) ein „Wimmelbild" in der Art von Pieter Bruegel oder Ali Mitgutsch. Erst aus der Auseinandersetzung mit all diesen Facetten moderner Elternschaft kann sich professionelle Empathie entwickeln.

Im *vierten und fünften Kapitel* (Teil II) habe ich mich auf die Suche nach Konzepten gemacht, die geeignet sind, Fachkräfte in der Zusammenarbeit mit Eltern wissenschaftlich fundiert zu unterstützen. Mit vielen Eltern gelingt eine gute Zusammenarbeit intuitiv und leicht, doch die als herausfordernd erlebten Eltern und die Situationen, in denen man sich immer wieder in kommunikativen Fallstricken verfängt, benötigen fachliche Kompetenz in der Zusammenarbeit, die sich nicht aus der pädagogischen Arbeit mit Kindern ableiten lässt. Ich habe mich – so viel sei an dieser Stelle vorweggenommen – für das Konzept der Lebensweltorientierung entschieden und es für diesen Kontext ausgearbeitet und angepasst, weil es im Unterschied zu vielen anderen Elternarbeitskonzepten nichttherapeutischen Ursprungs ist und die politische Dimension pädagogischen Handelns im Blick behält.

Die Gedankengänge der ersten vier Kapitel lassen sich im *fünften Kapitel* zu Qualitätsmerkmalen der Bildungs- und Erziehungspartnerschaft bündeln. Diese Qualitätsmerkmale sind – internationale Ansätze zum Vorbild nehmend – mehrstufig aufgebaut und ermöglichen es, langfristige Entwicklungsprozesse in Schulen zu gestalten.

Die *sechsten und siebten Kapitel* (Teil III) bieten Anregungen und Hilfen für die praktische Umsetzung, zunächst für die schulinternen Entwicklungs- und Managementprozesse, dann aber auch für die notwendige effektive Gestaltung der Kooperationsbeziehungen und der Netzwerke.

Abgerundet wird dieser erste Band im *achten Kapitel* durch Empfehlungen für eine erfolgreiche Arbeit in solchen Fällen, in denen es Vermutungen über eine Kindeswohlgefährdung gibt. In der bisherigen Fachdiskussion zur Zusammenarbeit von Eltern und Schule wird dieser Aspekt zu wenig berücksichtigt. Ich bin der Auffassung, dass sich die Prinzipien einer partnerschaftlichen Zusammenarbeit besonders in diesen krisenhaften und konflikthaft zugespitzten Phasen bewähren müssen und glaubwürdig werden.

Ich danke in besonderer Weise Prof. Dr. Werner Sacher, von dem ich unglaublich viel lernen und den ich auch persönlich kennenlernen durfte. Sein Einfluss auf dieses Buch ist nicht nur an der Vielzahl der Zitate abzulesen. Für die stete Ermutigung danke ich ebenso Prof. Dr. Klaus Hurrelmann. Für die Denkanstöße aus den Sinus- und Deltastudien und für seine praktische Unterstützung danke ich Prof. Dr. Carsten Wippermann. Außerdem freue ich mich über die Kooperation mit RuhrFutur, die in meiner Region viel für die Zusammenarbeit von Eltern und Schule getan hat.

Bei der Textarbeit hat mich Petra von der Linde hilfreich und ermutigend begleitet. Serife Tiryaki danke ich für ihr Korrekturlesen und Inge Michels hat als Redakteurin mit Wertschätzung, fundierter Kritik und Genauigkeit das Buch rund gemacht. Danken will ich von Herzen auch meiner ganzen Familie, besonders Dorothea und Ruben, die dieses Projekt mitgetragen haben.

Abschließend noch ein Wort zum Sprachgebrauch: Die Berücksichtigung der Geschlechterperspektive ist mir wichtig. Ich verwende im Verlauf des Textes vorrangig neutrale Begriffe und darüber hinaus männliche und weibliche Formen unsystematisch wechselnd. Wenn dies manchmal irritiert, mag dies ein Indikator für unser noch patriarchalisch geprägtes Sprachempfinden sein.

Eine zweite sprachliche Herausforderung war ebenfalls zu bewältigen. Neben den Lehrkräften wird Schule ja heute auch von anderen Berufsgruppen mitgetragen. In Schulen, die die Zusammenarbeit der vielfältigen Professionen ernst nehmen, wurde z.B. das „Lehrerzimmer" in „Teamraum" umbenannt. Der Begriff der „pädagogischen Fachkraft" wird aber als Oberbegriff für alle professionellen Akteure in der Schule noch nicht ausreichend akzeptiert. So habe ich aus Gründen der Lesbar- und der Verständlichkeit verschiedene Begriffe (Lehrkraft, Fachkraft, Akteur, Profi etc.) verwendet – und meist stehen sie als „Pars pro Toto".

Teil I:
Familie und Schule – Perspektiven

1 Familie und Schule im Wandel – Herausforderungen für die Praxis

Um professionelle Empathie für Familien zu entwickeln und zu verstehen, warum das Verhältnis zwischen Eltern und Schule so schwierig geworden ist, hilft es, sich zu vergegenwärtigen, unter welchen gesellschaftlichen Einflüssen Eltern erziehen, Kinder aufwachsen und wie diese Einflüsse sich über die Jahre verändert haben. Interessanterweise scheinen die Möglichkeiten unserer Gesellschaft nie so groß und vielfältig wie heute gewesen zu sein, gleichzeitig spüren viele Eltern eine große Verunsicherung und entwickeln ausgeprägte Ängste um ihre Kinder. In ihrer Gefühlsbilanz überwiegen eher Schuldgefühle, Versagensängste, Stress und Druck als Zufriedenheit, Glück und Stolz.

In der beruflichen Zusammenarbeit mit Eltern helfen Ihnen die folgenden Reflexionen, von den eigenen familiären Prägungen und eigenen Lebenserfahrungen zu abstrahieren und sich eine professionelle Perspektive auf ihre wichtigsten Kooperationspartner zu erarbeiten.

1.1 Benachteiligende Effekte im Bildungssystem erkennen und berücksichtigen

Jedes Kind – unabhängig von seiner Herkunft – sollte eigentlich im Rahmen seiner individuellen Potenziale bestmögliche Bildungsabschlüsse erreichen. Doch gerade familienbezogene Faktoren wirken sich in erheblichem Maß auf gelingende oder misslingende Bildung aus. Die Bildungsforschung kann diese Zusammenhänge gut beschreiben.

1.1.1 Bildungserfolg und soziale Herkunft

Spätestens seit den ersten PISA-Studien wissen wir, dass der Zusammenhang von Bildungserfolg und Herkunft in Deutschland sehr ausgeprägt ist. Die Studien „zeigen, dass in kaum einem anderen vergleichbaren Industriestaat der Schulerfolg so sehr vom Einkommen und Bildung der Eltern abhängt wie in Deutschland" (Dombrowski/Solga 2012, S. 59). Besonders Werner Sacher hat sich in den letzten 20 Jahren mit diesen Effekten auseinandergesetzt und die deutsche Diskussion über die Qualität der Zusammenarbeit zwischen Elternhaus und Schule geprägt (Sacher 2008, 2014, 2019). Er zeigt anhand aktueller Studien und weltweiter Forschungsergebnisse der letzten fünf Jahrzehnte (vgl. Sacher u. a. 2019, S.9 f.), dass der Bildungserfolg und die Persönlichkeitsentwicklung von Kindern reichlich doppelt so stark durch die Familie bestimmt werden wie durch Schule, Lehrkräfte und Unterricht (vgl. Tab. 1). Das gilt nicht nur für den frühkindlichen Bereich, sondern für alle Bildungsabschnitte bis zum Übergang in den Beruf. Manchmal wird eingewandt, dass die Hattie-Studie andere Aussagen mache. Doch korrigiert Hattie diese Befundlage nicht wirklich: Zwar führt er das Elternhaus erst als fünftstärksten Einflussfaktor auf die Schulleistung an (Hattie 2013, S. 22), aber er weist auch ausdrücklich darauf hin, dass „die größeren Effekte des Elternhauses (...) schon in den Eigenschaften des Schülers enthalten" sind (Hattie 2003, S.2). Denn vieles von dem, was Schülerinnen und Schüler „mitbringen", ist stark durch ihr familiäres Umfeld geprägt.

Begleituntersuchungen zu PISA 2000 (OECD 2001: 356 f.)	Einflüsse von Schule, Lehrkräften, Unterricht	Einflüsse der Familie	Sonstige Einflüsse
Lesekompetenz	31,0%	66,1%	2,9%
Mathematische Kompetenz	28,3%	62,0%	9,7%
Naturwissensch. Kompetenz	29,4%	62,6%	8,0%

Tabelle 1: Einflussfaktoren auf den Bildungserfolg (Sacher 2012, S. 3)[1]

Nachdem in den Jahren nach PISA 2000 und dem damit verbundenen Schock in Deutschland einiges passiert zu sein schien und die Ergebnisse wieder besser wurden, hat die PISA-Studie 2019 gezeigt, dass die Schere erneut mehr aufgeht: „Die sozial privilegiertesten Schüler haben im Schnitt einen Lernvorsprung von vier Jahren. Verschlechtert haben sich die Schülerleistungen vor allem an den Schulformen unterhalb des Gymnasiums – wenn diese schlechter ausgestattet und vom Lehrkräftemangel betroffen sind. Bedenklich gewachsen ist auch die Gruppe der Schüler, die nur auf dem untersten Kompetenzniveau oder darunter lesen und rechnen können" (Burchard 2019).

1 Die Tabelle in einer Präsentation von Sacher war für mich ein Schlüsselerlebnis. Nach vielen Jahren praktischer Beschäftigung mit Eltern, Familie und Bildung war mir intuitiv klar, dass der Einfluss von Eltern auf Bildung groß sein musste – aber so groß?

1.1.2 Effekte bei den Grundschulempfehlungen zur weiterführenden Schule

Gut erkennbar ist die Bedeutung der sozialen Herkunft z.B. bei den Übergangsempfehlungen zum Ende der Grundschulzeit. Sie sind in den meisten Bundesländern nicht mehr verbindlich, gleichwohl haben sie eine hohe Bedeutung. Und hier lässt sich feststellen: Bei gleichen Lesekompetenzen und gleichem Niveau an kognitiven Grundfähigkeiten erhalten Kinder von Eltern mit höheren beruflichen Leitungspositionen oder Hochschulberufen mit einer 2,6-mal höheren Wahrscheinlichkeit eine gymnasiale Empfehlung als Kinder aus Facharbeiterfamilien und mit einer 4,5-mal höheren Wahrscheinlichkeit als Kinder von un- und angelernten Arbeitern (vgl. Dombrowski/Solga 2012, S. 57).

Der Effekt ist sogar noch ausgeprägter, wenn man sich die Einstellungen der Eltern anschaut: Mütter und Väter aus den unteren sozialen Schichten streben auch bei einem gut begabten Kind eher selten eine gymnasiale Schulentwicklung ihres Kindes an. Bei der Schulwahl zum Abschluss der Grundschulzeit kommen also mehrere ungünstige Effekte zusammen. Die Bildungsforschung unterscheidet hier drei Arten von Effekten (vgl. Blossfeld u.a. 2019):

- Basis der Übergangsentscheidungen bilden als primärer Effekt die schulrelevanten kognitiven Fähigkeiten (primärer Effekt I) und die schulrelevanten nichtkognitiven Fähigkeiten (primärer Effekt II) eines Kindes.
- Als sekundärer Effekt werden die familiären Bildungsentscheidungen der Familie bezeichnet. Eltern, die selbst einen geringen sozialen Status und keine besonders erfolgreiche eigene Schulkarriere absolviert haben, gehen aufgrund eigener Ängste und mangelnden Zutrauens zu sich selbst und zu ihrem Kind auf „Nummer sicher“. Sie entscheiden sich gegen den direkten Weg zu höheren Bildungsabschlüssen. Auch Unwissenheit über Unterstützungs- und Fördermöglichkeiten und nicht zuletzt Schamgefühle gegenüber Eltern höherer sozialer Schichten tragen zu diesem Effekt bei.
- Den tertiären Effekt bilden die Empfehlungen der Lehrkraft. Wahrnehmungs- und Vorurteilseffekte können bei ihnen bewirken, dass sie die Kompetenzen eines Kindes entweder aufgrund seiner sozialen Herkunft nicht richtig einschätzen (vgl. Roth 2011, S. 194 ff.) oder ihm bzw. seinen Eltern nicht zutrauen, an einer „höheren“ Schulform zu bestehen.

Als weiterer Faktor kommen weiterführende Schulformen (insbesondere Gymnasien) hinzu, die z.T. bei Weitem noch nicht genügend darauf eingestellt sind, intelligente Kinder unabhängig von der Kooperationsleistung der Familie zum Schulerfolg zu bringen.

Eigentlich dürfte es kein Problem sein, die Bildungskarriere nach der Grundschule mit dem Besuch einer Hauptschule zu beginnen, denn offiziell ermöglicht das deutsche Schulsystem jederzeit Übergänge zwischen den Schulformen, sodass jedes Kind sich seinem Potenzial entsprechend entwickeln und auch über den Besuch der Hauptschule Abitur machen könne. Doch das deutsche mehrgliedrige Schulsystem ist von einer Entkopplung von besuchtem Schultyp und erworbenem Schulabschluss noch weit entfernt (Dombrowski/Solga 2012, S. 62). Hinzu kommt, dass der Wechsel begabter Kinder auf eine höhere Schulform zwar als Option angeboten wird, in der Praxis aber deutlich seltener vorkommt als der Wechsel zu einer formal niedrigeren Schulform. So kommen auf einen Schulaufsteiger in Deutschland mehr als zwei Absteiger, wobei die Unterschiede zwischen den Bundesländern gravierend sind (vgl. Schmoll 2012; Bellenberg 2012, 41 ff.).

1.1.3 Benachteiligende Umwelten

Bedacht werden muss auch, dass ungünstige sozioökonomische Effekte an bestimmten Stellen kumulieren. Dies führt dazu, dass Hauptschulen, die sowohl bei Eltern und Kindern als auch bei politischen Entscheidungsträgern als Restschulen gelten, in „kritischen Schulmilieus" als nicht mehr akzeptable Schulen angesehen werden (Baumert u.a. 2003, S. 162). Die Probleme betreffen aber auch Grundschulen in sozialen Brennpunkten. Hier wirken dann mehrere negative Effekte und potenzieren sich:

- In einer Schule im Brennpunkt wird ein hoher Anteil von Schülerinnen und Schülern angemeldet, die aus Sicht des Schulsystems ungünstige Voraussetzungen mitbringen und die sich z. T. gegenseitig als negative Vorbilder dienen, während positive Vorbilder seltener zu finden sind.
- Die Ressourcen in den Familien, in der Verwandtschaft und in den Nachbarschaften sind sehr gering. Kindern und Jugendlichen fehlen auch hier Vorbilder für gelungene Bildungskarrieren.
- Durch eine Häufung von Störungen und akuten Problemlagen wie Gewalt, Kriminalität und Vandalismus in der Schule und ihrem Umfeld sinkt der Anteil von Zeiten, in denen „normaler Unterricht" möglich ist.

Familien mit starken Ressourcen sind bestrebt, diese Stadtteile zu verlassen, während Familien mit multiplen Problemlagen nur noch in diesen Umfeldern Wohnraum bezahlen können. Hohe Fluktuationen gibt es auch bei den Fachkräften, die wegen der schwierigen Arbeitsbedingungen häufig die Chancen zum Stellenwechsel ergreifen.

1.1.4 Migration

Aus den zuvor genannten Studien ist bekannt, dass die ca. 20 % Bildungsverlierer sehr häufig einen Zuwanderungshintergrund haben. Auch dieser Effekt ist in Deutschland besonders stark ausgeprägt (vgl. Dombrowski/Solga 2012: 61). Hier ist aber zu betonen, dass nicht vorrangig die Tatsache der Migration das Problem darstellt. Denn viele Kinder zugewanderter Familien erreichen sehr gute Bildungsverläufe. Vielmehr lässt sich ein großer Teil der Benachteiligung von Kindern mit Migrationshintergrund über ihre Schichtzugehörigkeit erklären (vgl. ebd., S. 69). Hinzu kommen weitere Aspekte:

- Das Beherrschen der deutschen Sprache spielt eine zentrale Rolle für den Bildungserfolg von Kindern mit Migrationshintergrund. Dies ist im deutschen Schulsystem viel ausgeprägter als in anderen Ländern, weil hier das Lernen sprachbetonter ist. Deshalb sind Benachteiligungen aufgrund von Sprachschwierigkeiten „wohl weniger ein ‚Defizit‘ der Schülerinnen als vielmehr ein Defizit der deutschen Schule“ (Dombrowski/Solga 2012, S. 70).
- Zu berücksichtigen ist darüber hinaus, dass das Wissen der Eltern über das deutsche Schulsystem eine wichtige Rolle bei der Unterstützung der Kinder durch die Familie spielt. Familien müssen die Bildungsbedeutung der Eltern im deutschen Schulsystem kennen und Kenntnisse über Bildungsgänge und Zugänge zu Unterstützungsmöglichkeiten haben. Sofern dieses Wissen nicht vermittelt wird, werden mögliche Potenziale seitens der Familien nicht genutzt.

1.1.5 Einkommenssituation – Armut und Reichtum

Knapp 7 % der Familien in Deutschland haben ein Nettoeinkommen unter 1.300 € zur Verfügung (statistisches Bundesamt 2018; vgl. Tab. 2). Die Familien mit Migrationshintergrund verdienen zwar insgesamt durchschnittlich weniger, aber die Migrationsfamilien verteilen sich über alle Einkommensgruppen hinweg. Die in vielen Fachdiskussionen implizite Gleichsetzung von Migrationshintergrund = Armut stimmt also nicht.

Wenn man über Armut und ihre Wirkungen spricht, reicht es allerdings nicht aus, allein auf den Einkommensaspekt zu schauen, denn viele Eltern tun unter sehr beengten finanziellen Verhältnissen das Beste für ihre Kinder. Die meisten Armutsdefinitionen (vgl. z. B. Stadt Hamm 2000) gehen von einer Kombination von finanzieller Armut (definiert z. B. durch weniger als 50 % des Durchschnittseinkommens) und benachteiligenden Lebenslagen aus (Arbeitslosigkeit der Eltern, Behinderungen, chronische Erkrankungen, sozial problematisches Umfeld etc.). Der politische und auch der pädagogische Handlungsbedarf ergeben sich aus den ungünstigen Wechselwirkungen dieser beiden Effekte.

Angaben in Prozent	Insgesamt	Ohne Migrationshintergrund	Mit Migrationshintergrund
Unter 1300	6,8	6,1	8,0
1300–2600	27,7	22,8	37,1
2600–4500	41,0	42,2	38,8
4500 und mehr	24,5	28,9	16,1

Tabelle 2: Familien mit Kind(ern) unter 18 Jahren nach monatlichem Nettoeinkommen und Migrationsstatus 2017 (Statistisches Bundesamt 2018, S. 60 Tab. 5)

1.1.6 Staatliche Umsteuerung – mehr Mittel für Bildung!

Die unterschiedlich starken Effekte der familiären Hintergründe auf die Bildungsentwicklung der Kinder lassen sich auch aus der Gewichtung der Bildungspolitik im Vergleich zur sozialen Sicherungspolitik ableiten. Der deutsche Weg wird besser erkennbar, wenn man sich andere Länder anschaut: Die skandinavische Tradition investiert z. B. gleich stark in die individuelle Bildung der Gesellschaftsmitglieder und in deren Absicherung gegen Risiken im Lebensverlauf. Die marktorientierte angelsächsische Tradition setzt im Hinblick auf soziale Sicherung auf das eigenverantwortliche Individuum, hat allerdings zuvor in Bildung investiert, um die Ausgangschancen für alle möglichst gleich zu gestalten.

In Deutschland fällt im internationalen Vergleich auf, „dass die Ausgaben für das Bildungssystem ungewöhnlich niedrig und die für das soziale Sicherungssystem ungewöhnlich hoch sind" (Hurrelmann/Bauer 2015, S. 128). Das deutsche Modell der Wohlfahrtspolitik spricht demnach der sozialen Sicherung mit ihren familienpolitischen Leistungen (Kindergeld, Steuervorteile etc.) die eindeutig größte Bedeutung zu. Aus meiner Sicht wäre es sinnvoller, einen erheblichen Teil der familienpolitischen Mittel in die Bildungseinrichtungen zu stecken und in eine unterstützende soziale Infrastruktur umzulenken.

P

Folgerungen für die Praxis (1)

In einer ersten Zwischenbilanz richtet sich der Fokus dieses Buches auf diejenigen Faktoren, die in der Kooperation Elternhaus-Schule gestaltbar sind. Dazu gehört ganz vorrangig das kulturelle Kapital der Familien. Daraus lassen sich folgende Konsequenzen ableiten:

- Der Begriff kulturelles Kapital wurde von dem französischen Soziologen Pierre Bourdieu geprägt, der zeigen wollte, dass gesellschaftliche Ungleichheit nicht nur auf finanzieller Armut und Reichtum beruht. Er unterschied dabei zwischen den verinnerlichten sprachlichen, kognitiven und sozialen Kompetenzen („inkorporierter Zustand des Kapitals“), welche Kinder in der Familie und später durch Bildungseinrichtungen erwerben, objektiviertem Kapital (Medien, Geräte, Instrumente etc.) und institutionalisiertem kulturellem Kapital (z. B. Bildungsabschlüsse) (Jurt 2013, S. 1). Der Kulturbegriff wird hier in einem umfassenden Sinne gebraucht. Er meint alle im Verlauf der Sozialisation erworbenen Kompetenzen, die es ermöglichen, sich in der Gesellschaft zu beteiligen. Kulturelles Kapital kann zum Beispiel benutzt werden, um finanzielles Kapital zu erwerben (z. B. durch Vorteile auf dem Arbeitsmarkt).
- PISA 2000 hat auf diese Effekte aufmerksam gemacht. Die Analyse zeigte, dass der Bildungserfolg mit positiven Synergien zwischen dem Elternhaus und dem schulischen Umfeld in Zusammenhang stehen könne. „Daher könnte es für die staatliche Politik ein wichtiges Ziel sein, mit den Eltern zusammenzuarbeiten, insbesondere mit denjenigen, die niedrigere Bildungsabschlüsse vorweisen, um deren Interaktion mit ihren Kindern und den Schulen ihrer Kinder so zu fördern, dass das Lernen der Kinder begünstigt wird“ (PISA 2001, S. 174). Bourdieus Ansatz ist aber auch als Kritik an dem bestehenden Schulsystem zu verstehen, das durch die Inhalte und Formen des formalisierten Bildungserwerbs Kinder aus Familien begünstigt, die selbst schon ein hohes kulturelles Kapital besitzen (vgl. Kuhnhenne u.a. 2012, S. 8 ff).
- Es gilt, die Aufmerksamkeit aller Akteure für Herkunftseffekte zu verbessern. Solange das Potenzial von Kindern und Jugendlichen aufgrund ihrer sozialen Herkunft systematisch verzerrt wahrgenommen wird, leiden darunter ihre Chancen. Gerade bei den Grundschulempfehlungen für die weiterführenden Schulen zeigt sich eine „unheilige Allianz“ mit den Bildungsaspirationen der Eltern. Aufgrund ihrer eigenen Ängste und Erfahrungen trauen sie ihren Kindern nicht genügend zu. Diese Eltern brauchen Ermutigung und Unterstützung und gleichzeitig Schulen, die in der Lage sind, alle Kinder gut zu fördern, unabhängig von familiären Unterstützungsmöglichkeiten.
- Wie kann das kulturelle Kapital der Familien gestärkt werden? Aus diesem Blickwinkel verändert sich der Fokus der Kooperation: Schule sollte viel mehr als bislang üblich zum Bildungs- und Unterstützungsort für Familien werden. Dies ist nicht ohne Weiteres umzusetzen und bedarf der weiteren Analyse (vgl. Kap. 1.10).

- Ein wichtiger Baustein von Bildungs- und Erziehungspartnerschaften ist der Umgang mit Armut. Finanzielle Benachteiligungen sollten im Rahmen der schulischen Möglichkeiten kompensiert werden (angefangen beim Arbeitsmaterial bis hin zu Kosten für Klassenfahrten). Manches leistet mittlerweile das Bildungs- und Teilhabepaket der Bundesregierung, allerdings mit einem hohen bürokratischen Aufwand. Aus meiner Sicht spricht alles dafür, schulische Bildung von finanziellen Beiträgen der Familien unabhängig zu machen.
- Noch viel wichtiger ist die Achtsamkeit für benachteiligende Lebenslagen, die häufig nicht ohne Weiteres erkennbar sind. Damit Eltern sich öffnen und auch schambesetzte Themen ansprechen, sind eine gute Beziehung und Vertrauen zwischen den Fachkräften und Eltern vonnöten.
- Und nicht zuletzt lassen die Hinweise zur Bedeutung von Sprache aufmerken. Insbesondere für Kinder, die nicht gut Deutsch sprechen, die aber durchaus ein hohes Lernpotenzial haben, muss es bessere Chancen geben, ihr Potenzial in Leistung umzusetzen. Hier sind auch die Eltern gefragt, ihre Kinder in geeigneter Weise im Erwerb der deutschen Sprache zu unterstützen.

Zwei politische Anmerkungen seien hier erlaubt:

- Chancengleichheit setzt neben den hier geforderten Anstrengungen vor Ort ein Schulsystem voraus, dass auf der Systemebene besser in der Lage ist, Kindern und Jugendlichen unabhängig von der familiären Unterstützung gute Bildung zu ermöglichen. Das betrifft insbesondere weiterführende Schulen, die Schülerinnen zu höheren Bildungsabschnitten bringen müssen, auch wenn die Eltern nicht die wünschenswerten Kooperationsleistungen erbringen können.
- Und es ist nicht zuletzt eine Frage des ethischen Anspruches an Bildungsgerechtigkeit, Schulen in sozialen Brennpunkten noch deutlich besser mit Ressourcen auszustatten, als dies an vielen Stellen schon ansatzweise geschieht; und nicht nur die Schulen, sondern die Sozialräume insgesamt.

1.2 Der „Bildungsort Familie" und das System Schule

Warum gerade in Deutschland der Zusammenhang zwischen familiären Faktoren und Schulerfolg so hoch ist, ist durch die Untersuchung des funktionalen Zusammenhangs zwischen Elternhaus und Schule besser zu verstehen. Wenn ich von „Familie als Bildungsort" spreche, mag dies zunächst irritieren. Eine Annäherung an die Idee der „Familie als ein Bildungsort" ergibt sich aus dem sozialökologischen Modell von Uri Bronfenbrenner (Bronfenbrenner 1989; s. Abb. 1 in Anlehnung an Bronfenbrenner).

1.2.1 Sozialökologisches Modell: Familie im Zentrum von Bildung

Bronfenbrenner verstand die kindliche Entwicklung vorrangig als Ergebnis von Interaktionen mit und zwischen verschiedenen Umwelten eines Kindes. Das Mikrosystem der Familie steht im Zentrum der weiteren Bildungsumwelten, die zeitliche und räumliche Dimensionen repräsentieren. So lässt sich die „Familie als Bildungsort“ folgendermaßen veranschaulichen:

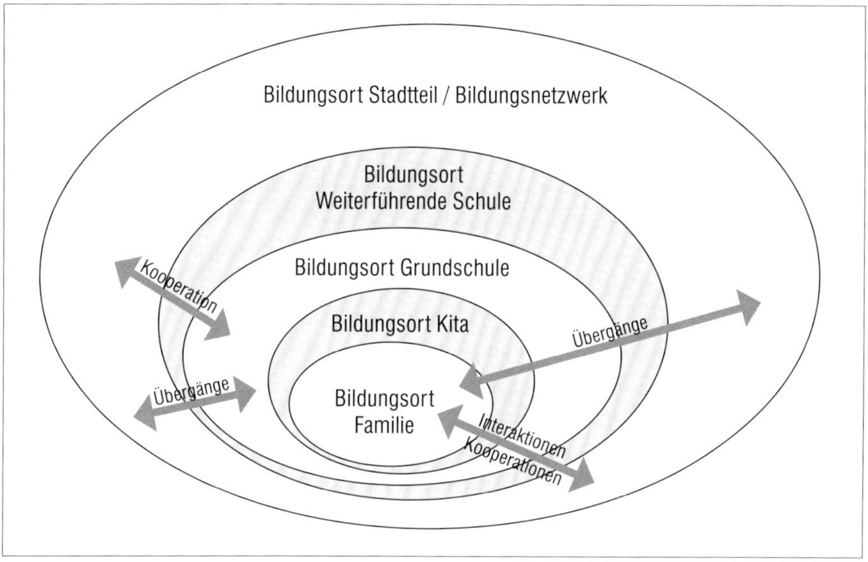

Abb. 1: Sozialökologisches Modell der Bildungssysteme (in Anlehnung an Bronfenbrenner)

Bildung beginnt in der Familie, und sie ist nicht abgeschlossen, wenn das Kind in die erste formale Bildungseinrichtung Kita bzw. Kindertagespflege aufgenommen wird. Vielmehr tritt mit dem ersten Tag des Kindes in der Bildungseinrichtung der formale Bildungsort neben den Bildungsort Familie.

Übergänge stellen nicht nur einmalige Systemwechsel zwischen Bildungsabschnitten dar, sondern Kinder wechseln täglich zwischen diesen Bildungswelten. Die Interdependenzen zwischen einzelnen Systemen erleichtern oder erschweren – je nach Ausgestaltung der Bezüge – „den Wechsel zw. diesen Mikrosystemen in unterschiedlichem Maße (aktuell diskutiert z. B. im Hinblick auf die Kooperation bzw. Erziehungs- und Bildungspartnerschaft von Elternhaus und Schule)“ (Walper 2020, S. 1). Der tägliche Übergang zwischen schulischen und familiären Lebenswelten ist für gelingende Bildung möglicherweise entscheidender als die Bildungsabschnittwechsel, deren Verbesserung im Moment bildungspolitisch im Fokus steht.

Aus den Dissonanzen zwischen diesen Lebenswelten lassen sich viele Störungen im Bildungsprozess erklären. Meine langjährigen Erfahrungen in der Beratungsarbeit haben gezeigt, wie häufig Lernstörungen und Entwicklungsprobleme von Kindern und Jugendlichen mit diesen Dissonanzen an den Schnittstellen zusammenhängen. Mit einem systemischen Verständnis in der Tradition Bronfenbrenners kann man diese Lern- und Entwicklungsprobleme nicht allein dem Kind oder seinen Eltern zuschreiben. Vielmehr kann eine „Synchronisierung" zwischen diesen Systemen entscheidend zu gelingender Bildung beitragen.

1.2.2 Der historische Blick: Die Bedeutung lebensweltlicher Bildungsprozesse und ihre Passung mit schulischen Anforderungen

Thomas Rauschenbach hat in seinem Essay „Zukunftschance Bildung: Familie, Jugendhilfe und Schule in neuer Allianz" nachgezeichnet, wie sich die lebensweltliche Bildung von formalisierten Bildungsinstitutionen abgekoppelt hat. Denn vor Einführung der Schulpflicht fanden Lernprozesse, die junge Menschen für ihr Leben als Erwachsene befähigt haben, hauptsächlich in den alltäglichen Lebensumwelten statt: in der Familie, in der Nachbarschaft, aber auch bei der Arbeit, die zumeist noch eng mit den familiären Abläufen verwoben war. „Zum einen haben moderne Gesellschaften ihrem Selbstverständnis nach die Aufgabe der Bildung der nachfolgenden Generation so weit an Sonderinstanzen wie Schule und Hochschule abgegeben, (...), dass deren jeweiliger Binnenhorizont zugleich zum offiziellen Referenzpunkt von Bildungspolitik und Bildungsforschung wird. Zum anderen wurde dadurch das Thema Bildung so weit aus dem Alltagsleben ausgelagert, dass die ‚Reste' des anderweitigen, des lebensweltlichen Bildungsgeschehens – diesseits dieser Sonderwelten – gedanklich aus dem Blickfeld zu geraten drohen" (Rauschenbach 2009, S. 76 f.). So stehen sämtliche Bildungsorte und Lernwelten außerhalb der Schule am Rand bildungspolitischer Strategien und müssen bis heute immer wieder um Anerkennung kämpfen.

1.2.3 Prekäre familiäre Bildungsvoraussetzungen und daraus resultierende Passungsprobleme

Es ist jedoch nicht so, dass die lebensweltlichen Lernprozesse verzichtbar wären. Schule basiert bis heute „geradezu alternativlos auf der Prämisse, dass externe Bildungsleistungen selbstverständlich und stillschweigend erbracht werden" (Rauschenbach 2009, S. 82). Weil aber Familien diese umfassenden Vorleistungen nur noch bedingt erfüllen, gerät Schule an ihre Grenzen und damit in Erklärungsnot. Denn der Anteil der im Sinne der Schule wohlerzogenen, sprachlich gut ausgestatteten, motivierten Kinder mit hoher Regel- und Autoritätsakzeptanz sinkt seit Jahren und es wird beklagt, dass die Kinder immer schwieriger werden. Die Ursachen dafür sind in veränderten gesellschaftlichen Bedingungen des Aufwachsens begründet, z. B. in sozioökonomischen Effekten, in Zuwanderungsbewegungen, nicht zuletzt aber auch in veränderten und sich immer weiter ausdifferenzierenden Wertorientierungen und Lebens- und Erziehungsstilen (vgl. dazu weiter Kap. 1.4 ff.). „Eine Gesellschaft, die durch Prozesse der Pluralisierung und durch eine Fragmentierung des Alltagsbewusstseins gekennzeichnet ist, in der der Autonomie des Einzelnen eine erhöhte Bedeutung zukommt, muss als Preis dafür billigend in Kauf nehmen, dass in Sachen Erziehung vermeintliche Sicherheiten verloren gehen, sich scheinbar bewährte Praktiken als unzureichend, dysfunktional erweisen und klare Orientierungsmaßstäbe verschwimmen“ (Rauschenbach 2009, S. 130).

Diese Entwicklungen bringen für viele Kinder eine mangelnde „Passungsfähigkeit“ mit sich. In den offiziellen Statuten ist der Begriff der „Schulreife“ abgeschafft worden (Niesel 2015) und Schule als Institution behauptet, individuelle Förderung und Inklusion zu leisten, kann das aber in der Praxis ohne externe Unterstützung oft nicht einhalten. So werden Kinder allzu oft als „schwierig“ wahrgenommen und entsprechende Hilfen eingeleitet[2]. Die Modernisierungsfolgen werden also entgegen allen Proklamationen individualisierter Lernstrategien und inklusiver Ansprüche den Kindern und Familien als deren Problem zugeschrieben. Dies führt zu vielfältigen Brüchen und Paradoxien im Zusammenspiel von Bildungseinrichtungen, Familien und externen Partnern. Zugespitzt bedeutet dies: Damit Schulen ihren Auftrag noch erfüllen können, müssen bei Kindern Probleme diagnostiziert und Förder- bzw. Hilfeanträge gestellt werden. Inklusion und ein systemisches Verständnis von Bildung werden so nach meiner Beobachtung und Erfahrung ad absurdum geführt.

1.2.4 Leistungen der Familien als Bildungsort

Die Bildungsforscherin Sabine Walper zeigt in einem aktuellen Buchbeitrag (Walper 2020) vier theoretische Perspektiven auf, unter denen Familien als Bildungsorte begriffen werden können:

Die bereichsspezifische Perspektive (1): Die Familie ist zunächst ein eigener Bildungsbereich, in dem Eltern z. T. bewusst und zielorientiert, z. T. aber

2 In der Stadt Hamm (ca. 180.000 Einwohner) sind z. B. seit 2009 die Fallzahlen und Kosten für schulische Integrationshilfen um durchschnittlich 37 % pro Jahr gestiegen, ähnlich wie in vielen Kommunen. Die Kosten lagen 2018 insgesamt (SGB VIII und SGB X) bei 5,4 Mio. € (interne Auswertungen).

auch unbewusst und intuitiv die Entwicklung ihres Kindes begleiten und fördern. Nach Walper nehmen sie ganz unterschiedliche Funktionen und Rollen ein:

- Eltern sind *Anleitende und Instrukteure*, die ihren Kindern alle möglichen Dinge beibringen, vom Laufenlernen über das Anziehen der Kleidung bis hin zu Essen und viele andere Dinge.
- Sie sind *Erziehende*, die – je nach Erziehungskonzept und -praxis günstig oder ungünstig – die Entwicklung des Kindes begleiten und lenken.
- Von zentraler Bedeutung ist ihr *Bindungsangebot*, das die emotionale Entwicklung des Kindes und seine Beziehungsfähigkeit zu prägt.
- Nicht zuletzt ist die Familie ein Ort des *sozialen Lernens*, an dem Kinder lernen, mit anderen Menschen zurechtzukommen, Konflikte zu lösen und gemeinschaftsfähig zu werden.

Die entwicklungsbezogene Perspektive (2): Die Aufgaben der elterlichen Betreuung, Förderung und Erziehung verändern sich kontinuierlich mit der Entwicklung des Kindes. Im Kleinkindalter sind beispielsweise ganz andere Kompetenzen und Tätigkeiten gefordert als in der Jugendphase. Während – dies möchte ich hier anmerken – im Bereich der professionellen Bildung diese Aufgaben hochdifferenziert unterschiedlichen Berufsgruppen mit unterschiedlicher Bezahlung zugeordnet werden, müssen Eltern dies ganz allein über die gesamte Kindheit und Jugend hinweg schaffen – aus dieser Perspektive eine unglaubliche Leistung!“

Familien schaffen **bildungsrelevante Ressourcen (3):** Dies schließt an die vorgenannten Überlegungen an. Familienbezogene Ressourcen wurden insbesondere im Kontext von Bildungsdisparitäten erforscht, also dann, wenn familiäre Bildungsleistungen im Kontext sozialer Benachteiligungen nicht ausreichend verfügbar sind, wobei dies nicht nur als Problem der Familien verstanden werden darf, sondern auch als ein Problem sozial selektiver Bildungsstrukturen (vgl. 1.1.7).

Die Familien als Türöffner und Kooperationspartner für andere Bildungsorte (4): Eltern sind diejenigen, die Zugänge auswählen und Übergänge in andere Bildungsabschnitte gestalten. Im Verlauf der Bildungsabschnitte agieren sie dann als Kooperationspartner der professionellen Bildungsakteure.

Alle diese Perspektiven zeigen die komplexen Leistungen der Familie, die differenzierten Anforderungen an elterliche Kompetenzen und den hohen Bedarf an elterlicher Entwicklung und Wachstum gemeinsam mit dem Kind. Diese Leistungen lassen sich nicht nur als Erziehungs- und Förderleistungen eingrenzen, sondern sie sind untrennbar verwoben mit bildenden Anteilen. Familie ist also Bildungsort, und Mütter und Väter sind damit auch Bildungsakteure!

P

Folgerungen für die Praxis (2)

- Notwendig ist zunächst ein umfassendes Verständnis von Bildung. Rauschenbach formuliert es so: „Im Grunde genommen gilt es, den Horizont zu weiten, zu realisieren, dass prinzipiell jeder Anlass, jede Situation, jeder Augenblick Element eines Bildungsprozesse sein kann. Bildung in diesem Sinne ist somit ort- und zeitlos, lässt sich nur entgrenzt denken“ (Rauschenbach 2009: 47).
- Es ist notwendig, dass sich Schulen den gesellschaftlichen Veränderungen stellen und sie konstruktiv bewältigen. Statt sich über schwierige Kinder und Eltern zu beklagen, besteht die Aufgabe darin, sich auf die sich ändernden Gegebenheiten einzustellen und systematische pädagogische, strukturelle und auch ganz praktische Antworten zu finden. Dies bedarf unbedingt einer Haltungsänderung aller Akteure, erfordert aber mindestens ebenso dringend strukturelle und konzeptionelle Reformen.
- Wenn durch die verstärkte Verzahnung aller Formen von Bildung, Beratung und Unterstützung in Verbindung mit einer gesellschaftlichen Sensibilität für die Entstehung von Problemlagen eine umfassende soziale Struktur für Familien nachhaltig ausgebaut, unmittelbar verfügbar ist und keiner langen Wege bedarf, kann „Bildung für alle“ gelingen. Rauschenbach bezeichnet dies als „die zentrale bildungspolitische Herausforderung der Wissensgesellschaft des 21. Jahrhunderts“ (Rauschenbach 2009, S. 89).
- Schulen im Zentrum derartiger Netzwerke für Familien können sich zu „Familienzentren“ entwickeln, wie dies NRW gerade mit der Entwicklung von Grundschulen zu Familienzentren ermöglicht und Vorreiterkommunen wie Gelsenkirchen dies schon praktizieren (vgl. Born u.a. 2019).
- Schulen müssen ihre Ankopplungspraxis an Familien und Kinder in den Übergangsphasen zwischen Bildungsabschnitten grundlegend überdenken und weiterentwickeln, sodass sich jedes Kind seine Lernfreude, Neugierde und Wissbegier aktiv erhalten kann. Die in den ministeriellen Programmen behauptete Offenheit für Unterschiedlichkeit und Vielfalt muss gelebt und in die Tat umgesetzt werden.
- Wenn Schulen die vorgenannten Punkte ernst nehmen, muss es neben den bisherigen vielfältigen, aber doch punktuellen Ansätzen der verbesserten Zusammenarbeit mit Eltern zu einer grundsätzlichen Transformation der Praxis kommen. Die Aufgabe besteht darin,
  - übergreifende allgemein akzeptierte Qualitätsleitlinien und Qualitätsstandards zu schaffen;
  - die Zusammenarbeit mit Eltern in den einschlägigen Gesetzen und in den Einrichtungskonzeptionen sehr viel detaillierter abzubilden;
  - strukturelle Ressourcen zu schaffen, die Fachkräften Zeit geben, sich der Zusammenarbeit mit Eltern in der nötigen Intensität zu widmen;
  - Lernprozesse für Fachkräfte zu organisieren, in denen sie ihre professionelle Haltung und ihre Kompetenz weiterentwickeln können.

2 Eltern unter dem Druck gesellschaftlicher Trends und Erwartungen

Die gesellschaftlichen Entwicklungen werden immer wieder zur Erklärung sozialer, psychologischer und pädagogischer Herausforderungen herangezogen und sollen hier noch einmal genauer beleuchtet werden. Die Analysen des Soziologen Andreas Reckwitz können helfen, den Druck besser zu verstehen, unter dem moderne Elternschaft steht (Reckwitz 2019). Relevant ist dies deshalb, weil sich die daraus resultierenden Belastungen auf die Kooperation der Erziehungs- und Bildungspartner und noch mehr auf die Lernentwicklung der Schülerinnen und Schüler sehr negativ auswirken können.

Wir seien, so Reckwitz, nach den sozialen und kulturellen Entwicklungen der letzten Jahrzehnte in der „Spätmoderne" angekommen; in einem Prozess, in dem sich die individuellen Orientierungen immer stärker auf den Anspruch der Selbstverwirklichung verlagern, während in der Nachkriegszeit bis in die Siebzigerjahre hinein eine Anpassung an gesellschaftliche Erwartungen und Normen der Standard war. Sich „normal verhalten" und „nicht auffallen" waren die Imperative dieser Epoche.

„Die Kultur des Selbst nach dem Epochenbruch der 1970er-Jahre war mit der Hoffnung verknüpft, das Subjekt aus den Fesseln der repressiv erscheinenden industriellen Moderne und ihrer ‚kleinbürgerlichen' Alltagskultur zu befreien. Emanzipiert sollte das Subjekt sein, jedoch mystischer, sensibler und lebendiger, mehr am ‚guten Leben' und seinen eigenen Bedürfnissen als an der Anpassung an die alten Normen der Selbstdisziplin orientiert" (ebd., S. 204). Der Prozess der Individualisierung sei in einer gesellschaftlichen Kultur der „Singularisierung" (ebd., S. 17) gemündet, in der es nicht mehr nur um das Streben nach Selbstverwirklichung durch eine freie und individuelle Lebensführung geht. Vielmehr gelte es, in allen Lebensbereichen eine Einzigartigkeit der Lebensführung zu entwickeln, in der dauerhaft positive Emotionen und Glücksgefühle anzustreben sind.

Das von Erich Fromm Mitte der Siebzigerjahre geforderte „Sein" als Lebenszustand („Haben oder Sein"; 1976), das sich damals gegen das Besitzstreben der Wirtschaftswunderjahre wandte, hat sich zu dem Imperativ des „Sei einzigartig!" weiterentwickelt. Hinzu kommt, so Reckwitz, dass es nicht bei den inneren Prozessen der Selbstverwirklichung und der Glückssuche bleibt. Vielmehr muss nach außen dokumentiert werden, wie erfolgreich man auf dieser Schatzsuche ist. „Das spätmoderne Subjekt (...) richtet seinen Blick nach außen, in die Gesellschaft, und will (und soll) Leistung erbringen und sozialen Erfolg haben" (Reckwitz 2019, S. 216). Das normalbürgerliche Statusdenken der Wirtschaftswunderjahre („meine Wohnung, mein Auto, mein Pauschalurlaub") war eigentlich durch die Orientierung an den humanistischen Werten abgelöst und kehrt jetzt im Wettbewerb um Einzigartigkeit zurück.

Übertragen auf den Kontext der Familien und der Bildung reicht es also nicht mehr, einfach nur Kinder zu haben, sondern die bewusste Förderung ihrer Einzigartigkeit steht immer mehr im Mittelpunkt des elterlichen Strebens nach Glück. Eltern richten ihre Energien auf Talententwicklung ihrer Kinder, auf schulische Leistungsfähigkeit, kulturelle Aktivitäten, sportliche Erfolge oder körperliche Attraktivität. Auch die Beziehung der Eltern und das gesamte Familienleben sollen einzigartig gestaltet und durch emotional tiefgreifende Erlebnisse erfüllt sein. Dies beginnt bei der Wohnsituation, betrifft alle Formen von Wohnungseinrichtung, Gerätschaften und Technikausstattung und reicht über besondere Urlaube bis hin zu regelmäßigen Events in der Freizeit. Es reicht nicht mehr, auf dem Bolzplatz Fußball zu spielen oder im Wald fantasievolle Abenteuer zu erleben, sondern es gilt, den Kindern mit regelmäßigen Besuchen in Freizeitparks besondere Erlebnisse zu bieten; ohne zu realisieren, dass fantasievolle Abenteuer hier nur noch in vorfabrizierten Bahnen zu erleben sind. Diese Prozesse werden angefeuert durch die öffentliche Präsentation des Familienlebens und der eigenen Kinder in den sozialen Medien. Kinder und Familien beteiligen sich an Wettbewerben, in denen auch Kinder schon die beste Stimme Deutschlands werden können oder ihr Supertalent zeigen sollen. Am Ende der Jugendphase steht die ausführliche Präsentation der besten Abiturienten in der lokalen Zeitung.

Die vielfältigen und hochgesteckten Hoffnungen werden jedoch nur für einen kleineren Teil der Gesellschaft zur Realität. Reckwitz stellt das starke Anwachsen von Erschöpfungskrankheiten („Burnout", Depressionen usw.) und psychosomatischen Störungen als charakteristische Krankheitsbilder in den Zusammenhang dieser kulturellen Entwicklungen. „Die Paradoxie dieser um positive Emotionen zentrierten Lebensform besteht (...) darin, dass sie so unbeabsichtigt wie systematisch und in gesteigertem Maße negative Emotionen hervorbringt: Enttäuschung und Frustration, Überforderung und Neid, Wut, Angst, Verzweiflung und Sinnlosigkeit" (Reckwitz 2019, S. 203f.). Denn abgesehen von den materiellen Möglichkeiten, die vielen Eltern für die Teilnahme an den gesellschaftlich gebotenen Attraktionen fehlen, führt die allgemeine Norm, sich ständig hochgestimmt fühlen zu müssen, zu einem defizitären Erleben eines normalen Lebens, normaler Beziehungen und normaler alltäglicher Tätigkeiten. Aufräumen, Schulaufgaben, Mithelfen im Haushalt werden von Eltern immer weniger gefordert, weil sie ihren Kindern die damit verbundenen Unlustgefühle nicht zumuten wollen. Mit dem Satz

„Es sind doch noch Kinder!" werden Anforderungen auf eine unbestimmte Zukunft verschoben.

Hinzu kommt das Problem, dass Familienmitglieder, um gleichzeitig guter Laune zu sein, sich einigen müssen, was sie gemeinsam tun wollen, um zusammen positiv gestimmt sein zu können. Je stärker aber die Konzepte der Selbstverwirklichung „singularisiert" sind, desto weniger passen die auf ihre Individualität pochenden Familienmitglieder zusammen. So steigern sich die Anzahl und Intensität familiärer Konflikte – und im Erschöpfungszustand geht jeder seinen eigenen Weg. Statt der gewünschten positiven Emotionen steigern sich die negativen Gefühle. „Für den Umgang mit diesen negativen Emotionen fehlt in der spätmodernen Kultur jedoch der legitime Ort, und es mangelt an anerkannten Methoden, mit ihnen in der Alltagskultur umzugehen" (ebd., S. 206). In der Folge entwickeln sich aggressive oder autoaggressive Verarbeitungsstrategien, die sich in entsprechenden psychosomatischen Störungen oder auch in aggressiven Verhaltensweisen wiederfinden lassen. Aus dieser Perspektive lassen sich zum Beispiel die Steigerungszahlen innerfamiliärer Konflikte bis hin zu hochstrittigen Trennungen von Eltern erklären (vgl. 1.7.4), aber auch das ungehemmte aggressive Agieren in den sozialen Medien, das z.B. durch extreme Cybermobbingfälle in den Alltag von Schulen hineinwirkt.

Reckwitz betont in seiner soziologischen Analyse, dass er gesellschaftliche Tendenzen beschreibt, die nicht für alle gleichermaßen gelten. Vielmehr lassen sich auch noch die zuvor geltenden Imperative der Nachkriegszeit in der Lebensführung vieler Familien erkennen, nach denen es galt, „normal" zu sein, nicht öffentlich aufzufallen und Emotionen eher dem persönlichen und familiären intimen Bereich vorzubehalten. Das gilt auch für Lebenskonzepte von Familien in der Folge der 1968er-Bewegung, die Selbstverwirklichung einem privaten Raum vorbehalten und sich dem öffentlich ausgetragenen Konkurrenzkampf um Einzigartigkeit entziehen wollen und können. Doch liefert Reckwitz mit seinen Analysen einen wertvollen Beitrag zum Verständnis der weit verbreiteten und tiefgreifenden Erschöpfung vieler Eltern, die sich auf ihre Kooperationsfähigkeit in der Zusammenarbeit mit Schulen und auf ihre Gestaltungsfähigkeit des familiären Alltags allzu oft gravierend auswirkt.

2.1 Exklusion von Eltern aufgrund von Status, Wertorientierungen und Lebensstilen

Der Trend zur Individualisierung und Singularisierung wirkt sich auch auf das Verhältnis der Eltern zur Schule, in der Schule untereinander und auf die

Beziehungen zu den schulischen Akteuren aus. Seit vielen Jahren wird von vielen Lehrkräften immer wieder beklagt, dass zu wenige Eltern sich aktiv in der Schule beteiligten. Die Klagen und impliziten Schuldzuschreibungen verhindern jedoch eine gute Beziehungsgestaltung.
Um aktiv nach besseren Wegen der Kommunikation und Kooperation suchen zu können, gilt es, unreflektierte systematische Effekte in der Zusammenarbeit mit Eltern aufzuklären. Erst dadurch wird verstehbar, dass die traditionelle Praxis der Zusammenarbeit exklusiv ist und einen erheblichen Teil der Eltern ungewollt, doch hochwirksam systematisch ausschließt und zudem bestimmte soziokulturelle Gruppen bevorzugt. Hier stellt sich die Frage: Wie kann das sein?

2.1.1 Der Mythos der Schwer-Erreichbarkeit

Dass Eltern schwer erreichbar seien – dieser Vorwurf oder auch „Mythos" durchzieht die Fachdebatte um die Zusammenarbeit mit Eltern von Anfang an. Das Schlagwort von der Schwer-Erreichbarkeit finden wir zum Beispiel auf Überschriften von Fachtagungen und Fachveranstaltungen, so werden Fortbildungen angekündigt und so lauten zahlreiche Titel von Fachveröffentlichungen.
Die Probleme in der Zusammenarbeit werden so unhinterfragt zumindest einem Teil der Adressaten zugeschrieben, nämlich denjenigen Eltern, die nicht zum Elternabend kommen, die keine Mandate übernehmen und vielleicht nicht mal ans Telefon gehen. Alexei Medvedev hat diese Betrachtungsweise eingehend analysiert und, so kann man sagen, damit einen Mythos entlarvt. Er plädiert (Medvedev 2020, S. 35):

- „Erstens, wir sollten von der herkömmlichen Vorstellung der Erreichbarkeit im Sinne ‚Alle Eltern sitzen im Klassenzimmer' abrücken, die ich als ‚physische Präsenzpflicht' bezeichne.
- Zweitens, wir sollten das Denkmuster ‚Erreichbarkeit als Einbahnstraße' im Sinne ‚Alle Eltern sind nur für die Schule (gut) erreichbar' kritisch hinterfragen. Auch die Schule soll für die Eltern gut erreichbar sein.
- Und drittens, wir sollten die Forderung der Schule nach Erreichbarkeit der Eltern an die Bedingung von Barrierefreiheit knüpfen, und zwar in beide Richtungen."

Medvedev macht ausführliche Vorschläge, wie dieser Mythos zu entzaubern ist und welche Wege es gibt, Zugänge zu Eltern aller Lebenswelten zu finden. Einer der zentralen Schlüssel auf diesem Weg ist die Erarbeitung eines Verständnisses von soziokulturellen Unterschieden zwischen den Lebenswelten der Eltern und denen der Lehrkräfte sowie dem System Schule insgesamt.

2.1.2 „Demarkationslinien" soziokultureller und sozialhierarchischer Abgrenzung

Carsten Wippermann prägte für diese soziokulturellen Ausgrenzungsphänomene den Begriff der „Demarkationslinien" zwischen unterschiedlichen Lebenswelten von Eltern. Zu einem besseren Verständnis der Ausgrenzungsmechanismen helfen die soziokulturellen Milieustudien, die unter dem Namen Sinus- bzw. Deltastudien bekannt sind (Wippermann u. a. 2007; 2012). Sie untersuchen neben den Merkmalen der klassischen Sozialforschung (sozialer Status/Einkommen, Bildungsniveau) vor allem die individuellen Wertorientierungen und die daraus abgeleiteten Lebensstile.

Um die Entstehung und Wirkung dieser Abgrenzungsmechanismen zu veranschaulichen, stellen wir uns eine Gruppe von Eltern mit ihren Erstklässlerinnen in der Phase der Einschulung vor: Zunächst scheinen die Eltern noch eine homogene Gruppe zu sein, weil alle sehr aufgeregt sind, um das Wohl ihrer Kinder bangen, voller Hoffnung sind, dass ihr Kind zurechtkommt, und alles tun wollen, um es zu unterstützen. Freudig oder ängstlich aufgeregt sehen sie in anderen Müttern und Vätern zunächst meist Gleichgesinnte und Gleichbetroffene. Doch kaum hat sich die Aufregung gelegt, zeigen sich erhebliche Diskrepanzen zwischen ihnen. Die Eltern orientieren sich innerhalb ihrer Gruppe und es kristallisieren sich informelle Strukturen heraus. Dies geschieht überwiegend unbewusst und unmittelbar. Soziokulturelle Merkmale spielen hierbei eine zentrale Rolle.

„Für den ersten Eindruck gibt es keine zweite Chance!", heißt es häufig. Eltern nehmen andere Eltern wahr und fällen blitzschnelle Urteile. Sie sehen, mit welchem Auto ein Vater vorfährt, und haben sofort eine Bewertung im Kopf („Tolle Karre!" „Angeber!" „Schrottkarre!"). Egal, ob jemand mit dem Fahrrad kommt („Öko!"), wie eine Person gekleidet ist („Schlampe"), wie sie spricht („hochnäsiges Gelabere"), ob und wie sie geschminkt ist: Alle Wahrnehmungen lösen Wertungen aus. Wenn einzelne Eltern in einer Vorstellungsrunde mit anderen Eltern ihre Unsicherheiten und Ängste um ihr Kind schildern, werten die einen das als sympathisch und andere als unangenehm.

Der erste Schultag ist noch nicht zu Ende – und die Eltern haben sich bereits in „Freund" und „Feind" sortiert. Mit dem einen tauscht man Telefonnummern aus, verabredet ein Treffen mit den Kindern, dem anderen geht man aus dem Weg oder lästert sogar mit Gleichgesinnten über seine Kleidung. Wenn die Klassenleitung zum ersten Elternabend einlädt, sind meistens noch alle Eltern anwesend, doch jetzt werden diese soziokulturellen Gräben vertieft, finden Gruppenbildungen und Ausgrenzungen statt. Diese Strukturen halten sich dann möglicherweise über den gesamten Bildungsabschnitt.

Diese hier etwas zugespitzten Abläufe sind normal. Die Hirnforschung hat gezeigt, dass wir Menschen, die unsere unbewussten „Alarmglocken" (= negative Wertungen) aktivieren, tendenziell schneller wahrnehmen als solche, die sympathisch erscheinen. Gefahren frühzeitig zu erkennen war ein menschheitsgeschichtlich oftmals lebensrettender Aspekt. Julius Kuhl nennt dies das „Objekterkennungssystem" der Persönlichkeit (Kuhl 2001).

Die Studie „Eltern unter Druck" (Merkle/Wippermann 2008) beschreibt diese Effekte; Abb. 2 zeigt die generelle Abgrenzung der Mittel und Oberschicht gegen die Unterschicht. „Nicht mehr nur die höchsten Kreise, nicht mehr nur Akademikerfamilien, sondern bereits die breite Mittelschicht grenzt sich massiv nach unten ab. Beinahe könnte man hier schon von einer Art ‚Kontaktsperre' sprechen.

Man zieht also in gute Viertel, schickt die Kinder auf Privatschulen, fördert das eigene Kind mit Sport und Musikunterricht und achtet auf Stil und Manieren" (ebd., S. 50). Doch es gibt diesen Effekt auch innerhalb der unteren Mittelschicht und Unterschicht. Eltern, die noch einen gewissen Status haben, grenzen sich gegen die ab, die „ganz unten" sind. „Spiel nicht mit den Schmuddelkindern" schrieb schon Liedersänger Franz Josef Degenhardt 1965 sehr treffend in seinem bekannten Song.

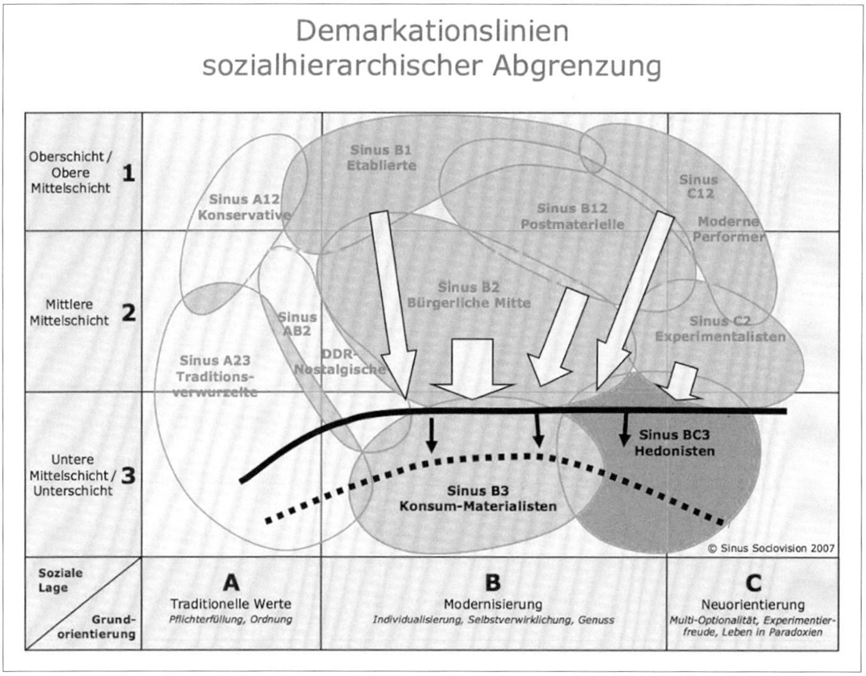

Abb. 2: Demarkationslinien sozialhierarchischer Abgrenzung (Merkle/Wippermann 2008, S. 52)

Die zweite Karte (Abb. 3) zeigt die Abgrenzungstendenzen zwischen den sozialen Milieus der Mittel- und Oberschicht. Diese Abgrenzungstendenzen sind in erster Linie durch Lebensstile und Werthaltungen begründet. „Enge Freundschaften zwischen Eltern aus verschiedenen Milieus scheinen immer seltener zu werden. Man bleibt lieber unter sich" (a. a. O., S. 52 f.)

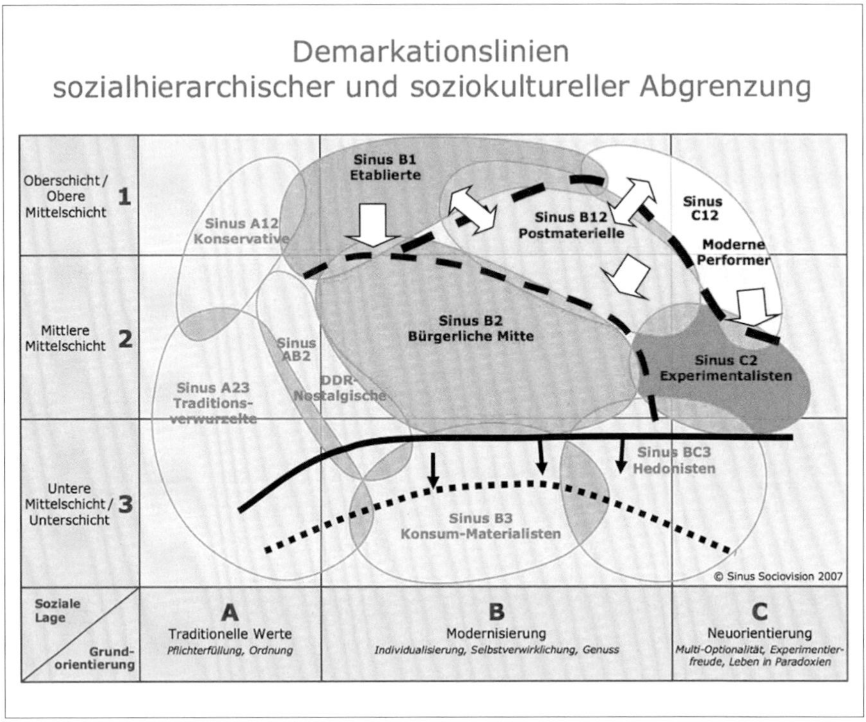

Abb. 3: Demarkationslinien sozialhierarchischer und soziokultureller Abgrenzung (Merkle/Wippermann 2008, S. 54)

Man kann diese Abgrenzungstendenzen auch als einen Effekt der Singularisierungsbemühungen (s.o.) verstehen. Denn Reckwitz wies darauf hin, dass das Bemühen um Einzigartigkeit nur auf der Basis sozialen Vergleichs funktioniert (vgl. Reckwitz 2019, S. 212 ff.).

Die ersten Selbstverwirklichungskonzepte der 1968er funktionierten noch durch eine Abkopplung von gesellschaftlichen Normen. Ihren Akteuren war es, so behaupteten sie, egal, was andere dachten. Dem „spätmodernen Subjekt" geht es jedoch um mehr als um Authentizität und subjektiv empfundenes Glück: Es will dies nach außen dokumentieren, mit dem Ziel der *erfolgreichen* Selbstverwirklichung. Das Glück ist erst dann perfekt, wenn es den eigenen sozialen und kulturellen Status erhöht oder zumindest aufrechterhält. Und der Vergleich mit anderen führt unwillkürlich entweder zur Abgrenzung oder zur Zugehörigkeit.

2.1.3 Typische Lebensstile und Wertekonflikte zwischen Eltern

In den Schulgemeinschaften aller Schulformen sorgen unter anderem die folgenden sozialen und kulturellen Themen für Zugehörigkeit oder Ausgrenzung:

Nationalität/Herkunft: Die soziokulturellen Grenzen zwischen den Eltern verlaufen nicht vorrangig nach den Nationalitäten, vielmehr ist die Haltung zur Nationalitätenfrage selbst ein zentrales Wertekriterium. Ein Teil der Eltern lehnt Menschen anderer Herkunft ab oder bleibt zumindest sehr distanziert. Nationalismus und rassistische Einstellungen gibt es jedoch nicht nur in der deutschstämmigen Bevölkerung, sondern auch bei vielen Migrantinnen und Migranten. Andere Eltern wiederum lehnen zugewanderte Menschen nicht ab, sondern empfinden vielmehr die kulturelle Fremdheit als interessant. Sie halten es für wertvoll, in kultureller Vielfalt zu leben, und gehen gerne auf Eltern anderer Herkunft zu. Insofern gibt es je nach Wertestandpunkt auf Nationalität beruhende Antipathien, aber auch auf Fremdheit beruhende Sympathien.

Zielgerichtete Förderung/Versorgung: Eltern unterscheiden sich in der Frage, ob sie ihr Kind bewusst fördern wollen oder ob sie eher der Auffassung sind, dass ihr Kind sich schon „von allein" gut entwickeln wird („Jeder ist noch groß geworden ..."). „Eltern unter Druck" (Merkle/Wippermann, S. 54) zeigt, dass vor allem Eltern mit hoher Bildung und/oder Statusambitionen eine intensive Frühförderung ihrer Kinder betreiben. Die Eltern der unteren Milieus definieren gute Elternschaft dagegen vor allem über eine gute Versorgung des Kindes (z. B. Kleidung, Technikausstattung).

Bildungsziele: Auch Bildungsziele können sehr gegensätzlich sein. Obwohl für Eltern mit eigenem hohen Bildungsniveau in der Regel eine Bildungskarriere ihres Kindes wichtig ist, unterscheiden sie sich in den Strategien: Für die einen sind Druck und hoher Zeitaufwand in Verbindung mit hochwertigem Nachhilfeunterricht unumgänglich („Im Etablierten Milieu ist das Abitur unhinterfragte ‚Standardanforderung'"; Merkle/Wippermann 2008, S. 92), während andere Eltern dem eigenen Kind Verantwortung überlassen und auch die Entscheidung akzeptieren, den vorgezeichneten Weg zum Abitur zu verlassen. Für eine weitere Gruppe von Eltern sind materielle Dinge wenig relevant, und auch ein Bildungsabschluss ihres Kindes steht auf ihrer Prioritätenliste nicht weit oben. Eine Mutter sagte beim Elternabend: „Von Hartz IV kann man doch auch gut leben."

Erziehung: Die Sinusstudien (vgl. 2.3) zeigen die Präferenzen der verschiedenen soziokulturellen Milieus für einen bestimmten Erziehungsstil (Abb. 4). Auch Erziehungsstile sorgen für machtvolle soziokulturelle Affinitäten und Aversionen (vgl. 1.9).

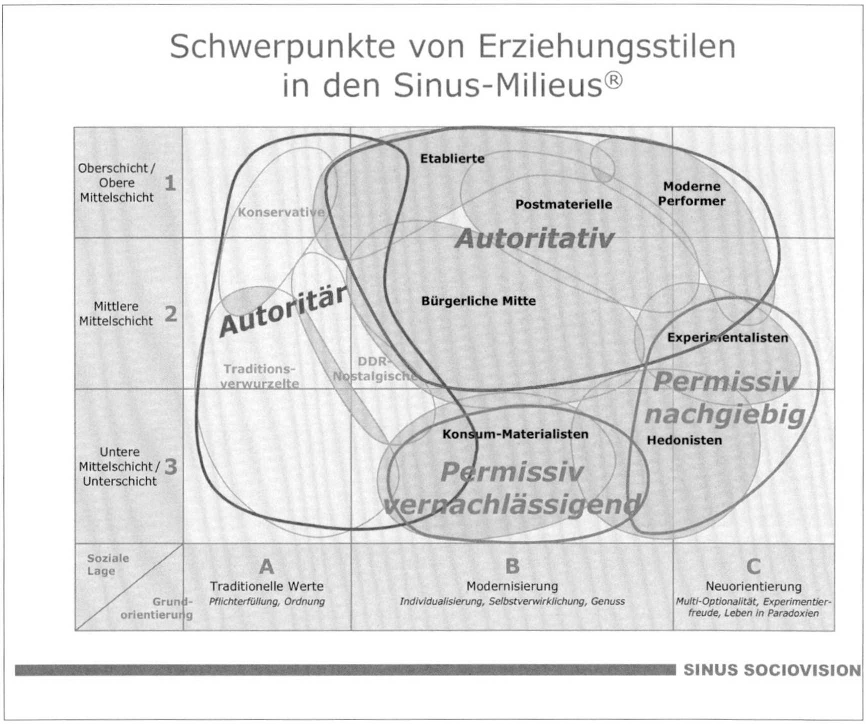

Abb. 4: Schwerpunkte von Erziehungsstilen in den Sinus-Milieus (Frühförderung Bayern 2016, S. 48)

2.1.4 Abgrenzungseffekte zwischen Eltern und Lehrkräften und Abgrenzungseffekte zum System Schule

Die Abgrenzungsmechanismen gelten aber nicht nur für die Eltern untereinander. Die gleichen Effekte treten auch zwischen Eltern und Lehrkräften auf. Auch Lehrkräfte repräsentieren ja nicht ausschließlich die konzeptionell verankerten Werte ihrer Schule, sondern haben eigene Wertvorstellungen, möglicherweise sogar auch in Dissens zu den schulischen Werten. Folglich spielen sich beim ersten Kontakt zwischen Eltern und Lehrkraft die gleichen Einschätzungsmechanismen ab. Abb. 5 zeigt die Zugehörigkeit von Lehrkräften, die sich sehr auf die „Bürgerliche Mitte" und die „Postmateriellen" konzentrieren; mehr als die Hälfte gehört zu diesen beiden Milieus.

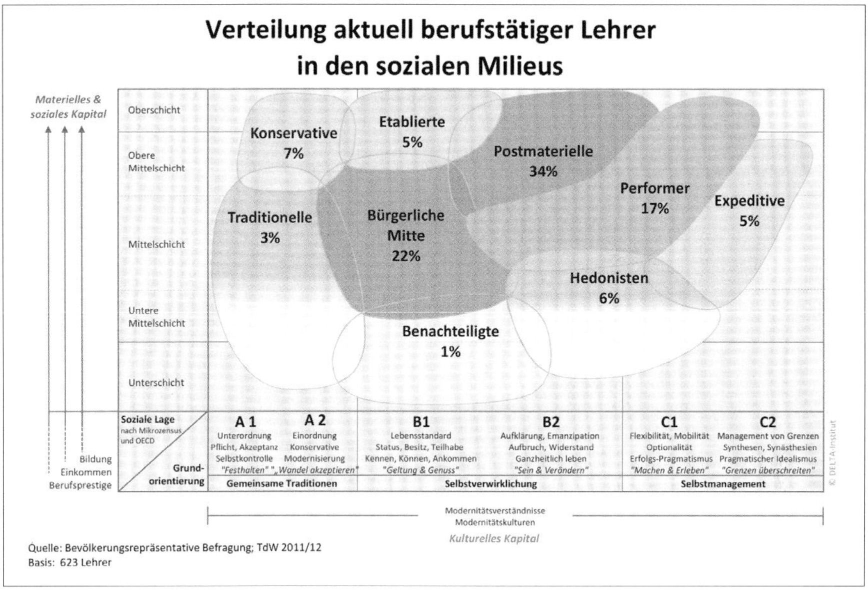

Abb. 5: Verteilung aktuell berufstätiger Lehrer in den sozialen Milieus (Wippermann u. a. 2013, S. 318)

Manche Lehrkräfte mögen versuchen, diesen Wahrnehmungs- und Bewertungseffekten durch ein betont sachliches und unauffälliges Äußeres und ein entsprechend neutrales Auftreten zu entgehen. Doch hier lässt sich der bekannte Satz des Kommunikationswissenschaftlers Paul Watzlawik („Man kann nicht nicht kommunizieren!") wie folgt anpassen: „Man kann nicht kein Image haben."

Aber auch die Lehrkräfte sind den Eltern gegenüber nicht objektiv, selbst wenn sie vorurteilslos sein wollen. Schon der Wert der „Vorurteilsfreiheit" gehört zu einem bestimmten Wertekonzept und wird von anderen abgelehnt. Manche Fachkräfte sind ihrerseits überzeugt, dass ihre Interpretationen des „ersten Eindrucks" Zeichen guter Menschenkenntnis sind. Der Neurobiologe Gerhard Roth (vgl. Roth 2011, S. 194 ff.) verweist mit Bezug auf die Hirnforschung darauf, dass erste Eindrücke eine hohe Langzeitstabilität haben, unabhängig davon, wie angemessen sie sind. Sympathie und Antipathie der schulischen Akteure für unterschiedliche Eltern leiten sich vor allem aus ihrer eigenen soziokulturellen Zugehörigkeit ab, und so besteht immer die Gefahr, dass ihre aus dem ersten Eindruck abgeleiteten Einschätzungen zu falschen Handlungen (z.B. Schulempfehlungen!) führen, nicht selten zum Nachteil der Kinder (vgl. 1.1.2).

Noch gravierender sind die Zugehörigkeits- und Abgrenzungseffekte der Eltern bezogen auf die jeweilige Schule und das Schulsystem insgesamt. Neben dem Image einer Schule, dem Schulprogramm und ihrem proklamierten Werte- und Regelsystem gibt es übergreifende Kennzeichen schulischer Bildung, die gravierende Auswirkungen auf die Beziehung zwischen Elternhaus und Schule haben. Denn das *System* Schule weist einige Charakteristika auf, die sich vom bekundeten Bildungs- und Werteverständnis zum Teil erheblich unterscheiden (vgl. hierzu ausführlich Rauschenbach 2009, S. 166 ff.). Zu diesen Merkmalen des Schulsystems gehören z. B.

- kognitive Engführung des Lernprozesses,
- Selektion,
- geringer Lebensweltbezug,
- Pünktlichkeit und straffe Strukturierung,
- weitgehend fehlende Verantwortungsübernahme der Schülerinnen und Schüler für Inhalte und Gestaltung der Lernprozesse und Gestaltung der Schule.

Zu diesen Aspekten haben Eltern sehr unterschiedliche Auffassungen. Es gibt z.B. diejenigen Eltern, die das Schulsystem erfolgreich bewältigen konnten und diese Prinzipien bejahen und akzeptieren. Es gibt Eltern, die als Heranwachsende mit dem System nicht besonders gut klargekommen sind und entsprechende Vorbehalte mitbringen. Und es gibt Eltern, die aufgrund ihrer individuellen Werte das System infrage stellen und sich eine völlig andere Schule wünschen. Die Folge: Während die einen Eltern gleichberechtigte Beziehungen zwischen Kindern und Erwachsenen wünschen, fehlt anderen Eltern autoritätsorientiertes Handeln. Während die einen Eltern mehr Spaß am Lernen vorschlagen, favorisieren andere Eltern Disziplin und Training von Durchhaltevermögen.

P

Folgerungen für die Praxis (3)

Fachkräfte müssen sich darin klar werden, dass sie es nie allen Eltern recht machen können, gleichzeitig aber auf die Kooperation mit allen Eltern angewiesen sind. Zwischen diesen paradoxen Anforderungen gibt es einige hilfreiche Strategien:

- Ein erster erfolgversprechender Weg besteht in gelingenden Aushandlungsprozessen auf Augenhöhe. Das bedeutet, die eigenen bzw. die schulischen Werte transparent zu vertreten und gleichzeitig die Werte aller Eltern respektvoll anzuerkennen. Auf dieser Basis können gemeinsame Ziele und Aktivitäten ausgehandelt werden, in Respekt vor differenten Standpunkten. Möglicherweise entscheiden sich Eltern in einem solchen Prozess für eine andere Schule. Aber es ist doch besser, wenn Differenzen von Anfang an geklärt werden und Schulen sich fortwährende Auseinandersetzungen mit Eltern ersparen können.

- Ein zweiter Weg fokussiert auf die Anforderung an professionelle Kommunikations- und Beziehungsfähigkeit. Denn diese beweist sich in besonderer Weise im Umgang mit jenen Eltern, die als fremd erlebt werden, die andere Werte und Lebensstile haben.
- Ein dritter Weg liegt in der Differenzierung aller Arbeitsformen und Angebote, soweit dies leistbar ist. Zu beachten ist jedoch, dass alle Angebots- und Arbeitsformen soziokulturelle Implikationen in sich tragen, die Eltern bevorteilen oder ausgrenzen. (Hierzu ausführlich mehr im Kap. 2.4.2 und im zweiten Band des Buches.)

2.2 Konsummarkt, Medienkomplex und Marketing: Familien im Belagerungszustand

Dass Familien als primäre Sozialisationsinstanzen keine unabhängigen Inseln, sondern auf vielfältige Weise mit gesellschaftlichen Trends und Entwicklungen verflochten sind, ist nun klar geworden. Der Fokus der folgenden Überlegungen richtet sich nun auf Kinder und Familien im Zentrum eines globalisierten Marktes und den daraus resultierenden Marketingstrategien zur Konsumaktivierung in Verbindung mit dem umfassenden Medienangebot. Pointiert gesagt: Es geht um Familien im nachhaltigen und dauerhaften Belagerungszustand. Diese Mechanismen wirken auf unterschiedlichen Wegen auf die schulische Performance der Kinder und Jugendlichen und auf die elterliche Präsenz und Kompetenz, die sich wiederum auch auf deren Leistungsfähigkeit auswirkt.

2.2.1 „Entscheider" und „Besorger"

Kinder stehen in enormem Umfang im Brennpunkt von Marktinteressen. Sie geben nicht nur ihr eigenes Taschengeld oder ihre Geldgeschenke aus. Vielmehr beeinflussen sie Familienausgaben auch in Bereichen, dessen Umfang wir Erwachsenen uns kaum vorstellen können. Wir Eltern treffen die Entscheidungen über Familienausgaben? Mitnichten!

Spannend ist die Unterscheidung der Werbeindustrie zwischen „Entscheidern" und „Besorgern". Nach einer Schätzung des Münchner Instituts für Jugendforschung beliefen sich die jährlichen Familienausgaben, die direkt von Kindern beeinflusst wurden, bereits 1993 auf rund 23 Milliarden Mark (DER SPIEGEL 50/1993). In den USA, in denen dieser Trend schon seit den 1960er-Jahren anhält, wird diese Zielgruppe der Kinder von den Werbetreibenden „Skippies" („School Kids with Income and Purchasing Power") genannt.

Kinder entscheiden dabei nicht nur über Lebensmittel, sondern auch über Textilien, Körperpflegeprodukte sowie Medien und technische Geräte. Sie entscheiden auch (mit), welche Möbel gekauft und welches Auto angeschafft wird. DER SPIEGEL von 1993 berichtet, dass Opel seine Werbestrategien mit Unterstützung von Tom und Jerry auf Kinder ausrichtete, und BMW änderte eine Kampagne, weil sie bei den Kindern nicht gut ankam. Kinder beeinflussen also die Kaufentscheidungen der Familie direkt und indirekt – und sie werden die künftigen Kunden.

Damit kehren sich die Machtverhältnisse in der Familie um. Anstatt dass Eltern fürsorglich und verantwortlich einen Rahmen für kindliche Entwicklung schaffen, werden sie zu Gehilfen der Konsumindustrie und setzen die Aufträge ihrer Kinder folgsam um. Susanne Gaschke sieht diesen Trend auch im Medienbereich: „Gerade in den Fragen des digitalen Lebens sollen die Erwachsenen von nun an von den Kindern lernen. An dieser Stelle findet ein ganz eigenartiger Perspektivenwechsel statt: Nicht die Eltern tragen die Verantwortung für die Zukunft der Kinder, sondern die Kinder, im Zusammenspiel mit der Technik, verkörpern sie – irgendwie – selbst" (Gaschke 2011, S. 23).

Zahlen – Daten – Fakten

Hier einige Zahlen zu der „Marktmacht" von Kindern und Jugendlichen in Deutschland:

- Schon 1993 addierte sich allein das Taschengeld zu knapp 2 Milliarden Mark. Dazu kamen Geldgeschenke in Höhe von 3 Milliarden, an Sparguthaben von Kindern hatten sich weitere 6,5 Milliarden Mark angesammelt (DER SPIEGEL 53/1993: S. 79).
- Laut Westdeutscher Zeitung kämpfte die Wirtschaft 2007 um eine Finanzkraft der Kinder von 6,5 Milliarden Euro pro Jahr (Zyschke 2007, S. 1).
- Laut der Kinder-Medien-Studie (KMS) 2019 verfügen die 4-bis13-jährigen Kinder aktuell mit Taschengeld und Geldgeschenken über 2,8 Milliarden €.
- In Bezug auf das Weihnachtsgeschäft sind Kinder die zentralen Kauf-Influencer und stellen damit eine der wichtigsten Zielgruppen von Werbung dar. Laut einer von myToys in Auftrag gegebenen Studie (Heuchtkötter 2007, S. 1) erhalten 71 Prozent der deutschen Eltern die ausschlaggebenden Impulse für die Wahl der Weihnachtsgeschenke direkt von ihren Kindern. „De facto geben die Deutschen pro Kind im Durchschnitt 131 Euro für Weihnachtsgeschenke aus: Während etwas mehr als die Hälfte in Spielsachen investiert wird, verteilt sich der Rest auf Kleidung, Bücher, Multimedia und Süßwaren" (ebd.).
- Kinder kaufen Süßigkeiten und sind deshalb eine wichtige Zielgruppe für die Lebensmittelindustrie: Von ca. 3 Milliarden Euro für Werbung wendet die deutsche Lebensmittelindustrie etwa ein Viertel des Marketings für Schokolade und Süßwaren auf. „Der Süßwarenproduzent Ferrero, der neben Duplo und Nutella auch Kinder-Schokolade-Produkte herstellt, ist branchenübergreifend einer der größten Werbetreibenden" (Heuchtkötter 2007).

2.2.2 Ohnmacht der Eltern und die „pädagogische Haltung" der Marketingexperten

Die Journalistin Susanne Gaschke hatte 2001 mit ihrem Bestseller „Die Erziehungskatastrophe" die damals öffentlich erkennbaren Folgen von auseinanderdriftenden Erziehungskonzepten thematisiert. Sie sah die Ursache vor allem als Problem zu schwacher Eltern. Zehn Jahre später begann sie, die Markt- und Medieneinflüsse auf Familien genauer zu untersuchen. Erschüttert beschreibt sie unter dem Titel „Die verkaufte Kindheit" (2011) einen Zustand der fortwährenden und umfassenden Belagerung, der sich Eltern, wenn sie ihr Familienleben nicht autoritär und abgeschottet gestalten wollen, am Ende nur ergeben können. Gaschke beschreibt, dass Eltern durch Schuldgefühle z.B. wegen ihrer Berufstätigkeit oder einer Trennung und durch berufliche und sonstige Belastungen sowieso schon sehr geschwächt sind: „Noch vor 10 Jahren hätte ich die Werber und die Erfinder kalorienreicher gefleckter Schokopuddings zwar nicht von jeder Mitverantwortung freigesprochen. Aber als ausschlaggebend hätte ich damals das Verhalten der Eltern bewertet" (Ebd., S. 27).

In vielen Gesprächen mit Marketingexperten und Unternehmensvertretern, die Gaschke im Rahmen ihrer Recherche führte, vertraten diese offensiv die Auffassung, dass es ja an den Eltern läge, was sie ihren Kindern erlauben und was nicht. Es sei ihre Verantwortung, ihre Kinder zu kompetenten Konsumenten zu erziehen, die selbstständige Entscheidungen treffen könnten. Eltern würden ihr Kind ja auch nicht auf der Straße spielen lassen, sondern träfen Entscheidungen zum Wohl des Kindes auch gegen seinen Willen. Ein Spitzenmanager des Spielwarenkonzerns Brio habe ihr gesagt: „Eltern verlieren nicht die Kontrolle, sie geben sie auf. (…) Die Verantwortung für jede Kaufentscheidung liegt beim Erwachsenen. Ja, vielleicht werden Sie 72mal am Tag gefragt: Kann ich das haben? Aber wenn die Antworten vier Wochen lang 72-mal am Tag ‚nein' lautet, werden die Kinder aufhören zu fragen" (Ebd, S. 54). Gaschke zitiert in diesem Zusammenhang die Psychiaterin Linn, die es auf den Punkt bringt: Das sei wahrlich keine schöne Vorstellung. Eltern sollen also 2.160-mal ‚nein' zu dem Kind sagen. Das sei wirklich genug, um jeden Elternteil in den Wahnsinn zu treiben (Gaschke 2011, S. 54).

Ich habe bei einer Kinderrechte-Fachtagung den Jugendschutzbeauftragten eines Privatfernsehsenders kennengelernt, der allen Ernstes die Auffassung vertrat, dass sein Sender das Wohl der Kinder sehr ernst nehme. Sie hätten sich entschieden, dass Kinderprogramm morgens um 7:00 Uhr zu unterbrechen, damit die Kinder zur Schule gehen würden. Hier muss man klar konstatieren, dass die Gewinnsteigerungsziele immer vorrangig sind und pädagogische Argumentationen lediglich der Kaschierung eines rücksichtslosen Agierens dienen. Hier wird die Freiheit, die für individuelle Entscheidungsmöglichkeiten durch die Auflösung gesellschaftlicher äußerer Zwänge erobert wurde, durch subtile und z. T. auch massive Manipulationen wieder nahezu vollständig zerstört.

P

Folgerungen für die Praxis (4)

- Für Fachkräfte ist es wichtig, diese Zusammenhänge und Effekte zu erkennen und daraus eine Empathie für Eltern und Familien zu entwickeln. Viele als sinnlos erlebte Handlungen von Müttern und Vätern erklären sich aus dem beschriebenen „Belagerungszustand“. Man muss das Verhalten von Eltern natürlich nicht gutheißen, doch man sollte verstehen, unter welchen Bedingungen Mütter und Väter agieren.
- Schulen könnten Orte sein und Gelegenheiten schaffen, an denen sich alle Eltern als Gleichbetroffene solidarisch zeigen dürfen, anstatt den Konkurrenzkampf um Ausstattung und um den damit verbundenen Statusgewinn anzufeuern. Hier ist zu bedenken, dass Eltern – je nach finanzieller Ausstattung – sehr unterschiedlich in der Lage sind, dem Konsumdruck zu folgen. Nicht wenige Eltern, die um ihren Status ringen, verschulden sich sogar, um ihren Kindern Markenkleidung und hochwertige Technikausstattung kaufen zu können.
- Schulen sollten deshalb Zugänge zu Beratungsdiensten ermöglichen, um Familien wirksame Hilfen zukommen zu lassen, wenn sie aus Überforderung falsche Entscheidungen treffen oder einfach nur einen professionellen Gesprächspartner benötigen. Unterstützung finden sie z. B. bei Erziehungsberatung, Jugendsuchtberatung oder Schuldnerberatung.

2.3 Digitalisierte Beziehungen und digitalisiertes Lernen an der Schnittstelle Elternhaus/Schule: Whatsapp, Facebook, Instagram und Co.

Kaum ein gesellschaftlicher Trend beeinflusst Schule und Familie gleichermaßen stark wie die Entwicklung der digitalen Kommunikation und die Nutzung digitaler Medien.

Zurzeit findet – auch getrieben durch den digitalen Ausbau im Zuge der Corona-Pandemie – auf allen Ebenen eine unglaubliche Beschleunigung statt: bei der Infrastruktur, bei der Geräteausstattung und auch bei der aktiven Nutzung. Der digitale Wandel verändert, ja transformiert Familien- und Schulleben auf rasante Weise. Die Schnelligkeit von Veränderungen veranlasste bereits Goethe zu einer Anmerkung (s. Zitat).

„Alles ist jetzt ultra. (...) Niemand kennt sich mehr, niemand begreift das Element, worin er schwebt und wirkt. ... Junge Leute werden (...) im Zeitstrudel fortgerissen: Reichtum und Schnelligkeit ist es, was die Welt bewundert und wonach jeder strebt. Alle möglichen Erleichterungen der Kommunikation sind es, worauf die gebildete Welt ausgeht, sich zu überbieten ..."

Johann Wolfgang von Goethe 1825 in einem Brief an seinen Freund C. F. Zelter (Knop 2014, S. 43)

2.3.1 Risiken und Chancen

Eltern und Fachkräfte aus der Kohorte der sogenannten Babyboomer (1950er- und 1960er-Jahre) sind durch die Entwicklungen verunsichert; sie erkennen häufig nicht, wie die neuen digitalen Kommunikationswege sinnvoll genutzt werden können. Viele dieser älteren Erwachsenen fühlen sich überfordert, während Kinder und Jugendliche unbefangen alles ausprobieren, Möglichkeiten ausloten und dabei auch Grenzen überschreiten. Viele Erwachsene verbinden mit der digitalen Kommunikation von Kindern und Jugendlichen tendenziell Befürchtungen. Sie fragen sich: Wie wirkt sich der Gebrauch digitaler Kommunikationsgeräte auf die Entwicklung eines Kindes aus? Wie viel Nutzungszeit ist angemessen? Leidet die schulische Entwicklung darunter? Können psychische Probleme entstehen? Vereinsamt mein Kind, wenn es zu viel über digitale Medien kommuniziert? Eltern erleben, wie ihr Kind auf digitalem Weg mit vielen anderen Kindern und Jugendlichen andauernd in Kontakt ist, und sie fragen sich, ob das echte Freundschaften sind. Nicht zu Unrecht befürchten sie auch, ob sich hinter digitalen Annäherungsbemühungen versteckte Übergriffsversuche verbergen.

Auf der anderen Seite sehen Eltern und Fachkräfte Chancen: Kinder müssen auf die Zukunft vorbereitet sein, und dazu gehört, digitale Medien kompetent zu nutzen. Viele Eltern erlauben bereits ihrem jungen Schulkind, ein eigenes Smartphone zu besitzen, damit sie erreichbar sind und im Notfall Hilfe holen können. Die meisten Familien haben Messenger-Gruppen eingerichtet und halten sich so gegenseitig auf dem Laufenden. Diese Kommunikationsmöglichkeiten werden angesichts knapper Zeitressourcen als Bereicherung erlebt. Auch in der Kommunikation zwischen Elternhaus und Schule bieten die neuen Kommunikationswege gute Optionen – und in der Corona-Krise werden diese neuen Formen gerade kreativ und intensiv ausgelotet.

Die beiden regelmäßig vom Medienpädagogischen Forschungsverbund Südwest (mpfs) durchgeführten Jugendmedienstudien zeigen detaillierte Daten über den Gerätebesitz und die Mediennutzung durch Kinder und Jugendliche. Tabelle 3 zeigt einige Daten als Orientierung, wobei die Daten nicht immer im Detail identisch definiert sind.

Nutzungsart	6-13jähre (KIM-Studie 2018)	12-19jährige (JIM-Studie 2019)	
In den Familien vorhanden			
Smartphone,	90%	Nahezu 100%	
Computer/Laptop und WLAN	Nahezu 100%	Nahezu 100%	
Fernseher	Nahezu 100%	96%	
Zugang zum Internet	Nahezu 100%	Nahezu 100%	
Abo Videostreaming	25%	Ca. 75%	
Musik-Streaming-Dienste, stationäre Spielkonsolen und Smart-TVs		66%	
Tablet	38%	63%	
Arten der Onlinenutzung...			
Aktive Nutzung des Internets	Ca.66%	Nahezu 100%	
Internutzung 6–7 J. zumindest selten	Ca. 33%		
Internutzung 8–9 J. zumindest selten	Ca. 60%		
Internutzung 10–11 J. zumindest selten	Ca. 80%		
Internutzung 12–13 J. zumindest selten	94%		
Youtube	56%	52%	
Whatsapp alle	63%	93% (ca. 27 Nachrichten Tag/Nutzer)	
Whatsapp 10–11 J.	73%		
Whatsapp 12–13	83%		
		Mädchen	Jungen
Kommunikation	96% mindestens einmal pro Woche 54 Prozent jeden/fast jeden Tag.	41%	29%
Informationssuche	65%	10%	10%
Spielen	52% Mächen 68% Jungen	14%	34%
Instagram	26%(mindestens selten)	64%	
Snapchat	32%(mindestens selten)	46%	
Facebook	36% (mindestens selten)	15%	

Tabelle 3: Auszüge aus der KIM-Studie 2018/JIM-Studie 2019 (mpfs 2018/2019)

2.3.2 Typische Konfliktsituationen im Alltag

Ein Teil der Eltern überlässt – selbst überfordert und hilflos – ihren Kindern das Feld der digitalen Medien. Diese Mütter und Väter erhalten von ihren Zöglingen mit herablassenden Bemerkungen Hilfe, wenn es mit dem eigenen Smartphone oder Laptop nicht klappt. Andere Eltern praktizieren die totale Kontrolle oder sogar digitale Abstinenz. Das sind die beiden extremen Positionen, zwischen denen viele andere Eltern hin und her schwanken. Hinzu kommt: Allzu häufig sind sich innerhalb der Familie Väter und Mütter nicht einig.

Um ihre Kinder in der ausschweifenden digitalen Kommunikation zu begrenzen, setzen viele Eltern auf klare Regeln. Sie wollen informiert sein und wissen, wo und wie ihre Kinder digital unterwegs sind; mit wem sie kommunizieren, was sie kommunizieren. So versuchen sie, die Nutzung über ausgehandelte Vereinbarungen oder klare Vorgaben zu reglementieren. Gleichzeitig spüren sie, dass ihnen häufig alles über den Kopf wächst, weil ihre Kinder geschickter als sie agieren, um in den Vereinbarungen oder Vorgaben irgendwelche Lücken zu finden. Der Journalist Martin Spiewak schreibt als Vater in der ZEIT über Smartphones: „Sie wollen unsere Kinder!" (2015). Die Herrschaft des Digitalen mache in den Familien systematisch Eltern zu Schnüfflern und Kinder zu Schwindlern, konstatiert er.

Grundsätzlich sollten sich Eltern klar darüber sein, dass ein Smartphone nicht mit einem Tagebuch zu vergleichen ist und deshalb auch keinen Vertraulichkeitsschutz zu haben hat. Dazu gibt es ein interessantes Gerichtsurteil: Darin wurde Eltern auferlegt, die digitale Kommunikation ihrer 16-jährigen Tochter regelmäßig und für sie transparent zu kontrollieren, um sie vor Übergriffen eines Bekannten zu schützen (Amtsgericht Bad Hersfeld Beschl. v. 22.07.2016, Az.: F 361/16 EASO). Grundsätzlich lässt sich aber eher beobachten, dass solche Kontrollen zu eskalierenden Konflikten führen, weil die meisten Heranwachsenden diese Kontrollen als Vertrauensbruch und Eindringen in die Intimsphäre begreifen – selbst dann, wenn die Kontrollen vorher abgesprochen waren.

Wenn die eigenen Kinder trotz entsprechender Vereinbarungen nicht ans Smartphone gehen oder die Eltern „wegdrücken", lässt das verständlicherweise Unmut aufkommen. Manche Eltern nutzen in ihrer Not Aufenthaltskontrollfunktionen von Smartphones, andere setzen auf weitere technologische Lösungen. Dann werden z. B. die WLAN-Zeiten über den Router begrenzt und auf den Mediengeräten wird eine Kontrollsoftware installiert, die Art und Länge der Nutzung regelt. Die meisten technischen Lösungen setzen allerdings voraus, dass die Eltern kompetent genug sind und ihren Kindern gegenüber einen gewissen technischen Kompetenzvorsprung haben (wohl wissend, dass der irgendwann enden wird). Das trifft aber auf sehr viele Eltern nicht zu. Eine alleinerziehende Mutter mit zwei halbwüchsigen Söhnen berichtete in einem Beratungsgespräch von ihrer Notlösung: Sie habe alle Kabel mit der Zange durchgeschnitten, das habe ihr einige Tage Ruhe verschafft. Allerdings habe sie anschließend auch die Kabel wieder neu gekauft ...

Ein weiteres Konfliktfeld: Die gemeinsame Mahlzeit am Tisch wird möglicherweise ständig gestört durch Messenger-Nachrichten für Kinder oder Eltern. Das Smartphone ist immer dabei, und es stört meines Erachtens immer das zusammen eingenommene Essen.

Streit kann es auch über die Frage geben, ob das Kind sein Smartphone am Abend mit ins Zimmer und möglicherweise mit ins Bett nimmt oder ob das Smartphone den Eltern gegeben wird oder ob es als eine weitere Möglichkeit auf einem Tisch vor dem Kinderzimmer liegt. Wenn Eltern dann nachts um zwei Uhr den typischen Ton einer Messenger-Nachricht hören, fragen sie sich, wer um alles in der Welt jetzt noch ihrem Kind eine Nachricht schreiben kann.

Die allermeisten Eltern sind die Auseinandersetzungen und Diskussionen mit ihren Kindern um die digitale Kommunikation mehr als leid. Stündlich wird miteinander verhandelt, und wenn Übereinkünfte getroffen sind, gilt es, ihre Einhaltung zu kontrollieren. Kinder sind Meister darin, Regeln zu unterlaufen, Ausnahmetatbestände zu entdecken und Regeln neu zu verhandeln. Eltern wollen konsequent sein, sind aber zu erschöpft und geben dann häufig ermattet auf. Es gibt natürlich auch Eltern, denen es nicht so schwerfällt, klare Strukturen zu schaffen und aufrechtzuerhalten. Wenn diese dann beim Elternabend voller Selbstbewusstsein sagen: „Also, bei uns läuft alles gut, da gibt es so was nicht ...", vergrößert sich die Not der oben beschriebenen Eltern noch weiter.

Diese innerfamiliären Abläufe und Auseinandersetzungen gehen Lehrkräfte im Prinzip eigentlich zunächst nichts an, doch wirken sie systemisch gesehen deutlich in schulische Lernprozesse hinein; z. B. wenn Kinder nicht ausreichend Schlaf finden, Eltern häufig sehr genervt reagieren, sich überfordert fühlen und damit wiederum das Lernvermögen der Kinder beeinträchtigen können. Durch eine unzureichend regulierte Mediennutzung können Abläufe und Geschehnisse in die Schule hineingetragen werden, z. B. durch Konflikte oder sogar Cybermobbing. Schule tut also gut daran, diese Entwicklungen anregend und moderierend zu begleiten, wobei hier eine empathische und verständnisvolle Haltung in Verbindung mit einem klaren Orientierungsangebot eine professionelle Aufgabe darstellt, zumal Lehr- und Fachkräfte als Eltern ja oft vor ähnlichen Herausforderungen stehen und sich auch schwertun.

2.3.3 Expertenstreit

Wenn man Rat bei Expertinnen und Experten sucht, findet man Positionen wie die des Neurowissenschaftlers und Psychiaters Manfred Spitzer (2012), der völlig davon abrät, Kindern und Jugendlichen digitale Medien zu erlauben, weil das zu „digitaler Demenz" führe.
Es gibt jedoch auch starke Befürworter jeglicher digitaler Kommunikation und sogar Fürsprecher einer kritisch reflektierten Praxis, die sich für den Einsatz von digitalen Medien schon in der Kita aussprechen (z.B. Lepold/Ullmann 2018). Eltern aller Haltungen und Positionen können sich also auf Experten berufen, aber die konträren Diskussionen über Pro und Contra sind nach meiner Meinung meist nutzlos und verstärken soziokulturelle Gräben. Es sind vielmehr die jeweiligen allgemeinen Werte der Eltern, die die Basis sind für ihre Haltung gegenüber medialer Kommunikation und digitalen Erziehungskonzepten (vgl. 1.5). In jedem Fall hilfreicher sind differenzierte Positionen, die Forschungsergebnisse reflektieren und die Risiken und Chancen sorgfältig abwägen (empfehlenswert: Philippe Wampfler: Generation »Social Media«. Wie digitale Kommunikation Leben, Beziehungen und Lernen Jugendlicher verändert; 2014).

2.3.4 Das Vorbild der Eltern

Der Blick auf das eigene Kind ist auch davon abhängig, wie Eltern selbst digital unterwegs sind. Das Smartphone ist für die meisten zum Alltagsgerät geworden, selbst Großeltern besitzen mittlerweile Smartphones und schätzen die Kontaktmöglichkeiten.

Viele Eltern sind beruflich auf digitale Kommunikationswege angewiesen und nutzen sie auch in der Freizeit mehr oder weniger intensiv. Die Corona-Pandemie hat das Thema „Homeoffice" ganz nach vorn gebracht. Es ist Fluch und Segen zugleich. Wenn sich die traditionellen Grenzen zwischen Arbeits- und Privatleben immer mehr auflösen, entsteht das Risiko, sich nicht mehr genügend abgrenzen zu können und dadurch private Frei- und Erholungsräume zu verlieren. Kinder sagen dann zu Recht zu ihren Eltern: „Warum soll ich mich an Regeln halten, wenn ihr dauernd vor irgendeinem Bildschirm sitzt?"

Eltern haben bei der Nutzung digitaler Medien wie in der gesamten Erziehung eine Vorbildfunktion. Wenn sie ihr eigenes Mediennutzungsverhalten kritisch reflektieren und Formen der Selbstregulation suchen – sodass sie für sich zu einem befriedigenden Zustand kommen –, dann können Kinder und Jugendliche im nachahmenden Lernen auch bewusste Entscheidungen treffen und eigenständige Lösungen finden.

P

Folgerungen für die Praxis (5)

- Das Thema Digitalisierung wird – ob man will oder nicht – eine zentrale Baustelle der Zusammenarbeit mit Eltern sein. Schulen sollten dafür Konzepte und Lösungen entwickeln.
- Für die Kommunikation Schule - Elternhaus bieten die digitalen Medien viele Chancen zur effektiven und differenzierten Kommunikation. Das setzt allerdings voraus, dass die Kommunikationswege rechtlich möglich sind und von allen beherrscht werden. Eine Option könnten möglicherweise Lernplattformen oder Schul-Apps sein, die rechtlich einwandfreie und differenzierte Kommunikationswege bieten. Der Markt der Kommunikationslösungen ist gerade derart unübersichtlich und in Bewegung, dass Schulen sich z. B. mit Medienzentren und anderen Schulen vernetzen und in der Schule eigene „Experten für digitale Kommunikation" benennen sollten, um auf die „Höhe der Zeit" zu kommen und auf ihr zu bleiben.
- Digitale Kommunikation erweitert die Optionen, kann persönliche Gespräche und auch Telefonate aber nicht vollständig ersetzen. Eine zentrale Zukunftsaufgabe besteht in Antworten auf Fragen der Metakommunikation: Wie wollen (und können) wir miteinander kommunizieren? Welche Regeln sollen gelten? Wie können alle beteiligt sein? Ein sicherlich mühsamer, aber lohnenswerter Prozess, weil die gesamte Gesellschaft Antworten auf diese Fragen benötigt und Schule hier ein gesellschaftliches Experimentier- und Lernfeld für Eltern, Fachkräfte und Kinder und Jugendliche bieten kann und muss.
- Dazu gehört, Eltern bei der Aufgabe zu begleiten, die digitale Kommunikation ihrer Kinder im Blick zu behalten, zu kontrollieren und ggf. zu intervenieren. Eine rechtzeitige Intervention ist – das muss man klar benennen – stark lernrelevant. Wenn Eltern sich einig sind und sich klar positionieren, lösen sich viele Konflikte von allein. Ein Beispiel: Von dem Moment an, wo sich Schülerinnen und Schülern sicher sein müssen, dass einzelne Eltern die Chatverläufe kontrollieren, werden Anmache und Mobbingversuche mit hoher Wahrscheinlichkeit unterbleiben.
- Damit Eltern in ihrer Rolle klar und konsequent agieren können, brauchen sie Informationen und ggf. auch Beratung. Ideal wäre es, wenn Schulen Orte sind, an denen diese Informationen für alle Eltern vermittelt werden und an denen sie sich über ihre Erfahrungen und ihre Werte austauschen können. Schule ist nicht für alles verantwortlich, was in den sozialen Netzwerken geschieht, doch ist sie in der Verantwortung, Eltern aufzuklären, ihnen Raum für Austausch und Absprachen zu bieten und Klärungs- und Bildungsprozesse zu begleiten. Dadurch könnte es im besten Fall zu einer Annäherung der familiären Regeln kommen, wobei es aufgrund der unterschiedlichen Werte unrealistisch ist, dass alle Eltern gleiche Regeln haben. Es wäre schon viel gewonnen, wenn Eltern ihren Umgang mit digitalen Medien offen und ehrlich kommunizieren würden und es so eine Transparenz für alle gäbe.

- Erwachsenenkommunikation bedarf ebenfalls klarer Regelungen. Solche Absprachen sollten Konsequenzen bei Regelverstößen einschließen. Genauso, wie man im persönlichen Gespräch zu beleidigenden Äußerungen Stellung nehmen sollte, so ist Zivilcourage auch in der digitalen Kommunikation gefordert.
- Eine enge Vernetzung der Schule mit Beratungsstellen und mit den Strafverfolgungsbehörden ist notwendig, um schnell auf Rechtsverstöße reagieren und mit Mobbing professionell umgehen zu können. Professionell heißt hier auch, den betroffenen Schülerinnen und Schülern und ihren Eltern umgehend Hilfe zukommen zu lassen. (Im zweiten Band werden dazu ausführliche Anregungen gegeben und Arbeitshilfen und Mustervorlagen für Vereinbarungen zur Verfügung gestellt.)

3 Auflösung traditionaler Familienstrukturen – Vielfalt der Familienmodelle

Schulen konnten sich historisch einigermaßen darauf verlassen, dass Familien Voraussetzungen für schulisches Lernen schufen, auf dem Lehrkräfte dann aufbauen konnten (vgl. dazu ausführlich Rauschenbach 2009, S. 81). Wie kommt es, dass der „Bildungsort Familie" an vielen Stellen so erschüttert ist, dass diese Kopplung brüchig geworden ist? Während es bisher um die gesellschaftliche Perspektive geht, werden jetzt die Binnenstrukturen der Familie thematisiert.

Die schon erwähnten Prozesse der Individualisierung und der Erhöhung der Autonomie des Einzelnen sind einerseits ein Gewinn, andererseits zahlen viele Eltern und Familien einen hohen Preis für die gewonnene Freiheit. Die gesellschaftliche Keimzelle Familie als stabiler Entwicklungsrahmen für Kinder über ihre gesamte Entwicklung hinweg ist für viele Kinder und Jugendliche nicht mehr sicher gegeben. Während noch bis in die Siebzigerjahre hinein allgemeingültige Standards für Erziehung und Lebensführung galten – die man sich angesichts von z.B. selbstverständlicher Gewaltanwendung und distanzierter Eltern-Kind-Beziehungen keinesfalls romantisierend als „gute alte Zeit" vorstellen sollte – müssen Eltern heute individuelle Lebenspläne entwerfen und in Auseinandersetzung mit ihren Partnern ihre eigenen Familienwelten konstruieren: Eltern müssen täglich Entscheidungen über das treffen, was wer wann zu tun hat. Dazu ist nur ein Teil der Elternschaft souverän in der Lage.

3.1 Vielfalt der Familienformen

Wie hat sich das Zusammenleben in Familien in den vergangenen Jahrzehnten verändert? Eine spannende Frage. Familien leben nicht mehr ganz selbstverständlich und statisch in einem festen Modell über ihre gesamte Familienzeit hinweg, sondern durchleben durchaus mehrere Formen und Konstellationen nacheinander. „Bei fast jeder fünften Eheschließung im Jahr 2014 (18,1 %) hatte geschätzt einer der beiden Partner bereits eine Vorehe und in weiteren 15,2 % der Fälle schlossen zwei geschiedene/verwitwete Partner mit mindestens einer Vorehe diese neue Ehe" (Walper u.a. 2016: 211). In der Praxis sieht das beispielsweise so aus: Eltern bekommen ein Kind in einer nichtehelichen Lebensgemeinschaft, heiraten dann nach einigen Jahren, trennen sich später, bleiben eine Zeit lang alleinerziehend, tun sich dann mit einem neuen Partner zusammen, heiraten möglicherweise wieder und trennen sich vielleicht auch noch einmal. Dies geschieht zunehmend in Verbindung mit weiträumigen Wohnortwechseln. Die subjektive Wahrnehmung vieler Fachkräfte ist: Diese Entwicklung beschleunigt sich rasant, weil Kontakte immer häufiger online angebahnt werden.

Der Begriff der „Patchworkfamilie" wurde erfunden, um Lebensgemeinschaften zu bezeichnen, in denen beide Partner Kinder mit in eine Beziehung bringen. Patchworkfamilien sind somit häufig hochkomplexe und hochkonflikthafte Familiensysteme, denn neben der Klärung der internen Beziehungen im neuen System gilt es häufig, Kontakte mit den anderen Elternteilen zu regeln; ein hochanspruchsvolles Familiengefüge.

Seltener, aber immer häufiger: In den letzten Jahren entstehen mehr und mehr gleichgeschlechtliche Lebensbeziehungen, in denen ebenfalls Kinder leben; z. B. dann, wenn ein Elternteil seine sexuelle Orientierung wechselt oder wenn gleichgeschlechtliche Paare sich entscheiden, mit Kindern zu leben und eines adoptieren.

Zahlen – Daten – Fakten

- Die Anzahl der Eheschließungen hat seit den 50er-Jahren insgesamt abgenommen. In den 90er-Jahren wohnten noch über 80 % der Familien als verheiratete Paare mit ihren minderjährigen Kindern in einem gemeinsamen Haushalt. 2018 ist die Zahl auf weniger als 70 % gesunken. Viele Kinder wachsen in nichtehelichen Lebensgemeinschaften auf; diese Zahl ist enorm gestiegen (Statistisches Bundesamt 2018).
- Die Zahl der Familien sinkt zwischen 2007 und 2017 um 4 % (Statistisches Bundesamt 2018).
- Der Anteil der Familien mit Migrationshintergrund ist im gleichen Zeitraum um 22 % gestiegen (Statistisches Bundesamt 2018).
- Der Anteil der Familien in nichtehelichen Lebensgemeinschaften ist in diesem Zeitraum um 38,4 % gestiegen (Statistisches Bundesamt 2018).
- Der weitaus größte Teil der Kinder lebt immer noch in Familien mit verheirateten Eltern (Statistisches Bundesamt 2018).
- Auch die Zahl Alleinerziehender steigt in Deutschland kontinuierlich an. So leben heute in etwa jeder fünften Familie minderjährige Kinder mit einem alleinerziehenden Elternteil zusammen (vgl. Abb. 11, Statistisches Bundesamt 2018 und Deutscher Bundestag 2018).
- Die Anzahl der gleichgeschlechtlichen Lebensgemeinschaften ist von 68.000 im Jahr 2007 auf 112.000 im Jahr 2017 gewachsen (ebd.). 2017 werden 11.000 Lebensgemeinschaften von Frauen mit Kindern erfasst, keine von Männern (vorher keine validen Zahlen) (Statistisches Bundesamt 2018).

- Die Anzahl der Ehescheidungen mit Kindern hat in den 90er-Jahren etwas zugenommen und seit Anfang der 2000er-Jahre wieder etwas abgenommen. Im Jahr 2019 beträgt die Anzahl der Scheidungen mit Kindern ca. 75.000, davon sind ca.122.000 Kinder betroffen. Hinzu kommen Trennungen nichtverheirateter Paare mit Kindern (Statistisches Bundesamt 2018).
- Die Anzahl der Kinder mit Trennungserfahrung weicht zwischen einzelnen Schulen erheblich ab. Im Extremfall wird von einer Berliner Schule berichtet, in der 80 % der Kinder von Trennung/Scheidung betroffen sind (Kalle/Stelzer 2014).
- Insgesamt ist zu beobachten, dass die Anzahl der strittigen Trennungen steigt. 2014 wurden 50 % der Trennungen von Eltern ohne gerichtliches Verfahren geregelt. (Das bedeutet, dass sie in der Lage waren, dies mehr oder weniger einvernehmlich zu regeln.) 2005 lag die Zahl bei 67 % der Trennungen (Fichter 2013, 2016).
- 2005 haben die gerichtlichen Auseinandersetzungen in 7 % der Fälle mehr als ein Jahr und zum Teil deutlich länger gedauert. Auf längere Sicht kann man von 5 bis 10 % der Trennungsfälle ausgehen, die sich zu „hochstrittigen Elternpaaren" entwickeln (vgl. Fegert 2015; Fichtner 2016).

3.1.1 Was ist eine Familie? Eine Definition für die Praxis

Beim Alltagsverständnis, was eine Familie ist, orientieren sich immer noch viele Menschen an der klassischen Definition: Familien bestehen aus Vater, Mutter und Kindern. Die deutsche Familiensoziologin Rosemarie Nave-Herz (2019) betont, wie unhistorisch ein solches Verständnis von Familie ist. Es ist auch mit Blick auf weltweit vorkommende Lebensformen kulturell viel zu eng gedacht und repräsentiert im Wesentlichen die mitteleuropäische Lebenswelt einiger Jahrzehnte des letzten Jahrhunderts, in der die monogame Kleinfamilie ihre Blütezeit hatte.

Die ersten Versuche, der Vielfalt der Familienformen begrifflich Rechnung zu tragen, waren mit soziologischen Begriffen wie „unvollständige Familie" (vgl. Nave-Herz 2019, S. 120) eher diskriminierend beschrieben. Auch populäre Bezeichnungen wie „Patchworkfamilien" implizieren am Ende immer eine Abwertung, weil sie suggerieren, dass es „normale Familien" gäbe. Anhand der folgenden Abb. 6 korreliert Nave-Herz die Art der Familienbildung mit verschiedenen Familienkonstellationen. Daraus ergeben sich ganz unterschiedliche Familienformen.

	Eltern-Familien			Ein-Eltern-Familien	
	formale Ehe-schließung	nichteheliche Lebensgemein-schaften	homosexuelle Paare	Mutterfamilien	Vaterfamilien
Geburt	X	X	(X)[1]	X	
Adoption	X		X	X	X
Scheidung/ Trennung		X	X	X	X
Verwitwung		X	X	X	X
Wiederheirat	X		X		
Pflegschafts-verhältnis	X			X	

[1] nur durch medizinische Reproduktion im Ausland möglich.

Abb. 6 Typologien von Familien (Nave-Herz 2019, S. 18)

Ich halte es nach meinen beruflichen Erfahrungen für hilfreich und notwendig, sich von allen Definitionen von Familie zu verabschieden, die normative Implikationen haben. Nach meinem Verständnis sind Familien alle mehrgenerationalen Lebensformen, in denen zumindest phasenweise auch minderjährige Kinder leben.

3.1.2 Belastungen von Kindern und Jugendlichen durch Trennungen und Neuzusammensetzungen

Die Entscheidungen von Eltern und die damit verbundenen Wechsel zwischen den unterschiedlichen Familienformen haben oft schwerwiegende Auswirkungen auf die davon betroffenen Kinder.

Reaktionen auf elterliche Trennung

Wenn auch die Reaktionen der Kinder auf Trennungserfahrungen Unterschiede aufweisen und alters-, geschlechts- und entwicklungsabhängig sind, so wird in der Literatur dennoch von typischen emotionalen Reaktionen gesprochen: „Angst vor Verlassenwerden, Wut, Trauer, Schuldgefühle, Störung des Selbstwertgefühls, Loyalitätskonflikte, Misstrauen in die Verlässlichkeit menschlicher Beziehungen u. a. m. (…) Doch der Mehrzahl der

Kinder gelingt es, zumindest innerhalb von zwei Jahren das Scheidungsgeschehen ohne Beeinträchtigung ihrer Entwicklung zu bewältigen" (Nave-Herz 2019, S. 119). Walper und Wendt verweisen darauf, dass nicht nur Trennungskinder durch die eskalierten Beziehungen der Eltern beeinträchtigt sein können, sondern dass langfristige innerfamiliäre hochkonflikthafte Beziehungssituationen ähnliche Folgen für die Entwicklung haben.

Für Lehrkräfte wichtig zu wissen: In der Trennungsphase der Familien zeigen Kinder möglicherweise in der Schule Verhaltensweisen, die die Fachkräfte nicht einordnen können; vor allem dann, wenn Eltern strittige Auseinandersetzungen und Trennungen verschweigen und möglicherweise dem Kind auch noch Schweigegebote auferlegen. Schulische Akteure sind hier gefordert, mit diesen Situationen professionell umzugehen, empathisch zu sein und Gespräche anzubieten, vielleicht sogar Beratung zu vermitteln; dies alles, ohne sich aufzudrängen.

Doch können Kinder nach Trennungen, wenn sie die Folgen verarbeitet haben, sogar wieder glücklich sein, sogar völlig glücklich (vgl. Nave-Herz 2011, S. 111)? Die Antwort lautet eindeutig Ja. Sie können durch die Erfahrungen und die bewältigte Krise wachsen, werden selbstständiger und erwerben neue Kompetenzen. Insofern ist nicht die Trennung der Eltern eine Katastrophe für die Kinder, sondern die Art und Weise des Umgangs der Eltern mit der Trennung kann zur Katastrophe für das Kind werden.

Die Paradoxie in der Trennungs-/Scheidungskrise:

> „Um eine Scheidung gut verarbeiten zu können, würden Kinder Eltern benötigen, die nach der Trennung so einfühlsam, geduldig, ausgeglichen, optimistisch und zuwendend sind, wie sie es im bisherigen Leben (die ersten Lebensmonate ausgenommen) nie sein mussten. Zur selben Zeit jedoch befinden sich die meisten Eltern in einer so schwierigen psychischen Situation, dass sie Kinder brauchen würden, die so ruhig, anspruchslos, loyal, seelisch gefestigt, vernünftig und selbstständig sind, wie sie bisher noch nie sein mussten." Diesem Anspruch kann man kaum gerecht werden, und Eltern müssen hier – wie auch sonst – nicht perfekt sein, sondern der Wille und das Bemühen zählt."
>
> (Fegert 2015 mit Bezug auf Figdor 2003)

Die Folgen fehlenden Kontaktes: In den vergangenen Jahrzehnten hat sich in der Rechtsprechung zu Trennung und Scheidung viel getan. Bis in die Siebzigerjahre hinein hatten die meisten Kinder keinen Umgang mit dem getrennt lebenden Elternteil. Eine durch den damals beginnenden gesellschaftlichen Wandel ausgelöste stärkere Kindeswohlorientierung löste ein intensives Bemühen aus, allen Kindern den Kontakt zu beiden Eltern zu ermöglichen. Mit der „Großen Kindschaftsrechtsreform" wurde 1998 die gemeinsame elterliche Sorge zum Standard. Gut zehn Jahre später, 2009, wurde

es den Familiengerichten ermöglicht, eine Beratung der Eltern zu empfehlen oder sogar anzuordnen, bevor sie eine Entscheidung in Sorgerechts- und Umgangsfragen treffen. Trotzdem gibt es bis heute eine erhebliche Anzahl von Kindern, die keinen Kontakt zum getrennt lebenden Elternteil haben; aus unterschiedlichen Gründen.
Nave-Herz erläutert zu den Auswirkungen des fehlenden Kontaktes, „dass bei vater- bzw. mutterlos aufgewachsenen Kindern mit spezifischen Entwicklungs- und Persönlichkeitsstörungen gerechnet werden kann, aber nicht muss“ (Nave-Herz 2019, S. 111). Vielmehr zeigt der Psychologe Jörg Fichtner anhand einer Studie von Walper und Wendt, dass Kinder, die keinen Kontakt zu einem Elternteil haben, keine signifikanten Unterschiede im Hinblick auf den allgemeinen Selbstwert, das schulische Selbstkonzept und Depressivität haben im Vergleich zu Trennungskindern mit Kontakt und Kindern aus Kernfamilien (Fichtner 2013). Insofern kann man davon ausgehen, dass fehlende Kontakte zu einem Elternteil nicht unbedingt zu langfristigen Entwicklungsstörungen führen müssen.

Elternbeziehungen, die als „hochstrittig“ bezeichnet werden: Kennzeichen für diese Familien sind lang anhaltende gerichtliche Auseinandersetzungen um das Sorge- und Umgangsrecht, zum Teil geht es auch um psychische und physische Gewalt zwischen den Eltern oder gegen ein Elternteil. Diese Kinder sind extrem belastet, was sich auf ihre Entwicklung auswirkt. Ich habe in meiner Praxis als Berater nicht selten Fälle erlebt, in denen Eltern über zehn Jahre und mehr immer wieder rechtliche Auseinandersetzungen um Sorgerechtsfragen geführt haben. Alle professionellen Akteure rund um diese Eltern (Jugendamt, Akteure des Gerichts, Berater, Umgangsbetreuer, Gutachterinnen, Therapeuten der Eltern und des Kindes, Kita-Erzieherinnen, Lehrkräfte und andere) standen diesen Entwicklungen ohnmächtig gegenüber. Vielfach waren sie Teil des Dramas, weil sie sich auf eine Seite des Konfliktes ziehen ließen und Partei ergriffen. Selbst Versuche der Jugendämter, gemeinsam mit den Familiengerichten die Kinder den Eltern zu entziehen oder durch Zwangsmaßnahmen Kontakte herzustellen und Hilfen einzuleiten, brachten keine nachhaltigen Verbesserungen.

Eine echte Kindeswohlgefährdung sieht die Rechtslage in diesen Fällen allerdings nur da, wo neben dem Streit der Eltern noch andere Gefährdungsmerkmale hinzukommen (Gewalt, Vernachlässigung etc.). Schulen werden durch diese Familien vor große Herausforderungen gestellt, weil die Eltern in ihrer Not jeden Akteur zum Bündnispartner gegen den anderen machen wollen. Nicht selten tragen sie die juristischen Auseinandersetzungen in die Schule, etwa dann, wenn Informationen mitgeteilt oder Entscheidungen z. B. über schulische Entwicklung, Klassenfahrten, Kostenbeteiligung etc. getroffen werden müssen.

P

Folgerungen für die Praxis (6)

- Die definitorische Frage, was Familie eigentlich ist, ist für die Praxis der Zusammenarbeit mit Eltern in der Schule nicht banal. Denn auf der formalen Ebene kooperiert Schule zunächst mit den Sorgeberechtigten. Das können die leiblichen Eltern sein, aber auch Stief- oder Pflegeeltern, möglicherweise sogar Vormünder des Jugendamtes. Für unseren Kontext ist es aber wichtig, noch weiter zu denken. Bei der Frage, wer die Entwicklung eines Kindes fördern kann, wäre es fatal, exklusiv zu denken und zum Beispiel Verwandte, Stiefeltern und Lebenspartner aus der Kooperation auszuschließen. „Bei der genaueren Betrachtung von konkreten (Lern-)Biografien lasst sich feststellen, dass es um einen breiten Kreis von Personen gehen kann, die potenziell Einfluss auf die geistige, körperliche, kognitive und sonstige Entwicklung eines Kindes bzw. einer Jugendlichen haben" (Medvedev 2020, S. 26). Diese stellen oft ein hohes Potenzial dar, wenn sie das Kind in seiner Entwicklung unterstützen. Es ist also mehr als sinnvoll, ihre Ressourcen zu nutzen und darüber hinaus z. B. Großeltern als Lesepaten oder Fahrradwerkstattbetreuerinnen zu gewinnen; oder sie ggf. in individuelle Förderkonzepte einzubeziehen.
- Sind jedoch Eltern miteinander oder mit Angehörigen zerstritten, gilt es, besonders sorgsam auf die rechtlichen Regelungen zu achten (Datenschutz, Sorgerecht, Umgangsrecht). Manchmal kann es sinnvoll sein, mit zerstrittenen Eltern bezüglich der Förderung eines Kindes einzeln zu sprechen, auch wenn dieses Vorgehen einen zusätzlichen Zeitaufwand erfordert.
- Grundsätzlich gilt: Immer dann, wenn durch die Streitigkeiten das Kind in seiner Entwicklung beeinträchtig ist, sollten Wege in Hilfen und Beratung aktiv angebahnt werden.

3.2 Das Kindeswohl im Blick – Kinderschutz in der Schule

Die Ansprüche an die Erziehung, Versorgung, Betreuung und Förderung der Kinder sind in den letzten Jahren deutlich gestiegen und rechtlich geschärft worden. Zuvor war es fast ausschließlich Sache der Eltern, wie sie ihr Kind erziehen und wie sie mit ihm umgehen. Bis in die Siebzigerjahre galt das Leitbild der „elterlichen *Gewalt*" im deutschen Jugendhilferecht. Es musste schon sehr viel passieren, damit staatliche Stellen tätig wurden und in die grundgesetzlich abgesicherten Elternrechte eingriffen. Mit dem heutigen Jugendhilfe- und Familienrecht gilt das Paradigma der „elterlichen *Sorge*", das den Blick viel stärker auf die Verantwortung der Eltern als auf ihre Rechtsstellung legt. Das, was genau das Kindeswohl ausmacht, ist aber nicht bis in Details hinein geregelt, sondern bedarf als „unbestimmter Gesetzesbegriff" jeweils im Einzelfall der Klärung – und zwar deshalb, weil in einer pluralen und individualisierten Gesellschaft unterschiedliche Vorstellungen miteinander über das konkurrieren, was gut für ein Kind ist.

Diese Werteverschiebung und Werteschärfung zum Wohle von Kindern betreffen im Übrigen nicht nur Eltern, sondern auch Lehrkräfte und alle beruflich handelnden Mitarbeitenden in Schulen. Fachkräfte in der Schule gehören heute zum gesellschaftlichen Frühwarnsystem („Wächteramt"), in dem möglichst früh erkannt werden soll, wenn es einem Kind nicht gut geht, und in dem bei Bedarf geeignete Maßnahmen eingeleitet werden. Doch müssen Schulen immer auch selbstkritisch fragen, ob das Wohl der Schülerinnen und Schüler in der Schule selbst gewährleistet ist.

3.2.1 Gefährdungen durch schulische Akteure

Im System Schule war bis weit ins 20. Jahrhundert hinein Gewalt gegen Schülerinnen und Schüler als pädagogische Maßnahme legitimiert. Schläge mit der Hand und dem Rohrstock und vielerlei entwürdigende Bestrafungen waren selbstverständlich akzeptiert. Noch schlimmer: Unter der Oberfläche wohlgemeinter pädagogischer Zuwendung verbrämten Lehrkräfte sexuelle Übergriffe an Schutzbefohlenen als „pädagogischen Eros". In diesem düsteren Kapitel der Schule markierte das Öffentlichwerden der Vorgänge an der Odenwaldschule einen Tiefpunkt der pädagogischen Legitimation von Missbrauch; und dieses Kapitel scheint bis heute noch nicht abgeschlossen zu sein (vgl. Füller 2018).

Körperliche Strafen durch Lehrkräfte sind erst 1973 verboten worden. Psychische Übergriffe sind bis heute nur schwer zu identifizieren und werden damit viel zu selten handlungsrelevant. Auch wenn Verletzungen des Kindeswohls durch Lehrkräfte möglicherweise seltener geworden sind, geben in einer Studie von Viktor Krumm 1998 in Österreich „rund 2/3 der Befragten (...) an, dass sie ‚Angriffe' von Lehrern mindestens ebenso belastend erlebt haben wie jene durch Mitschüler" (Krumm/Weiß 2005, S. 24).

Übergriffiges und gewalttätiges Verhalten schulischer Akteure ist ein unerforschtes und gleichzeitig tabuisiertes Thema im System Schule (vgl. GEW 2010, S. 25 ff.). In einer Studie des Kriminologischen Forschungsinstitutes Niedersachsen geben 72,6 % der Befragten an, nie von einer Lehrkraft gemein behandelt worden zu sein, und 97,5 % berichten, nie geschlagen worden zu sein (Baier u.a. 2009, S. 57). Im Umkehrschluss haben fast 30 % der Schülerinnen und Schüler Gemeinheiten durch Lehrkräfte erlebt, und jedes 40. Kind trägt Erfahrungen körperlicher Gewalt mit sich. Das kann man wahrlich nicht als erträglichen Zustand akzeptieren. Ich habe in meiner Beratungspraxis Mobbingfälle erlebt, bei denen ich das Verhalten von Lehrkräften als Mittäterschaft oder sogar als Täterschaft empfunden habe. Ohne dieses Thema hier vertiefender behandeln zu können, ist es wichtig, bei Verletzungen des Kindeswohls nicht nur die Familie kritisch-aufmerksam im

Blick zu haben. Vielmehr muss Schule immer auch selbstkritisch und offen für die Möglichkeit sein, dass ein unerklärliches Verhalten von Schülerinnen und Schülern auf schulinterne Übergriffe durch Fachkräfte schließen lassen kann.

3.2.2 Achtsamkeit von Lehrkräften für Gefährdungen des Kindeswohls in der Familie

Allzu viele Verletzungen des Kindeswohls finden im familiären Raum statt, durch vertraute Menschen. Dabei geht es im Wesentlichen um körperliche, sexuelle oder psychische Gewalt und/oder Vernachlässigung. Zunehmend kommt es aber auch vor, dass Eltern derart überfürsorglich handeln, dass es gerade dadurch zu Beeinträchtigungen in der Entwicklung kommt, „etwa wenn das Kind von Außeneinflüssen ganz abgeschottet und seelisch völlig abhängig von der Mutter ist [oder vom Vater; M.B.], mit der Folge von Entwicklungsrückständen oder psychosomatischen Erkrankungen" (aus einer Entscheidung des Bundesverfassungsgerichtes vom 22.05.2014; AZ: 1 BvR 3190/13). In der schulischen Praxis sind die Gefährdungen meist nicht so eindeutig zu erkennen, dass Maßnahmen schnell und wirksam getroffen werden können. Da eine Gefährdung des Kindeswohls immer einer Klärung im Einzelfall bedarf, beginnen bei einer vermuteten Gefährdung rechtlich geregelte Verfahrensabläufe, die die Fachkräfte vor völlig neue Herausforderungen stellen (zu den genauen Abläufen siehe Kap. 7).

Zahlen – Daten – Fakten

- Im Jahr 2019 haben die Jugendämter in Deutschland bei rund 50.500 Kindern und Jugendlichen eine Kindeswohlgefährdung festgestellt. Das waren 10 % oder rund 5.100 Fälle mehr als im Vorjahr. Dies ist wie in 2018 nicht nur der höchste Anstieg, sondern auch der höchste Stand an Kindeswohlgefährdungen seit Einführung der Statistik im Jahr 2012 (Statistisches Bundesamt 2020). Konkret handelt es sich um:
  - 173.000 geprüfte Verdachtsfälle,
  - 28.000 Fälle als „akute" (eindeutige) Kindeswohlgefährdungen eingeschätzt (12 % mehr als 2018),
  - 27.500 ernsthafte Verdachtsfälle ohne eindeutiges Ergebnis (+8 %),
  - in 20 % Einschaltung des Familiengerichtes,
  - in 16 % aller Fälle Obhutnahmen zum Schutz des Kindes,
  - bei rund 59.100 Kindern und Jugendlichen keine Kindeswohlgefährdung, aber weiterer Hilfe- und Unterstützungsbedarf (+12 %),
  - in rund 58.400 Fällen keine Bestätigung des Verdachts und keine Hilfen notwendig (+8 %).

- Formen der Gefährdungen (z. T. Mehrfachfälle):
  - Vernachlässigung (58 % aller Fälle),
  - in 32 % aller Fälle Anzeichen für psychische Misshandlungen wie beispielsweise Demütigungen, Einschüchterung, Isolierung und emotionale Kälte,
  - in 27 % der Fälle Hinweise auf körperliche Misshandlung,
  - in 5 % der Fälle Hinweise auf sexuelle Gewalt (Anstieg der Meldungen um 22 %; etwa zwei Drittel der Betroffenen waren Mädchen).
- Die Ausgaben der Jugendämter sind seit 2000 von 4,7 Milliarden Euro auf 10,7 Milliarden Euro im Jahr 2018 gestiegen. Dies sind Ausgaben für ambulante und stationäre Hilfen zur Erziehung, Eingliederungshilfen für seelisch behinderte Kinder und Jugendliche, Hilfen für junge Volljährige und für Inobhutnahmen (akj-stat 2020 Kap. 5).

P

Folgerungen für die Praxis (7)

Kinderschutz als Haltung der Achtsamkeit, der Selbstkontrolle und des Engagements gegen Verletzungen von Kindern sehe ich als einen elementaren Teilbereich von Bildungs- und Erziehungspartnerschaften an. Und zwar deswegen, weil das staatliche Wächteramt, so wie es im Bundeskinderschutzgesetz ausgelegt ist, und die Idee partnerschaftlicher Zusammenarbeit sehr gut zusammenpassen. Der Geist des Gesetzes ist es, im Falle einer Kindeswohlgefährdung, soweit möglich, geeignete Hilfen einzuleiten, um die Gefährdung abzuwenden. Vorrangig ist also nicht die Ahndung des elterlichen Handelns, sondern die Motivierung der Eltern zur Problemeinsicht und zur Akzeptanz von Hilfen.

- Alle Fachkräfte einer Schule sollten achtsam und sensibel auf Anzeichen von Verletzungen des Kindeswohls (im familiären System, in der Lebenswelt des Kindes, aber auch in der Schule) reagieren können. Hierzu benötigen sie Aufklärung und Fortbildung.
- Schülerinnen benötigen Ansprechpartner, denen sie sich bei Übergriffen jeglicher Art anvertrauen können. Das können innerhalb der Schule z. B. Vertrauenslehrkräfte sein, aber auch anonyme Telefonhotlines und externe Beratungsstellen, die fortlaufend bekannt gemacht werden. Eine hilfreiche Funktion könnten auch die Schülerinnenvertretungen haben.
- Schulen brauchen Verfahrensabläufe zur Kommunikation im Kinderschutz und für die Abklärungsprozesse auf der Basis der gesetzlichen Regelungen (siehe ausführlich dazu Kap. 6).
- Schulen benötigen Fachkräfte, die entsprechend fortgebildet sind und als Experten im eigenen System kompetent agieren und andere Fachkräfte beraten und unterstützen können.
- Schulen benötigen ein Netzwerk mit kompetenten und leistungsfähigen Partnern, die sie in diesen schwierigen Prozessen beraten, bei Bedarf Hilfen leisten und letztendlich auch gerichtliche Schritte einleiten können, wenn alles andere nicht hilft.
- Und nicht zuletzt: Schulen brauchen ein wirksames Beschwerdemanagement, um grenzverletzendes Verhalten ihrer professionellen Akteure wirksam aufdecken und abwenden zu können.

3.3 Wie kann eine Partnerschaft in Erziehungsfragen gelingen?

Eltern und schulische Akteure haben einen gemeinsamen Erziehungsauftrag. Doch wie sieht die Aufgabenteilung aus? Wer hat was wie und wann zu tun? Diese Klärungen bringen schon innerhalb der Familie viele Diskussionen und Konflikte mit sich. Sie fordern die Beteiligten umso mehr, wenn es um die Synchronisierung einer systemübergreifenden Erziehung zwischen Familie und Schule geht.

Die Verständigungsprozesse, wie man gemeinsam erziehen will, laufen meist nicht explizit ab, wobei manche Schulen mit schriftlichen Erziehungsverträgen, Regelvorgaben und Listen mit „erzieherischen Maßnahmen" durchaus Vorgaben machen. Doch meistens handelt es sich um Erwartungen, die häufig erst im Konfliktfall explizit kommuniziert werden. Zu Beginn der Schullaufbahn eines Kindes will man mit Eltern noch nicht über mögliche Konflikte reden. Deshalb treten konträre Auffassungen erst dann zutage, wenn Probleme nicht mehr zu ignorieren sind.

Noch immer gehen manche Lehrkräfte davon aus, dass Erziehung allein Sache der Eltern wäre und sie nur für die Stoffvermittlung zuständig seien. Sie erwarten von Eltern, dass sie ihr Kind so erziehen, dass es sich benimmt, an die Regeln hält, sich am Unterricht beteiligt und seine Aufgaben macht. Auch viele Eltern reklamieren die Erziehungsverantwortung als vermeintlich im Einklang mit dem Grundgesetz stehend allein für sich („Das geht Sie gar nichts an, wie ich mein Kind erziehe!"). Andere Eltern schreiben der Schule die Erziehungsverantwortung zu: „Sie müssen sich um das Problem kümmern, Sie haben das doch studiert!"

3.3.1 Spannungsfelder im Erziehungsverständnis des Systems Schule

Ein Spannungsverhältnis zwischen unterschiedlichen Konzeptionen, was gute Erziehung ausmacht und wie man Konflikte löst, ist im System Schule selbst schon systematisch angelegt. Auf der Leitbildebene wird z. B. in einer Präambel einerseits ein partnerschaftliches Verhältnis in einer Erziehungspartnerschaft postuliert (vgl. KMK 2004, S. 57 ff.). Auf der institutionellen Ebene lässt sich andererseits häufig noch ein hoheitliches, funktionales Erziehungsverständnis feststellen. „Erzieherische Einwirkungen und Ordnungsmaßnahmen dienen der geordneten Unterrichts- und Erziehungsarbeit der Schule sowie dem Schutz von Personen und Sachen", so steht es z. B. im NRW-Schulgesetz im § 53 („Erzieherische Einwirkungen"). Da ist von einer partnerschaftlichen Zusammenarbeit in Erziehungsfragen, gemeinsamer Lösungssuche und einem positiven Erziehungsverständnis nicht mehr viel zu spüren. Der Schüler soll funktionieren, und gut ist es.

Das Gesetz geht davon aus, dass die Lehrkraft recht hat und der Schüler sich falsch verhält; dass Lehrkräfte sich im Ton vergreifen können, manchmal ungerecht beurteilen und bewerten, auch mal schlechte Tage haben, an denen sie Dinge sagen, die sie später am liebsten ungeschehen machen würden, taucht hier nicht auf. Im Konfliktfall hat die Schule recht. So impliziert das Gesetz einen deutlichen Widerspruch zwischen den hehren Aussagen der Präambel und den rechtlichen Festsetzungen für den pädagogischen Konflikt.

Eine solche hierarchische Sichtweise, wie sie der Gesetzestext nahelegt, ignoriert, wie unterschiedlich Kinder und Jugendliche sind und dass sie eine individuelle Beziehungsgestaltung brauchen, um sich gut zu entwickeln. Dass Erziehung ein ganz eigenständiger Entwicklungsbereich ist, wird ignoriert. Erziehung ist ein Lernbereich, in dem die Förderung sozialer Kompetenzen und Teamfähigkeit unterstützt wird, Möglichkeiten zu politischem Engagement und Partizipation gegeben, Konflikte als Lernchancen begriffen werden und die Art und Weise der Konfliktlösung darüber entscheidet, ob rigide Anpassung oder soziales Wachstum geschieht.

Ein hoheitliches Verständnis schulischer Akteure habe ich – neben einer großen Zahl engagiert und gut geführter Gespräche – in allzu vielen Beratungsfällen gespürt, in denen ich Eltern, Schule und Schülerin unterstützen wollte, um gemeinsame Lösungen zu finden. Solche Gespräche ließen mich fassungslos nach Hause gehen. Mir geht es hier vorrangig um das System und seine Kultur und seine Macht, die sich auf die Beziehungsgestaltung auswirkt. Ich habe viele Lehrkräfte kennengelernt, die diese Abläufe selbst nicht gut fanden, aber sich kaum gegen das System anstemmen konnten.

3.3.2 Was ist gute Erziehung?

Selbst wenn Fachkräfte und Eltern sich einig sind, dass sie gemeinsam erziehen und auf Augenhöhe agieren wollen, stellt sich die Frage, wie man gemeinsam gut erziehen will. Darüber gibt sehr unterschiedliche Ansichten: „Eltern sollten streng sein" vs. „Eltern sollten liebevoll sein"; „Eltern müssen bestimmen, wo es langgeht" vs. „Kinder sollten möglichst viel selbst bestimmen". Nicht nur die die Prinzipien selbst, sondern auch ihre Anwendung in einer konkreten Situation können große Differenzen zutage treten lassen.

Mit der Revolte Ende der Sechzigerjahre gegen politische autoritäre Strukturen wurde ein Wandel und eine Ausdifferenzierung der Erziehungsvorstellungen ausgelöst (vgl. auch 1.3). Eine antiautoritär und später auch feministisch geprägte Abkehr von patriarchalischen und gewalthaltigen Erziehungsvorstellungen bestimmte von nun an den Duktus der Diskussionen um gute Erziehung. Man wollte weg vom Image des Erwachsenen, der Zucht und Ordnung propagierte und Gewalt praktizierte. Von diesem Ausgangspunkt an differenzierten sich Erziehungskonzepte in alle Richtungen aus. Dies geschah parallel zu der Werte- und Lebensstildifferenzierung der Gesellschaft insgesamt (vgl. 1.4). Kernthemen dieser Diskussionen sind bis heute:

- **Legitimität der Anwendung von Gewalt:** Der Wandel vollzog sich von der gesetzlichen und pädagogischen Legitimation der Anwendung von Gewalt (erst Ende der 1970er-Jahre wurde der Begriff der elterlichen Gewalt durch den Begriff der elterlichen Sorge ersetzt, und erst seit 2001 ist Gewalt in der Erziehung durch die Abschaffung des Züchtigungsrechts verboten) hin zu einer generellen Ächtung jeglicher Formen von Gewalt. Bis heute umstritten sind psychologische Erziehungsmechanismen („psychische Gewalt").
- **Die Rolle der erwachsenen Sorgeberechtigten in der Beziehung zu Heranwachsenden:** Hier differieren die Konzeptionen zwischen propagierter Freundschaft mit Kindern und dem Beharren auf alten Autoritäten.
- **Die Frage nach der Autorität selbst:** Auch hier reichen die Ideen von der völligen Abschaffung jeglicher Autorität bis hin zu Neukonstruktionen zum Beispiel unter dem Schlagwort der „Neuen Autorität" bzw. elterlichen Präsenz (Haim Omer) oder einer autoritativ-partizipativen Erziehung (vgl. z. B. Hurrelmann/Bauer 2015).
- **Die Ableitung von Erziehungsmethoden aus den Theorien:** Das Spektrum reicht von der völligen Ablehnung von Erziehungsmethoden („Beziehung statt Erziehung") bis hin zum strukturierten Erziehungsmethodentraining für Eltern und auch für pädagogische Fachkräfte.
- **Die Frage nach der Bedeutung von Leistung:** Die einen propagieren den Schonraum Kindheit und wollen die Kinder möglichst frei von allen Anforderungen aufwachsen lassen, die anderen setzen sich für eine frühe Leistungsorientierung und Förderung von Anstrengungsbereitschaft ein.
- **Die Frage nach angemessenen Beteiligungsformen von Kindern und Jugendlichen:** Während die Partizipation von Kindern und Jugendlichen ganz allgemein kaum noch hinterfragt wird, zeigen sich im Detail die Unterschiede zwischen den Forderungen nach möglichst früher Selbstbestimmung und denen nach gemeinwesenorientierten Partizipationsformen (vgl. z. B. Bartscher 1998, Keller 2011).

Während die Diskurse über diese Fragen in der Aufbruchzeit in den Sechziger jahren zunächst in kleinen Gruppen und überschaubaren Szenen geführt und ganz praktisch z. B. in der Kinderladenbewegung umgesetzt wurden, fächerten sie sich später auf, je stärker sich die Repräsentanten bestimmter Ideen in Institutionen etablierten und sie in Forschung und Lehre, Bildungsinstitutionen und Politik integrieren konnten. Insbesondere im frühkindlichen Bereich werden Erziehungskonzepte und Erziehungsmethoden bis heute nach ihren Erfindern genannt (z. B. Montessoripädagogik, Erziehung nach Emmi Pikler). Auch darüber hinaus gelten die Namen von Autoren als Programm für einen bestimmten Erziehungsstil (Alexander Neill, Rudolf Steiner, Michael Winterhoff, Jesper Juul und viele mehr).

Von der Fachdiskussion aus fanden die diversen Konzepte ihren Weg in die Ratgeberliteratur, in Elternzeitschriften und vor allem in den letzten 20 Jahren, beginnend mit der „Supernanny", in die Medienlandschaft. Heute stehen Eltern fasziniert, z. T. aber auch völlig orientierungslos vor einer unübersehbaren Vielfalt von Angeboten und Konzepten, wie sie ihr Kind richtig erziehen sollen. (Eine kleine Spielerei: Wenn Sie in eine bekannte Suchmaschine den Begriff Elternratgeber eingeben, erhalten Sie über 340.000 Ergebnisse.)

3.3.3 Expertenstreit als Quelle der Verunsicherung von Eltern – Erarbeitung von „Erziehungskonsensen"

Wenn schon die Fachwelt erbittert um „die richtige Erziehung" streitet, dann ist es für Eltern umso schwieriger, ihren eigenen sicheren Standpunkt zu finden oder zu wahren und daraus eine gute Erziehungspraxis abzuleiten. Das ist umso anspruchsvoller, weil jede neue Idee von Erziehung in Abgrenzung und Abwertung der zuvor bestehenden Erziehungskonzepte propagiert wird, zum Teil in einer Haltung pädagogischer Allmacht, zum Teil aber auch als geschickte Marketingstrategie (vgl. z. B. Winterhoff 2008, der mit dem Erscheinen seines reißerisch betitelten Ratgebers „Warum unsere Kinder Tyrannen werden" eine Ratgeberserie unter der gleichen Überschrift in der BILD-Zeitung startete).

Die von diversen Fachleuten konträr propagierten Erziehungskonzepte sind eine der zentralen Erklärungen, warum heute viele Eltern quer durch alle sozialen Schichten hochgradig verunsichert sind. Zu kritisieren ist nicht, dass über die richtige Erziehung gestritten wird, vielmehr ist der Stil der Auseinandersetzung problematisch.

B

Beispiel aus der Praxis: Erarbeitung eines „Erziehungskonsenses"

Ich war – in dem Bewusstsein dieser Problematik – bei der Gründung der Elternschule Hamm beteiligt, und wir sind aus gutem Grund einen anderen Weg gegangen. Am Anfang der Projektentwicklung in den Jahren 2001 – 2002 stand die Erarbeitung eines Erziehungskonsenses. Die beteiligten Fachkräfte wollten sich klar darüber werden und einig darin sein, was die Elternschule Eltern vermitteln wollte; ein höchst schwieriges Unterfangen angesichts sehr konträrer pädagogischer Auffassungen der damaligen Beteiligten.

Bei der Formulierung dieses Erziehungskonsenses zeigte sich die Einigkeit aller darin, dass ein Konsens „notwendig" ist und ein respektvoller Umgang mit unterschiedlichen Sichtweisen hilfreich. Auf der Suche nach weiteren Gemeinsamkeiten fanden sich überraschend viele Gedanken und Ideen, die alle teilten: Dass z. B. Eltern eine klare Elternrolle einnehmen und ihren Kindern Orientierung geben, Kindern aber auch Rechte einräumen sollten; dass sie eine Führungsaufgabe haben, dass sie Werte weniger durch Belehrungen als vielmehr durch ihr Vorbild vermitteln. Bei den verbleibenden Meinungsverschiedenheiten in Erziehungsfragen zeigte sich, dass es sich häufig einfach nur um verschiedene Erziehungs*optionen* für unterschiedliche Gelegenheiten handelte. Unterschiedliche Auffassungen blieben bis zum Schluss z. B. in der Frage, wie weitreichend Kinder mitreden und mitentscheiden sollten und welche Arten von Konsequenzen Eltern ziehen sollten, wenn vorgegebene Regeln oder getroffene Absprachen nicht eingehalten werden. Interessanterweise erzeugte der gemeinsame Kommunikationsprozess emotionale und intellektuelle Verbundenheit und Verbindlichkeit, sodass die verbleibenden Differenzen am Ende irrelevant waren. Das entsprechende Papier wurde dann durch die lokale Politik bestätigt und in der Öffentlichkeit verbreitet (vgl. Elternschule Hamm 2003).

3.3.4 Von der Suche nach Wahrheiten zur Akzeptanz von Spannungsfeldern: Das Modell einer autoritativ-partizipativen Erziehung

Ein guter Ausweg aus den Aporien der Suche nach Erziehungswahrheiten scheint mir der Vorschlag der beiden Wissenschaftler Klaus Hurrelmann und Ullrich Bauer (2015) zu sein. Sie entwickeln ihr Modell einer „autoritativ-partizipativen" Erziehung als Orientierungsrahmen zwischen Polaritäten (vgl. Abb. 7). Dabei gehen sie davon aus, dass die beiden Merkmale „Berücksichtigung kindlicher Bedürfnisse" und „Ausübung von Autorität" jeweils Spannungsfelder zwischen extremen Polen „völlig" versus „gar nicht" darstellen und dass eine gute elterliche Erziehung sich jeweils zwischen den beiden Polen bewegt, während die Kombinationen der extremen Pole jeweils problematische Erziehungsstile erzeugt. Damit lösen die beiden Erziehungsissenschaftler die Herausforderung elegant: Statt richtige Verhaltensweisen zu empfehlen, schaffen sie Orientierungsmöglichkeiten für Fachkräfte und Eltern.

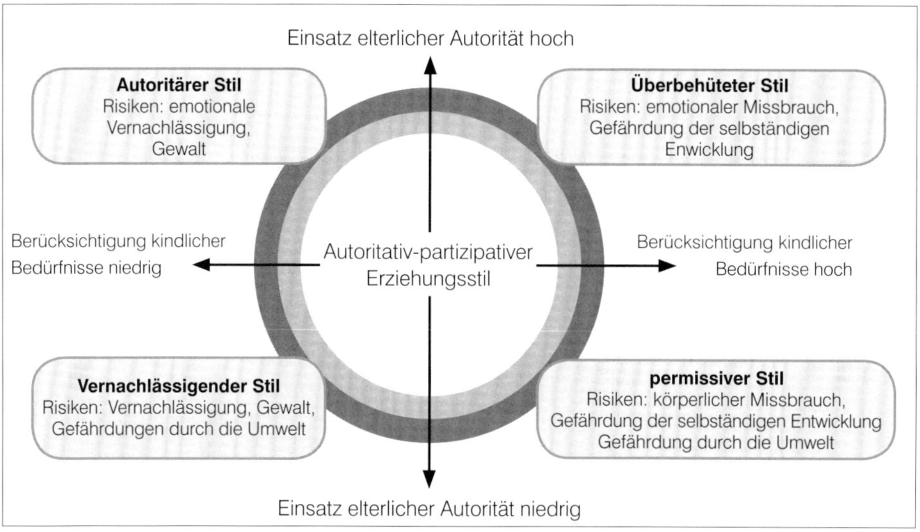

Abb. 7: Das Modell des „autoritativ-partizipativen Erziehungsstils" (Bauer/Hurrelmann 2015)

Dieses Modell (Abb. 8) lässt sich auf vielfältige Weise nutzen. Es war zum Beispiel in der Beratung zerstrittener Eltern sehr aufschlussreich, wenn sich beide Elternteile in diesem Modell positionierten. Eltern, die sich gegenseitig häufig eine Gefährdung ihres Kindes aufgrund ihres Erziehungsstils vorwarfen, positionierten sich in der Regel nahe der Mitte. Doch wenn einer von beiden sich etwas mehr in Richtung „Autorität" und der andere etwas mehr in Richtung „keine Autorität" positionierte, legitimierten sie daraus die gegenseitigen Vorwürfe und Machtkämpfe: „Du bist so aggressiv!" gegenüber „Sei doch mal konsequenter!". Und auch die gegenseitigen Schuldzuschreibungen ergaben sich daraus. „Wenn du konsequenter wärest, brauchte ich nicht zu schreien!". „Wenn du nicht so rumschreien würdest, könnte ich klarer handeln!"

Man kann das Modell von Bauer und Hurrelmann mit anderen Spannungsfeldern erweitern und so weiterentwickeln (vgl. die Spannungsfelder in 1.8.2). Statt die Polaritäten also antagonistisch zu denken und damit zu „Entweder-oder"- oder „Richtig-falsch" - Alternativen zu gelangen, sind die Pole eines Spannungsverhältnisses als zwei Seiten einer Wahrheit zu begreifen. Das kann man aus der praktischen Perspektive auch sofort bejahen: Es gibt Situationen, in denen Eltern ihre Autorität unbedingt zur Geltung bringen sollten (wenn z. B. das kleine Kind auf die Straße läuft), und es gibt andere Situationen beim gemeinsamen Spielen auf dem Rasen, bei denen ein autoritärer Gestus völlig unangebracht ist („Weil ich der Vater bin, zählt mein Tor doppelt!").

P

Folgerungen für die Praxis (8)

In folgenden Bereichen gibt es Klärungs- und Einigungsbedarf zwischen Schule und Elternhaus:

- **Akzeptanz eines gemeinsamen Auftrags:** Der erste Schritt liegt darin, gemeinsam anzuerkennen, dass Eltern und Fachkräfte für den Bildungsabschnitt in der Erziehung eines Kindes zusammenarbeiten wollen, und in diesem Sinne eine gemeinsame Absichtserklärung abzugeben.
- **Klärung der Aufgabenteilung:** Wenn geklärt ist, dass es einen Erziehungsauftrag der Familie und einen Erziehungsauftrag der Schule gibt und die notwendige Kooperation von allen bejaht wird, bleiben dennoch im Einzelfall viele Fragen offen: Wer muss was tun? Wenn es zu Problemen kommt: Liegt es am Elternhaus oder an den Lehrkräften, wenn ein Kind sich „unerzogen“ verhält? Hier sind konkrete Vereinbarungen hilfreich, die festlegen, wer was in welcher zeitlicher Abfolge zu tun hat.
- **Klärung des Erziehungsverständnisses mit den Eltern:** Eine weitere Frage ist die nach gemeinsamen Leitlinien für die Erziehung der Kinder. Auf Basis der oben beschriebenen Haltungen und Kommunikationsmethoden wird es in der Regel für jede Schule möglich sein, einen eigenen „Erziehungskonsens“ zu erarbeiten, der genügend Offenheit für unterschiedliche Facetten im Erziehungsverständnis lässt.
- **Professionelle Kommunikationskompetenz:** Die Klärung der bisher gestellten Fragen ist besonders im Konfliktfall emotional hoch besetzt. Sie bedarf einer professionellen Kommunikationskompetenz vor allem seitens der Erziehungsprofis in der Schule (z. B. Fachkräfte der Sozialen Arbeit).
- **Klärung des Erziehungsverständnisses im Kollegium:** Die Grundbedingung dieser Prozesse ist eine Verständigung innerhalb der Schule, ein internes Erziehungskonzept. Hierfür gelten die gleichen Bedingungen wie oben.

Wenn diese Dialoge in den Kollegien und unter den Eltern ineinandergreifen, wären Schulen im besten Sinne „lernende Schulgemeinschaften“. Eltern und Fachkräfte lernen dann gemeinsam, wie Kinder in einer sich rasend schnell entwickelnden Welt gut erzogen werden können. Auf dieser Basis wird es für viele Eltern hilfreich sein, konkrete Bildungs- und Beratungsangebote zu finden, in denen sie unter vertraulichen Bedingungen ihre Ängste, Sorgen und Unsicherheiten thematisieren und Anregungen und Hilfen für die Bewältigung des Familienalltags erhalten. Schulen können Orte sein, an denen diese Prozesse stattfinden, und Schulen können sich hierzu vernetzen, um diese anspruchsvolle Arbeit nicht allein zu machen – und um auch den Eltern geeignete Anlaufstellen anbieten zu können.

3.4 Das kulturelle Kapital der Familien – Beiträge zu gelingender Bildung

Am Ende dieses Streifzugs zeigt sich, dass Familien als ein Ort verstanden werden können, an dem elementare Entwicklungsbedingungen geschaffen werden, die als systematischer Teil nicht nur des gesellschaftlichen Erziehungs-, sondern auch des Bildungssystems zu verstehen sind. Abschließend soll die Frage beantwortet werden, was genau den Bildungsort Familie, was das kulturelle Kapital der Familie im Detail ausmacht.

3.4.1 Ergebnisse einer Fachkräftebefragung

„Was denken Sie, was die Kinder Ihrer Einrichtung von den Eltern brauchen, damit sie gut lernen, sich gut entwickeln können?" Seit Jahren stelle ich Fachkräften in jeder Weiterbildung diese Frage. Die dokumentierten Statements geben einen guten Überblick über das kulturelle Kapital der Familie. Einer Auswertung der dokumentierten Veranstaltungen (Bartscher 2020) liegen die Daten aus 19 Weiterbildungsveranstaltungen zwischen 2017–2020 mit ca. 560 Fachkräften zugrunde (davon 55 % aus Kitas, 30 % aus Schulen und 15 % Sonstige). Diese Erhebung mag nicht unbedingt strengen Forschungskriterien entsprechen und sie sind auch nicht repräsentativ, trotzdem werfen die Ergebnisse einen interessanten Blick auf die Perspektive von Fachkräften zu der Leitfrage: „Was macht den Bildungsort Familie aus?".

„Was macht den Bildungsort Familie aus?" – Auswertung von 19 Brainstormings mit insges. 560 Fachkräften (Anzahl der Nennungen)	
„Autoritativ-partizipativer Erziehungsstil"	**167**
Struktur/Tagesstruktur/Rituale	31
Selbstständigkeit/Verantwortung/Partizipation	23
Kommunikation	23
Regeln	19
Vorbildfunktion	17
Elternpräsenz	16
Rollenklarheit	15
Medienkontrolle und Medienkompetenz	13
Gewaltfreiheit	3
Authentizität	3
Konfliktfähigkeit	2
Fehlerfreundlichkeit	2

Beziehung und Bindung	**117**
geteilte Zeit	34
Bindung	19
Vertrauen/Selbstvertrauen	14
Interesse am Kind	9
Liebe	8
Harmonie	7
Wertschätzung	5
Akzeptanz	4
Bedürfnisse wahrnehmen	4
Spaß/Humor	3
Grundbedürfnisse	2
Sicherheit	8
Förderung	**46**
Wertevermittlung	8
Anregungsreichtum	7
soziale Kontakte ermöglichen	6
Sprache	5
Förderung	5
Langeweile	4
Selbstwirksamkeitserfahrungen	4
emotionale Kompetenz	2
Bewegung	2
Gesundheit	1
Raumgestaltung	2
Elternebene	**14**
Kooperation auf Elternebene	10
Selbstfürsorge der Eltern	4
Rahmenbedingungen	**8**
kulturelle Ressourcen nutzen	5
finanzielle Ressourcen	3
Vernetzung und Kooperation	**9**
Vernetzung/ Kooperation/ Eingebundensein	9

Tabelle 4: Auswertungsübersicht (Bartscher 2020)

Die Auswertung zeigt, dass eine bestimmte Qualität von Erziehung als notwendig empfunden wird, aber auch die basale Beziehung und Bindung zum Kind. Außerdem werden fördernde Aktivitäten für wichtig gehalten (zu deren Qualität siehe unten). Der Fokus liegt dabei ganz eindeutig auf Aktivitäten, die sich im Familienalltag abspielen und keines besonderen Aufwandes bedürfen. Auch werden keinerlei Aktivitäten genannt, die mit häuslichem Lernen und der Erledigung von Hausaufgaben im Speziellen zu tun haben, wie man vielleicht erwarten könnte. Die vorgenannten Aspekte spiegeln einen breiten Stand der Forschung und wissenschaftliche Erkenntnisse wider; gefiltert durch die Wahrnehmung der Reflexionsprozesse von Fachkräften aus der Praxis.

3.4.2 Konkrete Hinweise zur Gestaltung des Bildungsortes Familie

Die einzelnen Themen werden nun noch einmal kurz illustriert und ergänzt durch einige ausgewählte Forschungserkenntnisse.

Autoritativ-partizipativer Erziehungsstil

Große Bedeutung messen Fachleute dem Erziehungsstil der Eltern zu. Was sie in der Erziehung für hilfreich halten, lässt sich als „autoritativ-partizipativer Erziehungsstil" beschreiben (Hurrelmann/Bauer 2015; vgl. 1.8.4). Konkret bedeutet das u. a.:

- **Ritualisierung und Struktur im Tagesablauf:** Fachkräfte halten es für hochrelevant, dass Eltern ihren Kindern Struktur im Tagesablauf und im Familienleben bieten. So zeigen Forschungen über Grundschuleltern, dass tägliche Rituale im Zusammenspiel mit einem geregelten Tagesablauf gesundheitliche Risiken deutlich verringern (Settertobulte 2010).
- **Förderung der Selbstständigkeit und Verantwortungsübernahme:** Die Förderung der Selbstständigkeit der Kinder wird als große Herausforderung der Familien angesehen und steht gleichzeitig als wichtiger Beitrag für Bildung hoch im Kurs. Dies ist durchaus eingebettet in einem partizipativen Verständnis, das sich nicht darin erschöpft, die Wünsche der Kinder zu erfüllen bzw. ihre Selbstbestimmung zu unterstützen (vgl. Keller 2011: „autonomieorientierter Erziehungsstil"), sondern vielmehr Partizipation als Stärkung der Eigenverantwortung und des Zumutens von Pflichten versteht. So können gelungene Aushandlungsprozesse für gemeinsame Regeln positive Effekte auch auf die Gesundheit von Kindern haben (Settertobulte 2010).
- **Medienkontrolle – Medienchancen:** Die Optionen zur Mediennutzung wuchern seit Jahren in alle Richtungen aus und verändern Beziehungen zwischen Eltern, Kindern und Fachkräften fundamental. Unkontrollierter

Medienkonsum hat viele negative Auswirkungen. Sinnvoll ist es, einen Rahmen zu schaffen, mit Kindern gemeinsam Regeln auszuhandeln, aber auch Anteil an dem Mediengeschehen zu nehmen. Eine Verteufelung der Medien ist nicht sinnvoll, vielmehr zeigt zum Beispiel eine Schweizer Studie zum häuslichen Lernen, dass die digitalen Medien zur Kommunikation von Schülerinnen und Schülern bezüglich der Hausaufgaben durchaus hilfreich sein können und damit elterliche Aufgaben entlasten (vgl. Schneider Stingelin u. a. 2020).

- **Beziehung und Bindung:** Hier spiegeln sich die zentralen Erkenntnisse der Bindungsforschung wider: Eltern reagieren feinfühlig auf die Signale des Kindes, geben ihm Liebe, Zuwendung und Sicherheit und ermöglichen ihm so, seine Umwelt zu explorieren.
- **Kommunikation:** Fachkräfte betonen die Bedeutung der ungezwungenen, wertschätzenden, liebevollen Kommunikation, häufig in Verbindung mit Aktivitäten wie gemeinsamen Mahlzeiten, Vorlesen, Kuscheln oder gemeinsam spielen. „Kognitive Anregungen durch Diskutieren und Kommunizieren mit dem Kind" (Sacher 2014, S. 115) gelten nach Sacher als wirkungsvoller als das oft problematische Kümmern um die Hausaufgaben. Für den Lernerfolg kontraproduktiv ist das, was der Psychotherapeut Jesper Juul als „Verhör" bezeichnet hat: eine durch die elterlichen Ängste bestimmte Kommunikation. Vielmehr stellt ein positives, gleichzeitig realistisches Zutrauen als Haltung der Eltern eine sehr viel geeignetere und wirkungsvolle Kommunikationsbasis dar (Sacher 2014, S. 114).
- **Gemeinsame Zeit:** Fast alle Fachkräfte sind der Auffassung, dass Eltern mehr Zeit mit den Kindern verbringen sollten. In Akzeptanz der vielfältigen Belastungen und Anforderungen vieler Eltern kommt es dabei jedoch nicht vorrangig auf die zeitliche Menge an. Vielmehr ist entscheidend, dass Eltern und Kinder regelmäßig Zeit miteinander teilen und dass in dieser Zeit alle mit der vollen Aufmerksamkeit dabei sind. Dies wirkt sich sowohl auf die Gesundheit der Kinder aus (Settertobulte 2010) als auch auf ihre schulische Leistungsfähigkeit (Sacher 2014).

Aktive Förderung

Fachkräfte wünschen sich, dass Eltern ihren Familienalltag so gestalten, dass Kinder durch geeignete Aktivitäten Anregungen und Impulse in ihrer Entwicklung erhalten. Sie legen Wert auf das Potenzial gemeinsamen Lesens und Spielens, auf Familienaktivitäten wie Waldspaziergänge oder Radtouren, gemeinsame Gesellschaftsspiele und vieles mehr.

- **Förderung mit „absichtsvoller Absichtslosigkeit":** Häufig wird kritisiert, dass Eltern zu viele Aktivitäten „mit pädagogischer Absicht" planen, sodass schon junge Kinder einen durchgetakteten Wochenplan haben. Eltern sollten sich zwar klar darüber sein, welche Impulse wertvoll sind, sie sollten aber Förderung implizit in einen Alltag einbauen, bei dem Spaß und Spiel im Vordergrund stehen (manchmal auch als häusliche Pflichten).

- **Impulse für das häusliche Lernen:** Forschungsergebnisse zeigen, dass das Thema „Hausaufgaben" oft eine dysfunktionale Rolle in den Familien spielt. Entweder haben Eltern resigniert aufgegeben, oder sie bewirken durch übertriebene Ergebniserwartungen, Druck und Kontrolle das Gegenteil ihrer Ziele. 85 % der Eltern vermischen hilfreiche und kontraproduktive Strategien der Lernförderung; so ist die Unterstützung suboptimal und hat viele unerwünschte Nebenwirkungen wie Streit, eskalierte Situationen und Demotivation (Wittler 2008, S. 26). Eine schulbezogene Unterstützung des häuslichen Lernens, die sich weniger am Ergebnis (= perfekte und richtige Aufgabenerledigung) orientiert, sondern auf die Begleitung des Arbeitsprozesses fokussiert, ist motivierender und stärkt die selbstständige Aufgabenerledigung (Wild & Hofer, 2002, S. 240).

Kooperation und Vernetzung

Fachkräfte wünschen sich, dass Eltern nicht nur an ihrem Kind Interesse zeigen, sondern auch an dem schulischen Geschehen insgesamt und gut kooperieren. Enge Zusammenarbeit mit der Schule beugt schulischen Problemen bei Kindern und damit verbundenen psychosomatischen und psychischen Symptomen vor. Das setzt allerdings eine soziokulturell differenzierte Beteiligungsstruktur voraus, um Ausgrenzungen vorzubeugen.

Zu einer guten Vernetzung gehört auch die Verfügbarkeit von Beratung und Hilfe bei auftretenden Problemen. Zugangsbarrieren bestehen sowohl aufseiten der Eltern durch Ängste und Diskriminierungsbefürchtungen als auch aufseiten der Beratungsdienste durch Hochschwelligkeit des Zugangs. Hier ist eine gute Vernetzung der Schulen mit den kooperierenden Diensten hilfreich.

3.4.3 „Heimbasiertes Engagement" von Eltern – viel mehr als häusliches Lernen

Die Ergebnisse meiner Umfrage passen sehr gut mit dem Forschungsstand zur Zusammenarbeit mit Eltern in Schulen zusammen (zumal ja das Denken vieler Fachkräfte genau durch diesen Forschungsstand geprägt ist). Nach Werner Sacher, Schulpädagoge, kann man den internationalen Forschungsstand zur Zusammenarbeit zwischen Elternhaus und Schule sehr eindeutig dahingehend interpretieren, dass der wichtigste Beitrag von Eltern zum Schulerfolg die Gestaltung des Bildungsortes Familie ist. „Elternengagement hingegen, welches mit Präsenz in der Schule verbunden ist (Kontakte mit Lehrkräften, Besuch von Veranstaltungen, Mitarbeit in Elterngremien), hängt nur in sehr geringem Maße mit Schulleistung zusammen" (Sacher 2014, S. 7). Also ist das „schulbasierte Engagement"[1] vielleicht nicht gerade unbedeutend, aber nicht unbedingt sehr effektiv für eine bessere Entwicklung des eigenen Kindes. Stattdessen bietet die Forschungslage relativ eindeutige Erkenntnisse zum sogenannten heimbasierten Engagement. Sacher filtert drei Aspekte heraus, mit denen Eltern ihre Kinder besonders gut in ihrer Lernentwicklung unterstützen können:

- hohe und zuversichtliche, aber realistische Leistungserwartungen gegenüber ihrem Kind: Hier geht es um eine positive Grundhaltung von Eltern, die Zutrauen und Gelassenheit, aber auch Klarheit ausstrahlt. Vieles von dem, was Eltern aus (oft übersteigerten) Ängsten und Besorgnis heraus tun, kann eher kontraproduktiv wirken.
- ein autoritativer Erziehungsstil, der charakterisiert ist durch eine warme und liebevolle Haltung bei gleichzeitiger Ermutigung und Förderung von Selbstständigkeit;
- kognitive Anregungen durch eine lebendige Kommunikation im Familienalltag.

An dieser Stelle muss betont werden: Es geht nicht um allgemeine hohe Anforderungen für Eltern, denn an einer wie auch immer gelegten Messlatte müssten immer eine Vielzahl von Eltern scheitern. Vielmehr setzen die hier genannten Punkte weder kognitive noch materielle Ressourcen der Eltern voraus. Die PISA-Begleitforschung zeigte beispielsweise, dass schon regelmäßige gemeinsame Hauptmahlzeiten, bei denen zwanglos miteinander gesprochen wurde, die Leistungsfähigkeit eines Kindes deutlich unterstützt (Sacher 2014, S. 114). Derartige Optionen stehen allen Eltern unabhängig von ihrer Herkunft und ihrem Status offen, und sie werden von vielen Eltern ja auch praktiziert. In der Praxis bedeutet das, die Potenziale und Ressourcen der einzelnen Familie zu entdecken und sie individuell zu fördern, je nach Ausgangspunkt. Dazu braucht es Fachkräfte, die mit der ressourcenorientierten „Brille" in die Welt blicken, vor allem aber individuelle Unterstützungsangebote nah an den Lebenswelten der Eltern offerieren können.

1 Die Begriffe „heimbasiertes und schulbasiertes Engagement" basieren auf den gebräuchlichen Begriffen der englischsprachigen Forschung und übersetzen „homebased" und „schoolbased".

Teil II:
Fachliche Grundlagen

4 Mit Eltern lebensweltorientiert zusammenarbeiten – professionelle Herausforderungen

Die verschiedenen Perspektiven des ersten Teils zeigen, wie kompliziert es geworden ist, Eltern zu sein und ein Kind auf seinem Weg zu begleiten. Vor diesem Hintergrund ist erklärbar, dass eine gemeinsame Ausgangsbasis von Elternhaus und Schule für schulische Lernprozesse nicht mehr bei allen Eltern selbstverständlich vorausgesetzt werden kann. Außerdem ist deutlich geworden, dass Entwicklungsanforderungen sich nicht nur an die Familien richten, sondern dass Schule sich insgesamt auch selbst entwickeln muss, um alle Kinder gut fördern zu können, und zwar ganz unabhängig von ihrer sozialen Herkunft.

Schulische Fachkräfte begegnen einer Vielfalt von Kindern und ihren Familien, die mit den traditionellen schulischen Strategien nicht mehr zu bewältigen ist. Diese Vielfalt erfordert neue Sichtweisen, neue Haltungen und eine neue Praxis der Zusammenarbeit mit Eltern. Daraus lassen sich Anforderungen für die Professionalität aller Fachkräfte ableiten, denn wenn Lehrkräfte und pädagogische Fachkräfte in der Schule mit Eltern zusammenarbeiten, agieren sie in einer professionellen Rolle. Wie ist „das Professionelle" in der Zusammenarbeit mit Eltern zu charakterisieren, welchen Ansprüchen hat diese Professionalität zu genügen und mit welchen Methoden wird sie praktiziert?

Das Konzept der „Lebensweltorientierung" (ursprünglich ein Handlungskonzept aus der Sozialen Arbeit) hat bei den folgenden Ausführungen eine programmatische Bedeutung. Dies deshalb, weil es ermöglicht, Entwicklungsanforderungen nicht nur auf der Subjektebene (an die Eltern) zu stellen, sondern die staatlichen Institutionen – hier die Schule – herausfordert, sich den verändernden Anforderungen anzupassen und sich weiterzuentwickeln. Darüber hinaus hat der Begriff der „Lebenswelt" theoriegeschichtliche und konzeptionelle Implikationen, die sehr gut an die erarbeiteten Anforderungen des ersten Teils anschließen. Das Konzept wird ergänzt um Beiträge der soziokulturellen Milieustudien, der Kommunikations- und Bindungstheorie und einige weitere theoretische Überlegungen, die im Laufe der Jahre für meine Arbeit hilfreich waren. Als Struktur- und Handlungsmaximen konkretisiert ergeben sie zusammen Bausteine einer pädagogischen Professionalität, die Fachkräfte benötigen, die in der Schule als Lehrkräfte, Sozialpädagoginnen, Sonderpädagogen und in weiteren Rollen mit Eltern zusammenarbeiten.

4.1 Aufgabenstellungen für pädagogische Professionalität

Über die „pädagogische Professionalität von Lehrkräften" gibt es einen langen fachlichen Diskurs (vgl. z. B. Helsper/Tippelt 2011). „Schwierige, komplexe, riskante Aufgaben und Probleme können nur auf der Basis einer in anspruchsvoller Ausbildung und sorgfältiger beruflicher Sozialisation erworbenen Wissensgrundlage sowie entsprechender Haltungen, Fähigkeiten und Fertigkeiten bewältigt werden. Man ist umso professioneller, je kompetenter man diese beruflichen Aufgaben erfüllt. Da diese sich immer schneller wandeln, ist die Bereitschaft zur Weiterentwicklung seiner Kompetenzen ein entscheidendes Kriterium für dieses Verständnis von Professionalität" (Terhard 2011, S. 215). Diese Ausführungen gelten im Wesentlichen auch für die anderen schulischen Akteure, die mit Eltern im beruflichen Kontext zusammenarbeiten: Fachkräfte der Schulsozialarbeit, Erzieherinnen und Erzieher mit Betreuungsaufgaben, im Weiteren aber auch Fachkräfte der Schulpsychologie und der Sonderpädagogik. Hinzu kommen spezialisierte Fachkräfte, die z. B. als Schulbegleitung oder – dafür häufig nicht explizit ausgebildet – in der Nachmittagsbetreuung eingesetzt sind und in der Regel nicht den offiziellen Auftrag haben, mit den Eltern zusammenzuarbeiten; wenn sie auch in der Praxis durchaus eine wichtige Rolle für die Kommunikation mit Eltern spielen.

4.1.1 Professionalität als notwendiger Entwicklungsprozess

Jetzt mag der nachvollziehbare Einwand kommen: „Was soll das alles? Ich bin Lehrkraft und habe studiert, um Kinder zu unterrichten! Mehr als einen jährlichen Elternsprechtag habe ich mir nie als Jobperspektive gedacht!" Richtig ist, das haben die vorigen Überlegungen sehr deutlich gezeigt, dass die in diesem Buch formulierten Anforderungen an Professionalität über das traditionelle Bild einer Lehrkraft hinausgehen. Doch Lehrkräfte werden aus verschiedenen Richtungen herausgefordert, das traditionelle Berufsbild zu verlassen. Sie sollen nicht nur bilden, sondern auch erziehen. Sie sollen jedes Kind individuell fördern und nicht nur Wissen, sondern auch soziale Kompetenzen fördern. Im Hinblick auf dringende Fortbildungsbedarfe von Lehrkräften wird darüber diskutiert, dass gesamtstaatliche Reforminteressen gegenüber den Interessen einzelner Lehrkräfte in den letzten Jahren stärkeres Gewicht gewonnen hätten. „Dies geht einher mit der Tendenz, Fortbildung eher als Verpflichtung denn als Gelegenheit, eher im Hinblick auf aktuelle Leistungen von Lehrer*innen denn auf deren zukünftige Perspektiven zu sehen" (Altrichter 2019, S. 73). Altrichter betont, dass bei den bestehenden gesellschaftlichen Anforderungen an Schulen und den daraus resultierenden notwendigen Transformationsprozessen „ein massiver Beratungs-, Moderations- und Konfliktlösungsbedarf für die Entwicklungsprozesse, in denen Schulen neue Arbeits- und Koordinationsbeziehungen aufbauen sollen", besteht (ebd., S. 74). Es sollte also nicht allein in der Hand der einzelnen Lehrkraft liegen, wie sie ihre Berufsrolle ausgestaltet und ob und in welchen Bereichen sie sich fortbildet.

Nach meiner Überzeugung muss die individuelle berufliche Entwicklung im Einklang mit schulischen und gesellschaftlichen Interessen realisiert werden. Und hier – so mein Plädoyer – gehört die Zusammenarbeit mit Eltern zu den hochrelevanten Entwicklungsschwerpunkten. Es kann – zu Recht – beklagt werden, dass die entsprechenden Kompetenzen noch viel zu wenig Teil der beruflichen Ausbildung von Lehrkräften, Fachkräften der Sozialen Arbeit oder Erzieherinnen sind. Aber gerade das ist der Grund, Eigeninitiative zu entwickeln. Wie das gelingen kann, zeigen Schulen, die sich ein eigenes Fortbildungskonzept erarbeiten und schuleigene Schwerpunkte setzen. Die professionelle Zusammenarbeit mit Eltern kann ein solcher Schwerpunkt sein.

4.1.2 Standards der Berufsgruppen

Bevor allgemeine Qualitätsmerkmale definiert werden können, ist es hilfreich, die Standards der Ausbildung der wichtigsten Berufsgruppen zur Kenntnis zu nehmen und daraufhin zu untersuchen, welche Ansatzpunkte sie bereits für die Qualifizierung zur Zusammenarbeit mit Eltern bieten.

Lehrerbildung

Lehrkräfte haben im Studium und in der Lehrerausbildung meist wenig von der Zusammenarbeit mit Eltern gehört. Die 2004 verabschiedeten Standards der Lehrerbildung der Kultusministerkonferenz sind bis heute gültig (wenn auch immer noch nicht umfassend umgesetzt). Wenn man mit der Brille „Zusammenarbeit mit Eltern" in die Empfehlungen für die Lehrerbildung schaut, ist zu erkennen, dass dies kein Bestandteil der Ausbildung von Lehrkräften ist (vgl. Kultusministerkonferenz 2004 i. d. F. vom 16.05.2019, S. 3 ff.). Die wesentlichen zu erlernenden Kompetenzen richten sich auf die Arbeit mit Schülerinnen und Schülern. Das betrifft das Lehren, aber auch das Beraten und Beurteilen. Lediglich bei der Schnittstelle „Erziehung" gibt es Hinweise auf die Zusammenarbeit mit Eltern: Das Erziehen „gelingt umso besser, je enger die Zusammenarbeit mit den Eltern gestaltet wird. Beide Seiten müssen sich verständigen und gemeinsam bereit sein, konstruktive Lösungen zu finden, wenn es zu Erziehungsproblemen kommt oder Lernprozesse misslingen" (ebd., S. 3).

Bei den geforderten Kompetenzen werden die Eltern als Adressaten von Beratung erwähnt: „Die Absolventinnen und Absolventen kennen Regeln der Gesprächsführung sowie Grundsätze des Umgangs miteinander, die in Unterricht, Schule und Elternarbeit bedeutsam sind" (ebd., S. 10). Die Beratungsfunktion bezieht sich im Wesentlichen auf die Laufbahnberatung, ggf. auch auf die Klärung von Problemen und Konflikten. Darüber hinaus sollen Lehrkräfte sich persönlich auf Basis aktueller wissenschaftlicher Erkenntnisse weiterentwickeln und sich an der Gestaltung des Schullebens und der Schulentwicklung beteiligen.

Insgesamt kann man, wenn man die Standards offensiv liest und interpretiert, davon ausgehen, dass die Zusammenarbeit mit Eltern Teil der geforderten professionellen Kompetenz von Lehrkräften ist. Der weitaus größere Teil der schulischen Akteure wird die Standards aber so lesen, wie es auch die Praxis widerspiegelt: Der Hauptjob der Lehrkräfte ist der Unterricht, vielleicht noch die Erziehung der Schülerinnen und Schüler, wenn es mit dem Unterricht nicht so läuft, doch die Zusammenarbeit mit Eltern ist bestenfalls eine begleitende Tätigkeit am Rande des Handlungsspektrums.

Fachkräfte der Sozialen Arbeit

Fachkräfte der Sozialen Arbeit spielen in der Zusammenarbeit mit Eltern eine wichtige Rolle. Sie sind für die Erziehungsverantwortlichen vor allem als Schulsozialarbeiterinnen und Schulsozialarbeiter relevant. Für Studierende der Sozialen Arbeit gehört die Beratung von Eltern und anderen Adressaten mittlerweile zu den Studieninhalten. Im Zuge der Professionalisierung und Verwissenschaftlichung der Sozialen Arbeit wurde Beratung zu einem wichtigen Ansatz praktischer professioneller Tätigkeit. „Nicht (...) als vierte Säule neben Einzelfallhilfe, sozialer Gruppenarbeit und Gemeinwesenarbeit, sondern als prominenter Bestandteil aller drei grundlegenden Orientierungen der Sozialen Arbeit wurde Beratung gerade in der Sozialarbeit/Sozialpädagogik auch als eine überindividuelle Handlungsorientierung entwickelt" (Nestmann 2007, S. 2).

Dies wirkt sich auch auf ihre Einsatzgebiete in der Schule aus. Sie sind hauptsächlich in der Beratung von Schülerinnen und Schülern sowie Eltern, aber auch von Lehrkräften tätig. Die Kompetenzen in der sozialen Gruppenarbeit kommen vorzugsweise bei der Gruppenarbeit mit Schülerinnen und Schülern zum Tragen, z. B. bei der Durchführung von Sozialkompetenztrainings; leider viel zu wenig bei Gruppenangeboten für Eltern, z. B. Informationsabenden oder Elterntrainings. Dies mag an dem allgemeinen Trend zur Therapeutisierung in der Sozialen Arbeit liegen (vgl. z. B. Anhorn/Balzereit 2016) und einem zu beobachtenden Rückzug der Gruppensettings in Therapie und Beratung.

Ausbildung von Erzieherinnen und Erziehern

In der Praxis berichten Erzieher häufig, dass sie in der Berufsausbildung wenig zum Thema Elternarbeit und insbesondere zur Gesprächsführung und Beratung erlernt hätten. Der länderübergreifende Lehrplan für die Ausbildung von Erzieherinnen und Erziehern in der Fassung von 2012 (BöfAE e.V. 2012) zeigt, dass hier ein Wandel stattfindet. Denn einer von sechs Lernbereichen lautet „Erziehungs- und Bildungspartnerschaften mit Eltern und Bezugspersonen gestalten sowie Übergänge unterstützen". Bei der Aufteilung der Lernbereiche auf die Stundentafel werden ca. 10 % der Ausbildungszeit für diesen Schwerpunkt veranschlagt. Konkret bedeutet das (Auszug, zusammengefasst):

Auszug aus dem „Länderübergreifenden Lehrplan für die Ausbildung von Erzieherinnen und Erziehern"

Bereich „Wissen":

- Breites und integriertes Wissen zur Gestaltung von Gesprächen mit Eltern und anderen Bezugspersonen

Bereich „Fertigkeiten":

- Kommunikationsprozesse und Kommunikationsstrukturen mit Eltern und anderen Bezugspersonen analysieren, Schlussfolgerungen ziehen und sich daraus ergebenden Handlungsbedarf planen
- Gespräche mit Eltern und anderen Bezugspersonen methodengeleitet und partizipativ umsetzen
- Die eigenen professionellen Grenzen in der Unterstützung und Beratung von Familien und Eltern erkennen und auf fachkompetente Unterstützung verweisen

Aufgaben der Ausbildung

- Die Studierenden üben ziel- und methodengeleitet die Durchführung von Gesprächen zur Information und Beratung

Die Zusammenarbeit mit Eltern bekommt insbesondere im frühkindlichen Bereich und in der Kindertageseinrichtung verstärkte Bedeutung durch die Entwicklungen der Gesetze auf Bundesebene (SGB VIII) und Landesebene; im schulischen Bereich fehlen hier – z. B. für die Ganztagsbetreuung – noch entsprechende qualitative Anforderungen.

Psychologische Fachkräfte

Unter den psychologischen Fachkräften sind insbesondere die Schulpsychologinnen und Schulpsychologen zu erwähnen, die im Dreieck der Bildungs- und Erziehungspartnerschaft (Fachkräfte, Eltern, Schülerinnen und

Schüler) auf unterschiedlichen Ebenen tätig sind. „Schulpsychologie unterstützt Eltern und Schulen bei ihrem Bemühen, den Anspruch des Kindes und des Jugendlichen auf Erziehung und Bildung, auf die ihm entsprechende Entfaltung seiner Persönlichkeit und auf eine altersgerechte und zukünftige Teilhabe am gesellschaftlichen Leben zu erfüllen. Das beinhaltet, Ratsuchende bei der Entwicklung ihrer Kompetenzen und Ressourcen zu fördern und zu unterstützen" (BDP 2015, S. 4).

Das Berufsbild hat sich in den letzten Jahren kontinuierlich gewandelt. Während traditionell eher die Einzelfallberatung im Vordergrund stand und Schulpsychologen immer dann tätig wurden, wenn es Entwicklungs-, Lern- oder Verhaltensprobleme gab, richtet sich die Profession heute mehr präventiv aus. So nimmt die Beratung der Schulleitung und die Begleitung und Moderation von Schulentwicklungsprozessen deutlich zu. Hinzu kommen die Fortbildung von Lehrkräften und Weiterbildung zum Beispiel von Beratungslehrkräften oder Multiplikatoren. Die Fokussierung dieser Tätigkeit auf die Begleitung von Bildungs- und Erziehungspartnerschaften gehört zum Selbstverständnis der Berufsgruppe, doch bringen psychologische Fachkräfte die entsprechenden Kompetenzen nicht unbedingt aus dem Studium mit, auch wenn Außenstehende dies oft erwarten. Das Berufsprofil setzt dementsprechend auch den Erwerb entsprechender Zusatzqualifikationen voraus.

4.1.3 Grundlegender Bedarf an Fortbildung und Weiterbildung

Die Entwicklung professioneller Kompetenz für Bildungs- und Erziehungspartnerschaften lässt sich also weitgehend nahtlos aus den qualitativen Anforderungen an die einzelnen Berufsgruppen ableiten und bietet Optionen, genau diese Lernprozesse in der beruflichen Entwicklung umzusetzen. Es zeigt sich, dass eine umfassende Ausbildung im Rahmen der beruflichen Qualifizierung für die Zusammenarbeit mit Eltern in allen Berufsgruppen noch lange nicht vorausgesetzt werden kann. Die Qualität von Beratung und Gesprächsführung entwickelt sich neben der Berufsausbildung über Erfahrung und langjährige Lern- und Reflexionsprozesse im Sinne eines lebenslangen Lernens. Dies lässt sich bedingt in der internen Team- bzw. Kollegiumsentwicklung realisieren und erfordert darüber hinaus umfassende Ansprüche an Qualifizierung und Weiterbildung.

4.2 „Bausteine" der Professionalität in der Zusammenarbeit mit Eltern

Das Ziel der folgenden Überlegungen liegt darin, zentrale Aspekte einer berufsgruppenübergreifenden Professionalität und damit gleichzeitig Qualitätsmerkmale herauszukristallisieren, die eine Verständigung zwischen den unterschiedlichen Fachrichtungen erleichtern, die in der Schule professionell arbeiten. Dies ist überhaupt möglich, weil in der Entwicklung der Disziplinen bestimmte „Denk-Schulen" einen übergreifenden Einfluss besitzen und ihre Spuren in den verschiedenen Fachbereichen hinterlassen haben. Dazu gehören z. B. die humanistische Psychologie, der Konstruktivismus, die Systemtheorie und in der Folge dieser Traditionen eine Vielzahl systemischer Ansätze. Ein auf diesen unterschiedlichen Traditionen übergreifend aufbauendes humanistisches, dialogisches, systemisch-konstruktivistisches Verständnis vom Lehren/Lernen, der professionellen Beziehungsgestaltung und der Planung und Organisation der Arbeit mit Menschen durchzieht die folgenden Überlegungen.

Das Konzept der Lebensweltorientierung erhält dabei eine Leitfunktion, quasi als „Primus inter Pares". Meine Entscheidung, diesen Ansatz zu favorisieren, hatte mehrere Gründe: Erstens drückt der Begriff der Lebensweltorientierung alltagssprachlich am ehesten aus, was meine Intentionen mit diesem Buch sind. Zweitens handelt es sich um einen Denkansatz mit einer Tradition aus der Aufbruchzeit der Siebzigerjahre. Er wahrt die gesellschaftskritischen und politischen Implikationen, die in modernen Konzepten doch eher verloren gegangen sind. Drittens gehört die Lebensweltorientierung zu meiner fachlichen Herkunft aus der Kinder- und Jugendhilfe. Und schließlich impliziert Lebensweltorientierung als Konzept einen systemübergreifenden Impetus und hat entsprechend z. B. den 8. Jugendbericht der Bundesregierung geprägt. Und er wurde auch im Kontext schulischer Fachdebatten aufgegriffen.

4.2.1 Lebensweltorientierung als pädagogische Leitkategorie

Der Begriff der Lebenswelt ist alltagssprachlich durchaus geläufig, hat aber auch in philosophischen und soziologischen Traditionen eine wichtige Bedeutung. Jürgen Habermas hat in seiner „Theorie des kommunikativen Handelns" (1981) mit dem Begriff der Lebenswelt die subjektiven Perspektiven der Mitglieder einer Gesellschaft (die er als System bezeichnete) benannt. Mit der Entstehung moderner, immer komplexer werdender Gesellschaften habe ein Prozess der Entkopplung stattgefunden, in der sich die gesellschaftlichen Systeme (Politik, Wirtschaft, Bildung, Medien etc.) immer weiter ausdifferenziert hätten (vgl. Habermas 1981 Bd. 2, S. 229 ff.). In der Theoriebildung der Sozialen Arbeit, die ja zunächst fast ausschließlich praktisch agierte und sich höchstens anderer wissenschaftlicher Disziplinen bediente (Pädagogik, Psychologie etc.), wurde der Begriff der „Lebensweltorientierung“ zunächst von dem Erziehungswissenschaftler und Sozialpädagogen Hans Thiersch aufgegriffen und erlangte durch den 8. Jugendbericht der Bundesregierung Popularität (vgl. Thiersch 2017; BMJFFG 1990).

Was ist Lebensweltorientierung?

Hans Thiersch wollte den Unterschied zwischen der Perspektive von „Adressaten der Sozialen Arbeit“ (also Eltern, Jugendlichen und Kindern) und den institutionellen Logiken z. B. eines Jugendamtes oder anderer Behörden veranschaulichen. Institutionelle Systeme neigen dazu, ihren eigenen Blick auf die „Wirklichkeit“ für die „echte Wirklichkeit“ zu halten. Diese „vernünftige“ Sicht auf die Welt, so die Meinung ihrer professionellen Akteure, würde von Menschen, die Probleme haben und Hilfe benötigen, nicht richtig begriffen, und man müsse ihnen dazu verhelfen, sie besser zu verstehen und dann in der Folge auch die „richtigen Dinge“ zu tun. Thiersch wollte demgegenüber den subjektiven Perspektiven von Menschen mit Hilfebedarf mehr Geltung verschaffen. Er verstand das einfühlsame Verständnis dieser Perspektiven als Schlüssel für gelingende Problemlösungsprozesse.

Hinter dem Konzept der Lebensweltorientierung verbergen sich spannende Diskurse um das Verhältnis zwischen Individuum und Gesellschaft und um das Verhältnis zwischen „der Realität“ und ihrer Wahrnehmung (vgl. z. B. Krauss 2002, Thiersch 2014, 2017). So ging es z. B. um die berechtigte gesellschaftskritische Frage, ob Institutionen (z. B. die Schule) dem Einzelnen helfen sollten, sich der Gesellschaft anzupassen („Integration“), oder ob es nicht zu einer wechselseitigen Anpassung kommen müsse („Emanzipation“). Und gibt es die Wirklichkeit „wirklich“? Oder gibt es nur individuelle Wahrnehmungen von etwas, was jemand für die Wirklichkeit hält? Wer entscheidet eigentlich, was die richtige Sichtweise auf die Wirklichkeit und was die richtige Interpretation der Wahrnehmungen der Wirklichkeit ist?

Diese Fragen haben in der Praxis eine hohe Relevanz. Hans Thiersch kämpfte in den Siebzigerjahren gegen eine behördlich orientierte Jugendhilfe, bei der in den Jugendämtern am Schreibtisch über das Kindeswohl geurteilt, Eltern schriftlich zu Anhörungen zitiert und ihnen dann Hilfen verordnet wurden, damit sie ihr Leben im Sinne des Jugendamtes besser in den Griff bekämen. Dies scheiterte häufig, weil die veranlassten Hilfen nicht den erwünschten Zustand herbeiführen konnten. Sie mussten zwangsläufig scheitern, weil die verordneten Hilfen meist nicht mit der Realität der Adressaten zusammenpassten. Mit der Lebensweltorientierung gewann die

Einsicht Oberhand, dass echte und nachhaltige Veränderungen nur von den Adressaten selbst ausgehen und erreicht werden konnten; und zwar dann, wenn sie eigene Ideen über sinnvolle Veränderungen entwickelten.

Der Sozialwissenschaftler und Erkenntnistheoretiker Björn Kraus hat das Konzept der Lebensweltorientierung später um entscheidende Aspekte erweitert. Zur Unterscheidung von radikal konstruktivistischen Annahmen („Es gibt keine Wirklichkeit außerhalb unserer Wahrnehmung") stellte er den subjektiven Wahrnehmungen und Deutungen der Menschen (der „Lebenswelt") den Begriff der Lebenslage gegenüber. Er verstand darunter die Bündelung von äußeren gesellschaftlichen Faktoren wie Armut, Arbeitslosigkeit oder problematische Wohnumfelder. Kraus betonte, dass eine pädagogische Arbeit mit Menschen immer zwischen den subjektiven Lebenswelten und den äußeren, gesellschaftlichen Anforderungen vermitteln müsse.

Kraus schärfte auch den Blick auf gesellschaftliche Machtverhältnisse, die die Adressaten, mit denen Fachkräfte es täglich zu tun haben, durch Ausgrenzungsprozesse einschränken und in ihren Entwicklungsmöglichkeiten begrenzen. Er unterschied zwischen destruktiver und instruktiver Macht. Als Beispiel für „instruktive Macht" nennt er das staatliche Wächteramt für das Kindeswohl. Eine auf demokratischen Konventionen beruhende soziale Macht legitimiert Fachkräfte, gegen den Willen der Eltern zu agieren, wenn es das Wohl eines Kindes auch gegen ihren Willen durchzusetzen gilt (vgl. Kap. 6).

Lebensweltorientierung in der Schule

Das Konzept der Lebensweltorientierung hat auch seinen Weg in schulische Konzeptionsentwicklung gefunden. Thiersch selbst hat vor allem über die Rolle der Sozialarbeit in der Schule und die Kooperation zwischen Jugendhilfe und Schule geschrieben. Einerseits sieht er das Potenzial gelingender schulischer Bildung („Bildung als Abenteuer, wie es auch durch Schule vermittelt wird, Schule als Initiation in eine Wirklichkeit", Thiersch 2014, S. 133), andererseits kritisiert er – ebenso wie an der Jugendhilfe – den Bürokratismus des Schulsystems, die kognitive Engführung, den Zwang zur Benotung und die pädagogische Formalisierung (ebd., S. 136 f.).

Der Begriff der Lebenswelt ist aber auch im innerschulischen Diskurs angekommen, er wird z. B. in der Debatte um die Qualitätsentwicklung von Ganztagsschulen rezipiert. Eva Adelt und Norbert Reichel sprechen für das NRW-Schulministerium z. B. von einem „kollegialen und auf die Lebenswelten der Schülerinnen und Schüler als Kinder und Jugendliche bezogenen Verständnis der Arbeit im Ganztag" als Herausforderung (Adelt/Reichel 2009, S. 63). Sie beschreiben die Öffnung von Schulen in den sozialen Raum und die Öffnung der Akteure in diesem sozialen Raum als gegenseitig bereichernden Prozess, in dessen Fokus die individuellen Perspektiven der

Schülerinnen und Schüler stehen. Auch wenn sie den Begriff der Lebenswelt benutzen, haben sie eher eine Synchronisierung der Perspektiven der professionellen Akteure im Umfeld einer Schule im Sinn als ein echtes Einlassen auf Lebensweltorientierung im Sinne von Thiersch. Fachkräfte mögen sich im Austausch über die Verhältnisse im Sozialraum annähern, doch allzu häufig kommt es eher zu einer Einschätzung der Adressaten als zu einem echten Einlassen auf deren Perspektiven. Es gab – dies muss auch betont werden – immer schon sehr empathische und für ihre Familien engagierte schulische Akteure, doch sind sie allzu häufig Einzelgänger im System Schule.

Das Konzept der Lebensweltorientierung liefert tiefergehende Grundlagen für das gesamte System: Die Grundidee lebensweltorientierter Professionalität besteht darin, zunächst eine respektvolle Haltung zu der Vielfalt unterschiedlicher Lebenswelten zu entwickeln. Eine wichtige Frage lautet: Wie gelingt es schulischen Fachkräften, zu echten Verstehensprozessen mit Eltern und Schülerinnen und Schülern zu kommen, mit ihnen empathisch in Beziehung zu treten, anstatt aus den schulischen Logiken und dem Blickwinkel ihrer eigenen sozialen Herkunft auf die Eltern zu schauen? Wenn Fachkräfte mit der Brille der Lebensweltorientierung Beziehungen aufbauen und gestalten können, werden sie mit allen Eltern, Jugendlichen und Kindern individuelle Lösungen für die jeweiligen Herausforderungen entwickeln können. Der Mythos der Unerreichbarkeit verblasst und echte Zugänge werden auffindbar.

Das setzt voraus, den in Schulen immer noch weit verbreiteten institutionell-hierarchischen Habitus aufzugeben, der von Eltern und Schülerinnen und Schülern Unterwerfung an die Anforderungen der Schule erfordert. Erst mit einer im Sinne der Lebensweltorientierung veränderten Haltung gelingen Annäherungsprozesse zwischen schulischen Anforderungen und den Potenzialen unterschiedlichen Lebenswelten. Nur in echten Grenzfällen, in denen z. B. das Kindeswohl gefährdet oder Menschen bedroht sind und alle Optionen ausgereizt sind, können und müssen Fachkräfte ihre institutionelle Macht nutzen, um durch rechtliche Schritte eine Gefährdung abzuwenden („konstruktive Macht“).

Struktur- und Handlungsmaximen

Hans Thiersch hat Struktur- und Handlungsmaximen vorgeschlagen, die für eine pädagogische Professionalität handlungsleitend sind. In der Rezeption des Konzeptes der Lebensweltorientierung wurden folgende Maximen genannt: Prävention, Regionalisierung/Dezentralisierung, Alltagsorientierung, Integration/Normalisierung, Partizipation/Demokratisierung, Vernetzen/Planen, Einmischen, Aushandeln und Reflektieren (vgl. Thiersch 2014, S. 26 ff.). Thiersch hat allerdings auch betont, dass diese Maximen auf das jeweilige Handlungsfeld angepasst sein sollten (ebd., S. 5). Unter Einbeziehung weiterer wichtiger Aspekte schlage ich folgende Struktur- und Handlungsmaximen für eine pädagogische Professionalität vor (vgl. Abb. 8). Die Maximen haben Bezüge untereinander und sind nicht analytisch trennscharf zu verstehen. Doch schaffen sie eine Basis für die weiteren Überlegungen zur Qualität der partnerschaftlichen Zusammenarbeit.

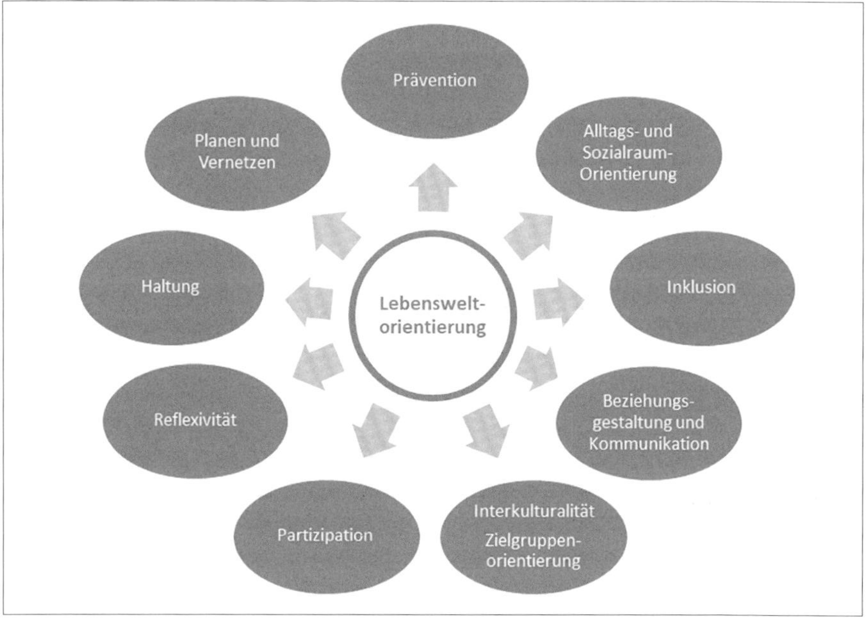

Abb. 8: Struktur- und Handlungsmaximen einer lebensweltorientierten pädagogischen Professionalität (eigene Darstellung)

4.2.2 Prävention

Der Slogan „No Child Left Behind" steht für amerikanische Bildungsprogramme, die in Deutschland vor allem in Nordrhein-Westfalen unter dem Begriff „Kein Kind zurücklassen" adaptiert und etabliert wurden (vgl. www.kein-kind-zuruecklassen.de). Damit bekam Thierschs Strukturmaxime eine erhebliche Anerkennung und bildungspolitische Aufwertung.

Eine Haltung und eine Praxis der Prävention ermöglicht es Fachkräften, nicht erst zu warten, bis „das Kind ins Wasser gefallen ist", bis sich Problemsignale zu echten Problemlagen ausgewachsen haben. Präventiv arbeiten heißt, um mögliche Risiken zu wissen, Fehlentwicklungen frühzeitig zu erkennen und die Ressourcen auf jene Fälle und Situationen zu fokussieren, in denen Risiken zu Entwicklungsproblemen zu eskalieren drohen. Lebensweltorientiert zu arbeiten bedeutet also, besonders die Zusammenarbeit mit den Eltern anzustreben, bei denen bzw. bei deren Kindern Entwicklungsrisiken erkennbar sind:

- Kindbezogene Risiken lassen sich mit entsprechenden Screening- und Diagnostikmaßnahmen z. B. im Lese- und Rechtschreibbereich, beim Erwerb der Rechenkompetenzen, im Sozialverhalten und in der emotionalen Entwicklung erkennen.
- Auch aufseiten der Eltern gibt es vielfältige Risiken, die sich auf die kindliche Entwicklung auswirken können: z. B. finanzielle Armut, Arbeitslosigkeit, längere Erkrankungen (insbesondere auch psychische Erkrankungen), Drogenabhängigkeit und eskalierte Trennungssituationen.
- Hinzu kommen riskante Umweltbedingungen zum Beispiel durch die Wohnsituation, das Wohnumfeld oder den gesamten Stadtteil.

Für die kindbezogenen Entwicklungsbereiche gibt es schulinterne Früherkennungsmethoden (vgl. z. B. Barth/Gomm 2014), die in der Praxis oft wenig bekannt sind. Um mit elternbezogenen Risiken konstruktiv umgehen zu können, sind insbesondere Kooperationen mit entsprechenden Hilfe- und Beratungsinstitutionen sinnvoll. Basis einer solchen Arbeit sind gute und belastbare Beziehungen zu den Familien, um entsprechende Signale wahrnehmen und kommunizieren zu können. Risiken in der sozialräumlichen Entwicklung wiederum erfordern die Vernetzung aller Akteure im Sozialraum. Und bei allen Entwicklungsproblemen lassen sich die Risiken besonders gut in enger Zusammenarbeit von Elternhaus und Schule erkennen und abbauen.

4.2.3 Alltags- und Sozialraumorientierung

Schule ist, wie schon in Kap. 1.5 erwähnt, prinzipiell eher eine alltagsferne Institution. Sie will Kindern die große weite Welt der Bildung vermitteln, beschäftigt sich vielleicht gerade noch in der Grundschule mit der nahe gelegenen Umwelt, der Kommune bzw. dem Stadtteil. Thiersch sieht im Alltag der adressierten Kinder und Jugendlichen und ihrer Familien sowie ihrer direkten Umgebung den zentralen Bezugspunkt fachlicher Orientierung. Und dieser Alltag findet in einem sozialen Raum statt, der vor allem in sozial belasteten Gebieten für Menschen mit geringen Ressourcen sehr eng begrenzt ist.

In der Stadtteilarbeit gibt es dafür den Begriff „Pantoffelradius“. Er veranschaulicht, dass es Menschen gibt, die tatsächlich gewöhnlich nur „mit den Pantoffeln“ wenige Meter aus dem Haus gehen. Es gilt, Familien zu unterstützen, diesen Alltag so zu gestalten, dass seine destruktiven Effekte minimiert und seine für Entwicklung konstruktiven Anteile gestärkt werden. Insofern schließt die Maxime der Alltagsorientierung nahtlos an die Reflexionen zum „Bildungsort Familie", an das Konstrukt des „kulturellen Kapitals der Familien" und an das, was die Forschung „heimbasierte Elternarbeit" nennt, an (vgl. Kap. 1). Der Gedanke der Alltags- und Sozialraumorientierung bietet noch weitere fachliche Impulse für schulische Bildungsarbeit.

Alltagsorientierung fordert eine Intensivierung projektorientierten Arbeitens an genau den Themen, die in der Lebensumwelt der Schülerinnen und Schüler und ihrer Familien relevant sind. Es reicht nicht, lebenspraktische Beispiele zu nutzen, um Matheaufgaben zu illustrieren. Alltagsorientierung erfordert auch, den gesamten Schultag im Blick zu haben, also auch die Pausengestaltung, die gemeinsamen Mahlzeiten und die gesamte nachmittägliche Betreuungssituation. Alltags- und Sozialraumorientierung erfordert die Auseinandersetzung mit, die aktive Einmischung in und die Gestaltung der Lebenswelten der Familien einer Schule. Alltags- und Sozialraumorientierung im Sinne von Bildungs- und Erziehungspartnerschaften heißt zu wissen, wo die Familien der Schülerinnen und Schüler wohnen, wie es dort zugeht, wie dort gelebt, geliebt, gelacht und vielleicht auch geprügelt wird.

Die wenigsten Fachkräfte wohnen im sozialen Umfeld der Schule. Sie haben keine konkreten Vorstellungen vom Alltag ihrer Schülerinnen und sehen darin auch nicht ihre Aufgabe. Doch es gibt gute Methoden, Zugang zur alltäglichen Lebenswelt zu finden, z. B. Streifzüge mit Kindern (vgl. Bartscher 1998, S. 164 ff.). Fachkräfte könnten Familien nicht nur zum Schulfest einladen, sondern auch selbst zu den Festen im Stadtteil gehen. Manchmal reicht es schon, mit dem Fahrrad zur Schule zu fahren und täglich die Route zu wechseln. Nach meiner Erfahrung haben Fachkräfte, die so ihren Beruf praktizieren, innerhalb kurzer Zeit eine völlig andere Haltung zu ihren Beziehungspartnern und gestalten auch die Beziehungen ganz anders. Alltags- und Sozialraumorientierung bedeutet also, die schulische Wagenburg zu verlassen und die Lebenswelten der Familien mit allen Sinnen wahrzunehmen.

4.2.4 Inklusion

Thiersch formulierte seine Maxime „Integration/Normalisierung" lange vor Beginn der schulischen Integrationsstrategien der 1990er- und 2000er-Jahre und der aktuellen Inklusionsdebatte. Inklusion meint in einem umfassenden Sinn die Teilhabe aller Kinder und ihrer Eltern. Inklusion setzt den Verzicht auf die Definition einer Normalität voraus, die impliziert, dass es Menschen gibt, die dieser Norm nicht entsprechen. Thierschs Anspruch ist allerdings weitgehender als die aktuelle schulische Inklusionspraxis. Denn schulische Inklusion bezieht sich nur auf die Kinder mit (drohenden) Behinderungen und sonderpädagogischem Förderbedarf. Die Teilhabe beispielsweise von zugewanderten Kindern wird nicht unter Inklusion gefasst.

Das Schulsystem hat bis heute trotz aller Behauptungen von Integration und Inklusion nicht auf seine Definition von Normalität und die daraus resultierenden Etikettierungen verzichtet. Egal, ob es um den Status als Kind mit sonderpädagogischem Förderbedarf oder um den Status als Kind mit Anspruch auf Eingliederungshilfen geht: Bestimmte Fördermaßnahmen setzen eine Diagnose bzw. Begutachtung und dann einen Antrag voraus. Thiersch definiert jedoch sein Konzept der Lebensweltorientierung explizit gegen Modelle, die der ärztlichen Logik folgen – erst die Diagnose, dann die Therapie, und alles nach langen Wartezeiten.

Wohlgemerkt: Manchmal ist eine Diagnostik sinnvoll, um zu verstehen, welche spezifische Unterstützung ein Kind braucht. Doch wenn erst die Diagnose den Anspruch auf eine Förderung verschafft, ist dies antiinklusiv. In der Integrationsforschung wurde diese fatale Problematik „Ressourcen-Etikettierungsdilemma“ genannt (vgl. Huber 2006, S. 32). Da die Inklusionsentscheidungen politisch getroffen wurden, ohne Schulen umfassend in die Lage zu versetzen, inklusiv arbeiten zu können (und ohne dass exklusive Mechanismen wie die Mehrgliedrigkeit des Schulsystems aufgegeben wurden), wird die Stigmatisierung von Kindern systematisch gestärkt. Wenn man sich entscheidet, lebensweltorientiert zu arbeiten, muss man diese unbefriedigenden strukturellen Bedingungen notgedrungen hinnehmen (und vielleicht politisch aktiv werden). Aber jeder kann im Alltag nach Wegen innerhalb der bestehenden Strukturen suchen, um so wenig wie möglich zu etikettieren und zu diskriminieren. Oder er kann mit Kooperationspartnern Modelle anstreben, wie es z.B. drei Grundschulen in Hamm getan haben, deren Integrationsleistungen im Rahmen eines Projektes von der Kommune fallunabhängig finanziert werden (Böttcher u.a. 2019).

4.2.5 Professionelle Beziehungsgestaltung und Kommunikation

„Jede Kommunikation hat einen Inhalts- und einen Beziehungsaspekt!“ (Paul Watzlawick). Diese elementare Wahrheit gilt es in der pädagogischen Professionalität zu berücksichtigen. Während Schule sich fast ausschließlich mit den Inhalten der Kommunikation beschäftigt, mit Wissen, mit Maßnahmen, mit Themen, mit Projekten, liegt der Schlüssel für gelingende Zusammenarbeit mindestens zu 50 % bei der Beziehungsgestaltung und Gestaltung der Kommunikation.

Aushandeln

Thiersch wählt den Begriff des Aushandelns als Leitkategorie für die Kommunikation zwischen Fachkräften und den Adressaten der Arbeit. Er wendet sich damit gegen eine Therapeutisierung von professionellen Beziehungen und des damit verbundenen verengten Menschenbildes – in welchem man Menschen immer sehr schnell als Klienten oder Patienten (oder neuerdings auch als Kunden) betrachte, wie dies durch Begriffe wie „homo therapeuticus" oder „homo consultabilis" pointiert infrage gestellt wird (Thiersch 2014, S. 18). Es gelte, in der Zusammenarbeit mit den Adressaten über Problemsichten, Lösungsideen, Regeln, Organisationsformen zu verhandeln, statt sie zu verordnen. Der Begriff des Aushandelns meint „Kommunikation auf Augenhöhe".

Der Begriff der Aushandlung ist hochaktuell, wenn die Beziehungen zwischen Eltern und ihren Kindern beschrieben werden. Denn wenn Eltern auf autoritäre Erziehungsstile verzichten, müssen und wollen sie Vereinbarungen aushandeln; sei es in Bezug auf die Vereinbarung familiärer Regeln, auf die Ausgangszeiten eines Jugendlichen oder auf dessen Medienkonsum. So ist gelingende Verhandlungsführung ein gutes Element gelingender Beziehungsgestaltung und Kommunikation.

Bildung braucht Beziehung

Eine programmatische Beitragssammlung des niedersächsischen Instituts für frühkindliche Bildung und Entwicklung „Bildung braucht Beziehung" (Kuhl u.a. 2011) setzt sich mit unterschiedlichen Aspekten der Begabungsförderung auseinander. Sie wird angeführt von der Aussage: „Wer sich angenommen fühlt, lernt besser!" Daraus lassen sich einige Folgerungen auf die Zusammenarbeit mit Eltern übertragen, so könnte eine Aussage lauten: „Wer sich angenommen fühlt, kann seine Kinder besser unterstützen und sich besser in der Schule engagieren."

Die Erziehungswissenschaftlerin Susanne Müller-Using zieht Vergleiche zwischen dem deutschen, dem dänischen und dem finnischen Schulsystem und zeigt, dass in den skandinavischen Schulsystemen auf je eigene Weise stärker dem sozialen Miteinander und der individuellen Gesamtentwicklung des einzelnen Kindes Bedeutung gegeben wird. Im deutschen Schulsystem werden diese Aspekte zwar auch gesehen, im Ergebnis jedoch dem Primat der Wissensvermittlung untergeordnet. Im pädagogischen Handeln unserer Schulen spielt weniger die individuelle Beziehung zwischen Lehrkraft und Kind eine Rolle als vielmehr pädagogische Maßnahmen, die dafür sorgen sollen, dass die Abläufe und Strukturen eingehalten werden.

Bei der Zusammenarbeit mit Eltern ist anzunehmen, dass zwar möglicherweise eine partnerschaftliche Zusammenarbeit mit Eltern proklamiert wird, in der Praxis aber die gesetzlichen Abläufe, die formalen Regeln und die darin enthaltenen Limitierungen die Qualität der Zusammenarbeit dominieren. Man kann den guten Willen und das manchmal überaus hohe Engagement vieler Lehrkräfte nicht kritisieren. Vielmehr geht es um ihre

Selbstverständnisse und die sich daraus entwickelnden Beziehungskulturen. Es macht einen Unterschied, ob Fachkräfte auf der Sachebene kommunizieren oder (besonders im Konfliktfall) auch die Beziehungsebene beachten und klären. Dann spielen nicht nur das Kind und seine Leistung eine Rolle, sondern auch die Emotionen bezüglich des Kindes und der Zusammenarbeit. Denn wenn Fachkräfte enttäuscht von einem Kind oder wütend auf es sind oder wenn eine als mangelhaft eingeschätzte Unterstützung des Kindes durch die Eltern Fachkräfte empört, wirken derartige Gefühle in die Kommunikation machtvoll hinein.

Gute Beziehungen basieren auf Bindungen

Auch die Erkenntnisse der Bindungsforschung nützen der professionellen Beziehungsgestaltung. Die Bindungstheorie hilft in der therapeutischen Arbeit mit Kindern, aber auch in den frühen Hilfen und in den Kindertageseinrichtungen bei der Begleitung von Eltern. Auch Lehrkräfte haben sich intensiv mit der Bindungstheorie auseinandergesetzt und können beispielsweise Kinder mit schwierigen Verhaltensmustern besser verstehen So gibt es, durch die Brille der Bindungsforschung betrachtet, unterschiedliche Bindungstypen erwachsener Menschen zu entdecken (vgl. Gloger-Tippelt 1999, S. 81 ff.):

- Eltern, die sich durch den „Autonomen Bindungstyp“ charakterisieren lassen, strahlen Selbstvertrauen aus, bringen Frustrationstoleranz mit. Sie sind kontaktfähig, sind sich ihrer negativen wie positiven Affekte bewusst und können entsprechend kommunizieren und Konflikte gestalten. Diese Eltern reagieren vorhersehbar auf ihre Kinder und können ihren Kindern ein gutes Bindungsangebot in der Balance von Sicherheit und Loslassen geben.
- Ein zweites Bindungsmuster auf der Erwachsenenebene ist die distanziert-beziehungsabweisende Bindungseinstellung. Diese Eltern haben viele Kindheitserfahrungen verdrängt, verleugnen insbesondere schlechte Erfahrungen. Sie besitzen ein sehr großes Unabhängigkeitsbestreben und verlassen sich lieber auf die eigene Stärke. Ihre Beziehung zu den Kindern ist eher aufgaben- und leistungsorientiert. Anhänglichkeit der Kinder wird genossen, Trostsuche eher ignoriert.
- Ein drittes Bindungsmuster ist die präokkupierte, verstrickte Bindungseinstellung. Diese Eltern können durch eigene Kindheitserinnerungen flutartig überschüttet werden und sind permanent belastet. Ihre Probleme und Schwierigkeiten mit Bindungspersonen sind unverarbeitet, sie pendeln zwischen Idealisierung und Wut. Sie begeben sich gern in Abhängigkeiten und haben Sehnsucht nach Zuwendung und Wiedergutmachung. Sie können ihre Kinder nicht gut schützen.

Traditionell setzt schulische Elternarbeit Eltern vom Typ 1 voraus. Selbstbewusst, beziehungsfähig, kompetent und engagiert. Die Realität sieht aber anders aus. Viele Eltern wuchsen mit gebrochenen Erfahrungen auf und entsprechen nicht dem ersten Bindungstyp. Eltern vom zweiten und dritten Bindungstyp mit ihren spezifischen Beziehungs- und Kommunikationsmustern machen professionelle Herausforderungen in der Zusammenarbeit mit Eltern evident.

Es kommt ein zweiter wichtiger Aspekt hinzu: Fachkräfte bringen die gleichen Potenziale und Hypotheken wie Eltern in Bindungsbeziehungen mit ein. Insofern zeigt die folgende Abb. 9 die denkbaren Konstellationen:

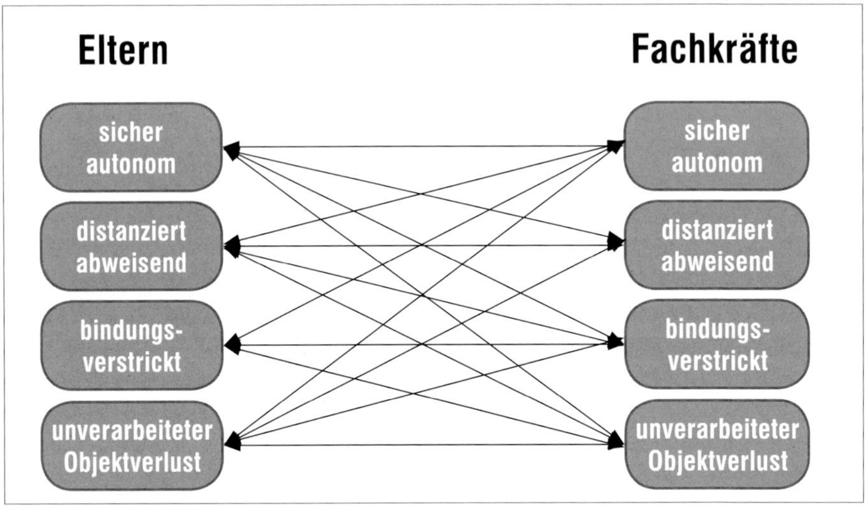

Abb. 9: Bindungsbeziehungen zwischen Eltern und Fachkräften (eigene Darstellung)

Professionelle Beziehungsarbeit

Damit wird die Zusammenarbeit mit Eltern zur professionellen Beziehungsarbeit. Gerhard Roth beschreibt für die therapeutische Arbeit auf dem Hintergrund neuropsychologischer Erkenntnisse („Wie das Gehirn die Seele formt"), dass eine sichere Bindungsbeziehung zwischen Therapeut und Klient langfristig heilsam sein kann: „Sobald sich zwischen Patient und Therapeut ein intensives Arbeits- und Vertrauensverhältnis – ‚therapeutische Allianz' genannt – gebildet hat, kommt es oft zu einer schnellen und deutlichen Besserung der Befindlichkeit des Patienten. (…) In dieser zweiten Therapiephase geht es darum, die diesem Leiden zugrunde liegenden verfestigten Gewohnheiten des Erlebens und Handelns mit positiven Erfahrungen zu überschreiben. Dies ist ein langwieriger Prozess des Überlernens" (2015, S. 2). Erst in einem langwierigen und nachhaltigen Prozess der Beziehungsarbeit werden nicht nur Einstellungen und Gedanken verändert, sondern die Prozesse bilden sich auch auf der biologischen Ebene im Gehirn ab.

Das lässt sich auch auf die Beziehungsarbeit in Bildungs- und Erziehungspartnerschaft übertragen. Zu Beginn steht der Aufbau einer Allianz zur Erziehung, Betreuung und Bildung des Kindes. Im weiteren Prozess können positive Beziehungserfahrungen den Eltern und auch den Fachkräften Entwicklungspotenziale bieten, die wiederum der Beziehungsgestaltung mit den Kindern zugutekommen. Denn wenn Fachkräfte Eltern ein gutes Beziehungsangebot machen und ein verbindliches, auch in Konfliktsituationen belastbares Verhältnis aufbauen, sind Eltern als Folge dessen motivierter, sich in der Erziehung ihrer Kinder konstruktiv, wertschätzend, lösungsorientiert zu verhalten.

Professionelle Kommunikation

An dieser Stelle mag der ernst zu nehmende Einwand kommen, dass Fachkräfte in der Schule keine Therapeuten seien. Doch auch in der schulischen Kooperation mit Eltern geht es um eine professionelle Beziehungsgestaltung. Und in den letzten Jahren verstärkt sich die Entwicklung nichttherapeutischer Beratungskonzepte und Kommunikationsmethoden, die sich für eine schulische Praxis eignen (vgl. z. B. Henning/Ehinger 2009, Bartscher 2019a, Schwartz/Kunigkeit 2020). Der einstige Schulleiter Olaf Köster-Ehling (2020) macht z. B. Vorschläge, wie sich Beratungsmethoden im Schulleitungshandeln einsetzen lassen.

Die professionellen Anforderungen bringen die Notwendigkeit professioneller Kommunikationskompetenz mit sich, denn Fachkräfte sind den Verhaltensweisen von Eltern, die aus den verschiedenen Bindungsmustern resultieren, unausweichlich ausgesetzt und müssen zwangsläufig mit ihnen umgehen. Dazu gehört immer auch, die eigenen Bindungsmuster zu reflektieren. Wenn dies nicht gelingt, brechen bestimmte Eltern den Kontakt ab oder nehmen ihn gar nicht erst auf. Dies wird allgemein beklagt, aber weithin akzeptiert. Wenn Fachkräfte in schwierigen Situationen welcher Art auch immer – möglicherweise bindungstheoretische Annahmen im Hinterkopf – zu guten Konfliktlösungsstrategien kommen, ist dies keine therapeutische Arbeit, sondern professionelle Konfliktlösung. Dazu folgende Anregungen:

- Bildungs- und Erziehungspartnerschaft löst sich weitgehend von dem Denken und Handeln in Veranstaltungen, Projekten und pädagogischen Maßnahmen. Bildungs- und Erziehungspartnerschaft bedeutet vielmehr Beziehungsaufbau und Beziehungsarbeit.
- Von elementarer Bedeutung ist die Kennlern-, Kontakt- und Kontraktphase. Fachkräfte sollten sich die Zeit nehmen, Eltern gut kennenzu-

lernen, gegenseitige Erwartungen abzuklären und auszuhandeln. Sie sollten Verabredungen über gegenseitige Erreichbarkeit und Kommunikation und nicht zuletzt Vereinbarungen über das Vorgehen bei Konflikten treffen.

- Von entscheidender Bedeutung ist die Fähigkeit zu professioneller Kommunikation und zur Konfliktlösung. Denn auch wenn all das vorher Gesagte optimal eingelöst wird: Mit Blick auf die unterschiedlichen Bindungsmuster und Bindungskonstellationen bleiben Konflikte sehr wahrscheinlich.
- Für Fachkräfte ist es von elementarer Bedeutung, sich selbst und ihre eigenen Bindungserfahrungen und Bindungsmuster zu kennen. Dies kann in erfahrungsbezogenen Weiterbildungen, in kollegialer Beratung und durch kollegiales Feedback gelingen und nicht zuletzt durch supervisorische Prozesse unterstützt werden.

4.2.6 Interkulturalität und Zielgruppenorientierung auf der Basis soziokultureller Differenzierung

Während das Konzept der Lebensweltorientierung die Achtsamkeit und Empathie für die Einzigartigkeit jeden Individuums fördert, erbringen soziokulturelle Milieustudien einen anderen Gewinn für pädagogische Professionalität. Sie zeigen nicht nur soziokulturelle Gräben zwischen Eltern aus unterschiedlichen Lebenswelten auf, sondern können sie auch erklären; dies klang in Kap. 2.1 schon an. Darüber hinaus vermitteln sie einen eigenständigen Zugang zu einem interkulturellen Verständnis und einer interkulturellen Praxis, die die Dichotomien „Deutsche – Zuwandererinnen" und „Migranten – Nichtmigranten" ablöst zugunsten eines genaueren Blicks auf die Lebenswelten von Eltern. Soziokulturelle Milieustudien wecken somit das Verständnis dafür, warum eine zielgruppenspezifische Arbeitsweise nicht nur möglich, sondern auch erforderlich ist.

Soziokulturelle Milieustudien

Soziokulturelle Milieustudien decken durch die Erhebung bestimmter Merkmale Ähnlichkeiten zwischen Menschen auf. Dadurch werden in der unüberschaubaren Vielfalt der sozialen Wirklichkeit Muster sichtbar. Diese Muster können helfen, die Welt zu erklären und handlungsfähig zu werden.

Gelegentlich wird kritisiert, man stecke Menschen damit „in Schubladen". Das stimmt in gewisser Weise. Doch Ordnungsmuster können – im Bewusstsein um ihre Begrenztheit – helfen, die Welt zu verstehen, Komplexität überschaubarer zu machen und so in ihr besser zurechtzukommen. Als absolute Wahrheiten begriffen, bieten sie jedoch einen Nährboden für Totalitarismus und Rassismus. Insofern sind auch soziokulturelle Milieustudien mit Vorsicht zu nutzen.

Die Milieustudien erforschen neben den Merkmalen der klassischen Sozialforschung (sozialer Status, Einkommen, Bildungsniveau) vor allem die individuellen Wertorientierungen und die daraus abgeleiteten Lebensstile. Abb. 10 zeigt eine aktuelle Darstellung der Sinus-Milieus. In dieser „sozialen Landkarte" sind die verschiedenen Milieus als „Regionen" dargestellt. Die verschiedenen Studien basieren auf qualitativen und quantitativen Forschungsmethoden. Die Auswertung erfolgte sowohl nach sozioökonomischen Aspekten (vertikale Achse) als auch nach den unterschiedlichen Wertorientierungen (horizontale Achse). Daraus bildeten sich Gruppen von Menschen mit ähnlichen Werten und ähnlichem Bildungshintergrund und sozialem Status ab. Für diese Gruppen prägten die Forscher jeweils Bezeichnungen.

Populär sind insbesondere die „Sinus-Milieustudien" geworden. Seit ca. zehn Jahren existieren daneben auch „Delta-Milieustudien" als weiterentwickelter Ansatz. Für den Kontext dieses Buches sind v. a. zwei Studien wegweisend, die beide von der Konrad-Adenauer-Stiftung in Auftrag gegeben wurden: „Eltern unter Druck" (Merkle/Wippermann 2008) und „Eltern – Lehrer – Schulerfolg" (Wippermann u.a. 2013). Der Forschungsansatz ist so ausgerichtet, dass es möglich war, durch narrative Interviews und teilstrukturierte Interviews mit einer Dauer von jeweils 1,5 bis 3 Stunden (100 bzw. 215 Interviews; bei „Eltern unter Druck mit einer anschließenden standardisierten Befragung von 3.000 Eltern) die subjektive Alltagswirklichkeit und die Strukturen der Lebenswelten der Adressaten zu verstehen. „Eine solche sozialwissenschaftliche Rekonstruktion der Lebenswelt arbeitet notwendig exemplarisch. Dahinter steht die Annahme, dass Menschen nicht unvergleichbare Einzelwesen (Unikate) sind, sondern soziokulturell geprägte, vergesellschaftete und vergemeinschaftete Wesen. Der Einzelne ist Manifestation und Spiegelbild dessen, was wir als ‚typisch‘ bezeichnen. Wir befassen uns daher mit jedem einzelnen Fall intensiv, weil an diesem Repräsentanten sichtbar, messbar und verstehbar wird, was Menschen bewegt" (Wippermann 2013, S. 390).

Diese Studien, die repräsentative Aussagen über die Zusammensetzung der bundesrepublikanischen Gesellschaft machen, geben keine Antwort auf die Frage nach den soziokulturellen Gruppen einer einzelnen Schule. Doch sensibilisieren sie für eine professionelle interkulturelle Haltung. In meinem zweiten Band werden Methoden vorgestellt, wie sich ein besseres Verständnis für die soziokulturelle Zusammensetzung der Elternschaft einer Schule gewinnen lässt. Die folgende Abb. 10 zeigt die aktuellen Sinus-Milieus der Bevölkerung in Deutschland.

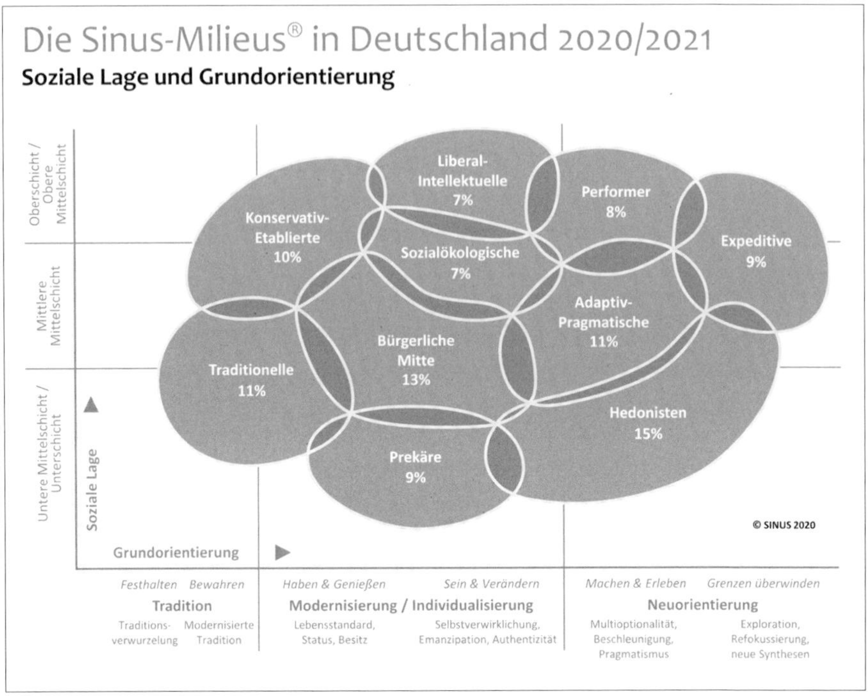

Abb. 10: Die Sinus-Milieus in Deutschland 2020 (SINUS GmbH 2020)

Ein neues Verständnis von Interkulturalität

Jede Zuwanderungsgeneration seit den sechziger Jahren (und auch davor) hat das Bildungssystem jeweils vor große Herausforderungen gestellt. Die PISA-Studien zeigten, dass ein erheblicher Teil der Bildungsverlierer einen Migrationshintergrund hat. Bis heute wirkt die letzte Flüchtlingswelle im Jahr 2015 in den Alltag vieler Schulen hinein: In den Klassen sitzen Kinder, die wenig bis kein Deutsch sprechen, manchmal vom Verhalten her so auffällig sind, dass sich die Frage stellt, ob sie traumatisiert sind oder ob es um kulturelle Anpassungsprobleme geht.

Konzepte interkultureller Arbeit wollen Herkunftskulturen verstehbar machen, zunächst unerklärliche Verhaltensmuster durch das Wissen über kulturelle Hintergründe erklären und um Verständnis für Menschen werben, die zum Teil lange Wege hinter sich gebracht und große Hürden überwunden haben. In diesem Zusammenhang stellen sich Fragen wie:

- Darf eine männliche Lehrkraft einer muslimischen Frau in die Augen schauen?
- Darf eine deutsche Lehrerin einem muslimischen Mann die Hand geben?
- Hat ein Kind auf der Flucht traumatische Erfahrungen gemacht?

Bestimmte Wertorientierungen erzeugen regelmäßig massive Konflikte zwischen Elternhaus und Schule. Typische Konfliktfelder sind z. B., wenn ein muslimisches Mädchen nicht am Schwimmunterricht teilnehmen darf, wenn Eltern fragen, ob Mädchen überhaupt einen Schulabschluss brauchen, weil sie ja doch heiraten werden, und wenn gewalttätiges Verhalten in der Schule durch die Herkunftskultur legitimiert wird. Bei den prinzipiell sehr hilfreichen interkulturellen Ansätzen ist jedoch zu bedenken, dass sie suggerieren, dass

- kulturelle Unterschiede im Wesentlichen auf der geografischen oder nationalen Herkunft beruhen,
- es kulturelle Konflikte vorrangig zwischen Einheimischen und zugewanderten Menschen gibt,
- bestimmte Problemlagen vor allem durch eine Zuwanderungsgeschichte zu erklären sind: Versagen in der Bildung, Gewalt, Nichteinhaltung gesellschaftlicher Konventionen.

Dies ist aber zu eng gedacht. Und genau hier erbringen die soziokulturellen Milieustudien ein erweitertes Verständnis von Interkulturalität. Kinder sind nicht nur durch Fluchterfahrungen traumatisiert, sondern auch durch innerfamiliäre Gewalt und Übergriffe in allen sozialen Schichten, unabhängig von der Herkunft. Die Effekte auf den Erfolg schulischer Bildungsbiografien hängen viel mehr mit der Schichtzugehörigkeit als der Zuwanderung zusammen (vgl. Kapitel 1.1.4), und soziokulturell herausfordernd sind nicht nur Gespräche mit einem konservativ-muslimischen Vater, der schulische Bildung für seine Tochter nicht für wichtig hält, sondern beispielsweise auch ein Gespräch mit einem Vater, der als erfolgreicher Manager auf den sozialen Status der Lehrkraft herabblickt. Fremdheit und soziale Distanz können auf Lebensstilen, Werthaltungen, sozialem Status und vielem mehr beruhen, nicht nur auf der Herkunft aus einem anderen Land.

Was sagen die Milieustudien selbst über Menschen mit Migrationsgeschichte? Die Sinus-Milieustudien haben auch die Lebenssituationen von Migranten und Migrantinnen untersucht. Sie kommen zu einer auf den ersten Blick überraschenden Erkenntnis: „Zehn Milieus kennzeichnen den Teil bundesdeutscher Gesellschaftsrealität, der aus Menschen mit Migrationshintergrund besteht. Sehr groß ist der Unterschied zur Gesamtgesellschaft nicht“ (VHW 2020, S. 1). Die folgende Abb. 11 zeigt, dass sich Menschen mit einer Zuwanderungsgeschichte in einer soziokulturellen Landkarte genauso zuordnen lassen wie alle Menschen in jeder Gesellschaft. Die einzige Gruppe, die kaum repräsentiert ist, ist die der konservativen wohlhabenden Menschen. Dafür gibt es einen einfachen Erklärungsgrund: Sie verlassen in der Regel ihre Heimat nicht, weil sie zum Überleben über ausreichende Ressourcen verfügen und sich gleichzeitig mit den bestehenden Verhältnissen identifizieren.

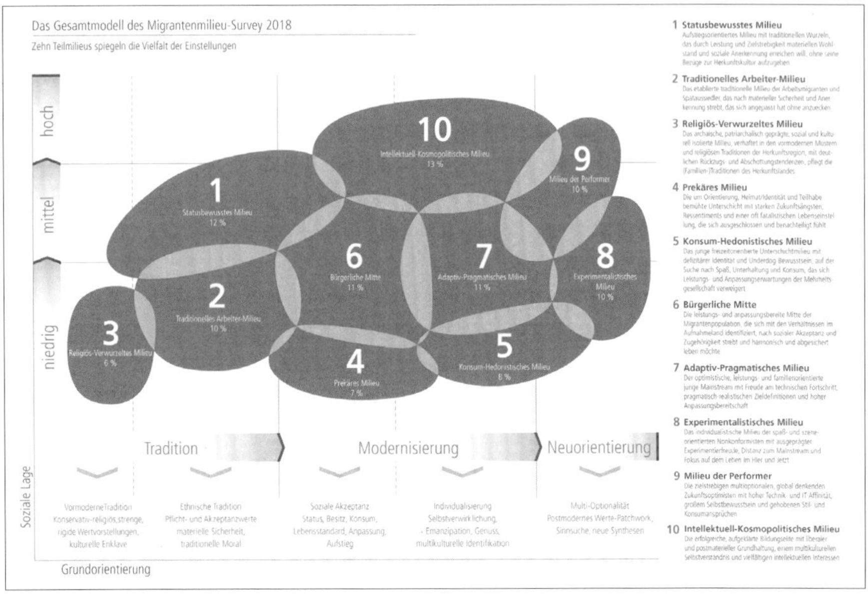

Abb. 11: Die Sinus-Migrantenmilieus 2018 (VHW 2020, S. 56ff.) (im Download-Material vergrößert)

Auch Reckwitz betont bei seiner Analyse sozialer Schichten, dass es wenig hilfreich ist, „die Migrantinnen und Migranten als davon getrennten Block zu sehen. (…) Die drei Klassen *enthalten von vornherein* sowohl Migranten als auch Nichtmigranten. Auch hier ist also die Klassenrealität primär, die ethnische Differenz sekundär" (Reckwitz 2019, S. 125). Es bleibt folglich festzuhalten: Jeder interkulturelle Ansatz, der sich nur auf Menschen mit einer Zuwanderungsgeschichte bezieht, übersieht, dass es kulturelle Fremdheit und eine Notwendigkeit kulturellen Verstehens innerhalb der deutschen Bevölkerung auch unabhängig von jeglicher Zuwanderungsgeschichte gibt. Ebenso gibt es kulturelle Fremdheit und Aversionen zwischen zugewanderten Menschen gleicher Herkunft.

Die Aufteilung von Eltern einer Schulgemeinschaft in Migranten und Nichtmigranten verschiedener Herkunft ergibt wenig bis überhaupt keinen Sinn, weil sie nicht die wirklichen soziokulturellen Gräben und die damit verbundenen Herausforderungen zeigt (vergleiche dazu Kapitel 2.1). Man könnte jetzt sagen, dass die fehlende Sprachkompetenz im Deutschen eine Besonderheit von Zuwanderungsgruppen wäre, doch auch das stimmt nur sehr bedingt. Auch Eltern deutscher Herkunft haben Sprachhemmungen und Verständnisschwierigkeiten und zeigen möglicherweise Probleme mit der Schriftsprache schulischer Mitteilungen (bis hin zu vorkommendem Analphabetismus). Ebenso ist zu beachten, dass Menschen mit guten Deutschkenntnissen nach Deutschland einwandern. Und schließlich muss man konstatieren, dass die Fähigkeit, Deutsch zu lernen und zu sprechen, mehr von individuellen Werten, Bildungsaffinität und sozialen Statuseffekten abhängt als von der Frage der Zuwanderung. Es gibt zugewanderte Menschen, die innerhalb kurzer Zeit sehr gut Deutsch sprechen, und Menschen, deren Eltern schon zugewandert sind, die trotzdem bis heute kein gutes Deutsch sprechen. Der Grund dafür liegt in ihren individuellen Werten, einer möglicherweise inneren Distanz zur deutschen Gesellschaft insgesamt oder in einem fehlenden kulturellen Kapital zum Sprachlernen (z. B. Selbstvertrauen, Lernkompetenzen, Unterstützung).

Intersoziokulturelle Professionalität

Wenn man die Erkenntnisse aus den soziokulturellen Milieustudien für die Entwicklung einer adäquaten pädagogischen Professionalität nutzt, lassen sich folgende Anforderungen ableiten:

- Schulen stehen vor der Herausforderung, Ausgrenzungstendenzen und Konflikte, die auf dem jeweiligen sozialen Status, dem Bildungsniveau, den Wertorientierungen und den daraus resultierenden Lebensstilen der Familien beruhen, zu erkennen und konstruktiv zu lösen. Die Wahrnehmung und der Umgang mit diesen Effekten ist eine der zentralen professionellen Herausforderungen beim Aufbau von Bildungs- und Erziehungspartnerschaften.
- In der Konsequenz erfordert dies den Abschied von für alle Eltern gleich geltenden Standards der Zusammenarbeit. Vielmehr muss das Prinzip der soziokulturellen Differenzierung zu einer übergreifenden Handlungsmaxime aller Bereiche der Zusammenarbeit mit Eltern und Familien werden. Mindestens folgende Handlungsoptionen kann man als Beiträge zur Professionalität in echten Bildungs- und Erziehungspartnerschaften betrachten:
  - *Eine forschende und neugierige Haltung gegenüber Lebenswelten und Wertekonflikten entwickeln:* Eltern mit Empathie und Neugierde zu begegnen ermöglicht gegenseitiges Verstehen. Verstehen bedeutet nicht, automatisch mit allem einverstanden zu sein, was Eltern erwarten und praktizieren. Doch aus dem Verständnis für Eltern lassen sich Beziehungen und neue Wege entwickeln.
  - *Schule mit den Augen der Adressaten sehen:* Empathie bedeutet, sich darin hineinzuversetzen, wie unterschiedlich Eltern Schule wahrnehmen. Das hat mit ihrer eigenen Schulgeschichte zu tun, aber auch mit ihren Werten in Bezug auf Lernen und Bildung.
  - *Mit eigenen Werten und Unsicherheiten und Ängsten professionell umgehen:* Das Erleben von Fremdheit und von daraus resultierenden Kon-

flikten kann Lehrkräfte verunsichern und manchmal auch beängstigen. Doch darin stecken auch persönliche Wachstumschancen. Gerade die Überwindung dieser Gefühle des Unbehagens bieten Chancen für ausgesprochen befriedigende professionelle Beziehungen.

– *Großen Wert auf die Ankopplungs- und Klärungsprozesse zu Beginn eines Bildungsabschnittes legen:* Es gilt vom ersten Kontakt an, achtsam mit Erwartungen, Wünschen, Einschätzungen, Vorbehalten von Eltern umzugehen und gleichzeitig Werte, Konzepte und daraus abgeleitete Praktiken der Schule zu erklären und zu vermitteln. Immer dort, wo es möglich ist, sollten Kompromisse gemacht und Eltern beteiligt werden. Bildungs- und Erziehungspartnerschaft bedeutet, weniger eigene Standpunkte zu vertreten und mehr gemeinsame Standpunkte zu erarbeiten.
– *Kommunikations- und Beziehungsgestaltung professionalisieren:* Dies setzt voraus, dass Lehrkräfte kompetent kommunizieren können, und zwar angesichts soziokultureller Fremdheit, gravierender Sprach- und Verständigungsbarrieren, angesichts von Widerständen, Zurückhaltung und vielleicht sogar Vorwürfen und Aggressionen. Erst wenn es gelingt, die dahinterliegenden Ängste, Unsicherheiten und negativen Erfahrungen zu verstehen und darüber zu kommunizieren, lassen sich lebensweltliche Brücken bauen.
– *Zugänge gestalten – Kommunikationsbrücken bauen:* Um Beziehungen zu gestalten, müssen Kontakt- und Kommunikationswege auf Augenhöhe vereinbart sein. Für schulische Akteure besteht eine große Herausforderung darin, mit den unterschiedlichen Kommunikationsgewohnheiten der Eltern einer Klasse zurechtzukommen. Schule kann nicht mehr diktatorisch die Wege der Kommunikation vorschreiben („Es gibt eine schriftliche Einladung, und die haben alle zu lesen"), sie kann es aber auch nicht allen Eltern mit ihren unterschiedlichen Vorlieben recht machen. Auch hier bedarf es gelingender Einigungsprozesse, die von Fachkräften einerseits Klarheit, andererseits aber auch Flexibilität und ein (manchmal auch räumliches) Entgegenkommen fordert.
– *Angebote und Arbeitsformen differenzieren:* Die bisher etablierten und praktizierten Formen der Zusammenarbeit (Elternsprechtage, Elternabende, pädagogische Informationsveranstaltungen) sind aus soziokultureller Perspektive exklusiv und erzeugen Ausgrenzung und Benachteiligungen. Die Basis einer differenzierten Arbeitsstruktur stellt eine Analyse der soziokulturellen Milieus und der Lebenswelten von Eltern an den Beginn von Umsteuerungsprozessen. Eine Einbeziehung aller Eltern durch geeignete Formen der Beteiligung ist dabei durchaus sinnvoll und hilfreich. Eine Differenzierung kann sich beispielsweise in folgenden Bereichen ergeben:

- die Berücksichtigung von Zeiten, in denen Eltern sich einbringen können;
- Angebote der Kinderbetreuung parallel zu Elternveranstaltungen;
- eine inhaltliche Gestaltung von Veranstaltungen und anderen Formaten mit Eltern, die Unsicherheiten, Ängste und Schamgefühle bestimmter Eltern berücksichtigt und abbaut;
- Lösungen für sprachliche Defizite, die Eltern mitbringen, durch Bereithalten von Dolmetscherpools;
- soziokulturell differenzierte Bildungsangebote vom wissenschaftlichen Vortrag bis hin zum Elterncafé.

4.2.7 Partizipation: Die Fähigkeit zu echter Beteiligung als pädagogische Professionalität

Das Anliegen von Thiersch ist es, Unterstützungs- und Bildungsprozesse so zu gestalten, dass sich Menschen als „Subjekte ihres eigenen Lebens“ fühlen können. Ansprüche an partizipative Beziehungskultur, Lernprozessgestaltung, Lernstoffauswahl und Institutionsgestaltung gelten in Schulen häufig nur auf dem Papier. Wie kann es gelingen, dass Eltern, Kinder und Jugendliche sich als „Subjekte des Lernprozesses und der Gestaltung von Schule und Schulleben“ fühlen? Die Mitwirkungsgremien in Schulen sollten mehr als Alibiveranstaltungen sein, sowohl die der Schülerinnen als auch die der Eltern. Dies gilt übrigens auch für die Beteiligungsmöglichkeiten vieler Lehrkräfte an der Gestaltung ihrer Schulen. Lebensweltorientierung in Schulen erkennt die Chancen von Demokratisierungsprozessen, nimmt die Anstrengungen mühevoller Einigungsprozesse auf sich und profitiert von den besonderen innewohnenden Entwicklungschancen aller Beteiligten (vgl. Bartscher 1998, BMFSFJ 2015).

Partizipation darf nicht auf die Möglichkeit zur Äußerung von Schülerinnen- oder Elternwünschen reduziert werden, weil es keinem System gelingen wird, die Wünsche aller zu berücksichtigen. Derartig fehlgeleitete Partizipationspraxis erzeugt nur Frustration. Echte Beteiligung bedeutet vielmehr, Menschen die Möglichkeit zu geben, Verantwortung für ihre Lebensbereiche zu übernehmen und gemeinschaftliche Erfahrungen zu machen. Misserfolge werden dann zu einer gemeinsamen Erfahrung, statt dass sie „denen da oben“ zugeschrieben werden, und Erfolge werden zu Selbstwirksamkeitserfahrungen. Diese Art der Mitbestimmung kann sich nicht nur auf die äußeren Dinge in der Schule erstrecken (Schulhof, Cafeteria, Ziele von Klassenfahrten), sondern auch auf die inneren Schulangelegenheiten: Inhalte des Unterrichtes, Lernformen, mehr Projektarbeit und vieles mehr, die sich dann als positive Schulerlebnisse und Ergebnisse bei Schülerinnen und Schülern niederschlagen. Die folgenden Überlegungen konkretisieren einige Kriterien für gelingende Partizipation.

Partizipation aus der individuellen und der institutionellen Perspektive

Um die Begriffe etwas genauer zu fassen, hilft die Unterscheidung zwischen der institutionellen und der individuellen Perspektive auf Beteiligung und Partizipation. Dem Begriff der Beteiligung haftet eine schillernde Mehrdeutigkeit an, die sich am Beispiel „Beteiligung am Unterricht" verdeutlichen lässt: Bei dieser Art der Beteiligung geht es fast ausschließlich um die institutionelle Perspektive. Der Schüler soll ordentlich mitmachen, sich an die Regeln halten, seine Aufgaben erledigen, dann wird er durch gute Noten belohnt. Dies hat wenig mit demokratischen Beteiligungschancen zu tun.

Medvedev hat pointiert aufgezeigt, wie Beteiligung aus Sicht der Schule aussieht. Fachkräfte und Schulleitungen erwarten zwar, „dass sich die Eltern den Bildungs- und Erziehungsauftrag partnerschaftlich mit der Schule teilen, so wie es in den Schulgesetzen der Bundesländer vorgesehen ist. Das Spektrum der vorgesehenen Interaktionen (…) ist allerdings ziemlich eng und beschränkt sich meistens auf die Beteiligung der Eltern an den Schulgremien verschiedener Ebenen sowie die Verpflichtung, zu den Elternabenden und Elternsprechtagen zu gehen. Alles, was darüber hinausgeht, gehört nicht zum Regelrepertoire einer Schule, sondern, wenn überhaupt, zu den freiwilligen und zusätzlichen Angeboten. Daraus resultiert eine nachvollziehbare Entrüstung und Resignation vieler Schulleitungen, Lehrkräfte und Sozialpädagogen/-innen, die vor leeren Elternversammlungen stehen und viele Eltern an ihrer Schule nie zu Gesicht bekommen" (Medvedev 2020, S. 32).

Der Begriff der Partizipation ist politischer ausgerichtet und hebt auf die subjektiven Mitwirkungschancen im jeweiligen Kontext ab. In der Schule stellt sich daher immer die Frage, ob Eltern oder Schüler aktiv über das hinaus Einfluss nehmen können, was von der Institution gewünscht wird. Echte Beteiligung führt immanent zum Konflikt zwischen den individuellen Interessen und der institutionellen Perspektive. Doch gerade im Austragen dieser Konflikte entscheidet sich die Qualität der Beteiligungsmöglichkeiten. Dominiert hier Machtdurchsetzung oder Bemühen um Verständigung? Destruktive Effekte gibt es von beiden Seiten. Eine autoritäre Schulleiterin, die rigide ihre pädagogischen und institutionellen Vorstellungen durchsetzt, schränkt schulische Beteiligungsmöglichkeiten aller anderen deutlich ein und erzeugt so Frustration und Rückzug. Genauso gut können aber auch Eltern in rücksichtsloser Weise machtvoll agieren, unnachahmlich klar auf den Punkt gebracht durch das Theaterstück „Frau Müller muss weg" (Hübner/Nemitz 2010). Es besteht immer die Gefahr, dass sich die beiden Tendenzen gegenseitig verstärken. Die Schulleiterin sagt dann z. B.: „Mit diesen Eltern kann man nicht zusammenarbeiten!", und die Eltern fühlen sich zum Machtkampf herausgefordert.

Partizipation zwischen der Durchsetzung individueller Interessen und der Verantwortung für das Gemeinwohl

Mir ist über die Jahre, in denen ich mich für die Beteiligungschancen von Kindern und Jugendlichen eingesetzt habe, immer klarer geworden, dass ein zweiter Aspekt unbedingt berücksichtigt werden muss. Partizipation ist nicht ohne den Aspekt der Verantwortung zu denken. Die Verantwortung für gelingende Demokratie liegt auf beiden Seiten: Individuen, die sich rücksichtslos für egoistische und partikulare Interessen einsetzen, handeln verantwortungslos und haben die Interessen des Gemeinwesens nicht im Blick. Entsprechend liegt aufseiten der Institution die Verantwortung, Mitwirkungsräume bereitzustellen, demokratische Einflussnahme zuzulassen und sogar zu fördern; und vor allem im schulischen Kontext Partizipation auch als eine Entwicklungskategorie zu sehen. Die folgende Abb. 12 zeigt diese doppelten Polaritäten:

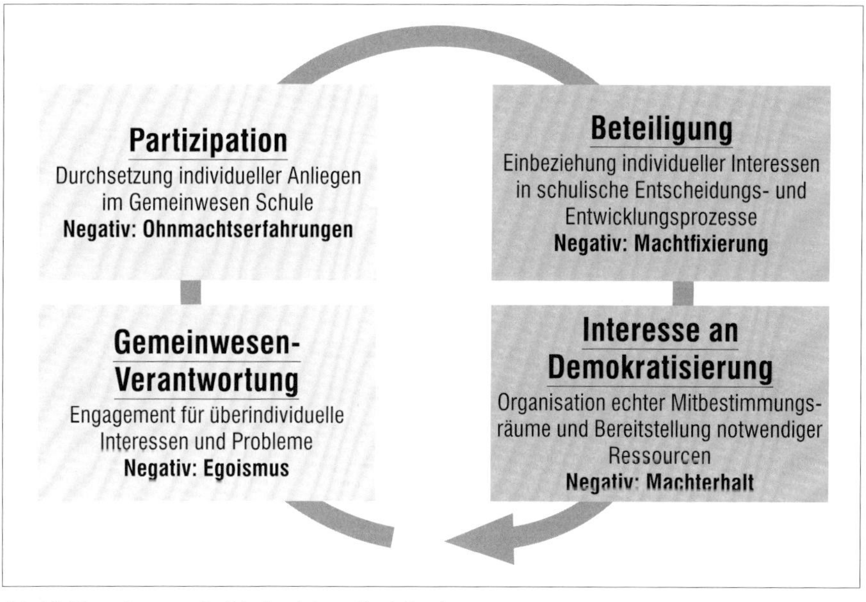

Abb. 12: Dimensionen von Partizipation (eigene Darstellung)

Fehlentwicklungen zeigen sich also auf beiden Seiten: auf der subjektiven Seite, wenn Eltern bei der Interessenwahrnehmung für ihr Kind z. B. beim Kampf um Noten mit Klage drohen, oder bei sozialen Konflikten in der Klasse, wenn Eltern nur die Interessen ihres eigenen Kindes im Blick haben. Sie zeigen sich genauso bei den Vertreterinnen des Systems Schule, wenn sie Beteiligung ausschließlich als Ein-und Unterordnung an die schulischen Regelungen erwarten, wenn sie Ideen für Veränderung und berechtigte Interessen mit welcher Begründung auch immer abtun und eine Politik des „Das haben wir schon immer so gemacht. Das bleibt so!" vertreten.

Beteiligungsintensität

Die Stufen der Beteiligung (Abb. 13, abgewandelt nach Gernert 1993, vgl. auch Bartscher 1998) zeigen sehr anschaulich, wie die Intensität der Beteiligung definiert sein kann.

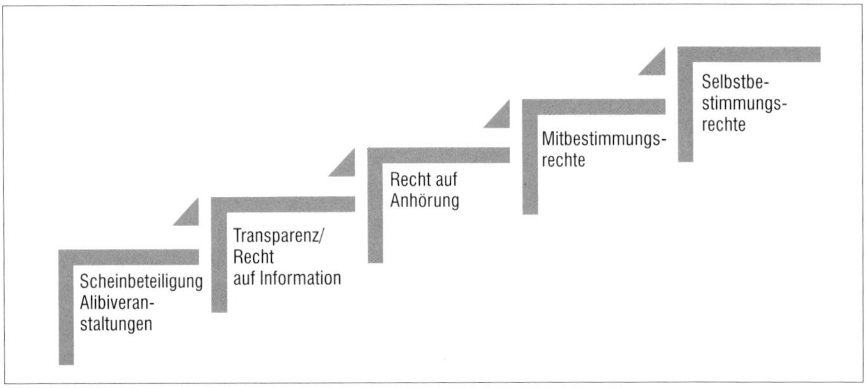

Abb. 13: Stufen der Beteiligung (Bartscher 1998, abgewandelt aus Gernert 1993)

Die Stufen der Beteiligung können helfen, konkrete Beteiligungsprozesse zu reflektieren, wobei nicht gemeint ist, dass das Maximum an Partizipation auch das jeweilige Optimum in einer Situation wäre. Dazu sind die Themen und Bereiche der Partizipation viel zu vielfältig und differenziert – und auch rechtlich unterschiedlich geregelt.

Sicherlich sind Beteiligungsaktivitäten, wenn sie nur eine Alibifunktion haben, fragwürdig: wenn sich z. B. die Beteiligung der Eltern darauf reduziert, dass sie für die Verpflegung bei schulischen Veranstaltungen sorgen oder wenn die Schülermitverantwortung (SMV) im Wesentlichen über das Essensangebot der Mensa mitreden kann.

Eine immer wieder vorkommende Strategie ist es, Beteiligungsgremien mit unwichtigen Themen so zu überfrachten, dass die wirklich wichtigen Themen zu kurz kommen. Schülerinnen und Schüler und Eltern brauchen lange, bis sie derartige Taktiken durchschauen. Andererseits: Es gibt auch viele Eltern, die mit einer Kuchenback-Beteiligungskultur sehr zufrieden sind, z. B. weil der aufreibende Familienalltag alle Kräfte absorbiert.

Beteiligung, wie ich sie verstehe, beginnt, sobald verlässlich transparent agiert wird (also nicht situativ und taktisch). Verlässlichkeit heißt, dass das Recht auf Information fixiert ist und praktiziert wird. Anhörungsrechte sind ein Schritt in Richtung stärkerer Beteiligung. Institutionsvertreter müssen informieren und sich auch die Position der Betroffenen anhören, sind aber noch nicht verpflichtet, diese Statements in ihrem Handeln auch zu berücksichtigen.

Echte Mitwirkungs- und Mitgestaltungsmöglichkeiten stellen z. B. die in vielen Bundesländern geltenden Rechte der Eltern und Schüler in den Schulkonferenzen dar. So haben beispielsweise in einer Hauptschule in Westfalen Schulleitung, Eltern und Schülerinnen eine Entscheidung für die Einführung des Ganztagsbetriebs gemeinsam gegen die Stimmen des Lehrerkollegiums getroffen. Ein gutes Beispiel für wirksame Koalitionsbildung, ein weniger gutes für die Kommunikationskultur in dieser Schule.

Selbstbestimmungsrechte sind Entscheidungsbereiche, in denen ein Gremium selbstständig Entscheidungen treffen kann. Die Elternschaft einer Klasse kann selbstständig entscheiden, ob sie sich außerhalb der Schule regelmäßig zu einem Stammtisch trifft. Auch die Schülerschaft kann sich eigene Aufgabenbereiche aussuchen und selbstständig ausgestalten – wobei immer dann, wenn unbequeme Themen oder Aktionsformen durchgeführt werden, die Schulleitung möglicherweise interveniert. Echte Selbstbestimmung ist in Schulen meist nur sehr begrenzt möglich, in definierten Grenzen.

Das Problem der Repräsentation

Durch den repräsentativen Charakter der Beteiligungsgremien (Schüler wählen Schüler, Eltern wählen Eltern) entsteht ein zentraler Demotivationseffekt, denn wenn die Stimme erst einmal abgegeben ist, kann der Mandatsträger autonom entscheiden, wie er seine Wählerinnen vertritt. „Man täuscht mit dem Begriff der ‚Repräsentation' eine adäquate Vertretung vor und verschweigt beflissentlich, dass im Begriff der Repräsentation nicht notwendig der Gedanke einer proportionalen Vertretung enthalten ist" (Röhrig 1981, S. 143). Insofern hilft es, wenn die Initiativen und Aktivitäten der Elternvertreterinnen möglichst gut mit den Interessen aller Eltern rückgekoppelt sind.

Aufgrund der soziokulturellen Selektion ist dies allerdings sehr anspruchsvoll umzusetzen, denn zu vielen Eltern haben die Gewählten überhaupt keine Beziehung. Deshalb beklagen sie genau wie die Lehrkräfte deren Unerreichbarkeit; diese wiederum fühlen sich durch die gewählten Akteure nicht vertreten. Dies ist ein Teufelskreis, der nur schwer zu durchbrechen ist; wirksam sicher erst im Rahmen eines umfassenden Schulentwicklungsprozesses für eine bessere Repräsentation aller Eltern im schulischen Geschehen. Insofern ist ein Partizipationsmodell, das ausschließlich auf repräsentative Formen der Beteiligung setzt, zwar ein Spiegel der bundesrepublikanischen Demokratie, doch aus pädagogischer Sicht sind direkte Formen der Beteiligung (Schulversammlungen etc.) und projektförmige Partizipationsansätze ebenso wichtig (vgl. Bartscher 1998) – und nicht selten effizienter.

Demokratie ist anspruchsvoll, Schule dafür der richtige Ort

Der Satz eines Kindes in der Kindertagesstätte bringt auf den Punkt, dass Selbstbestimmung von den Betroffenen nicht immer gewünscht und häufig lästig ist: „Frau Müller, müssen wir heute wieder spielen, was wir selbst wollen?" – Demokratie hat ihren Preis, wenn sie nicht auf Dauer als Event praktiziert wird. Sich nachhaltig und langfristig zu engagieren ist anstrengend, und Einigungsprozesse sind mühevoll. Viele Menschen scheuen die Anstrengungen, sich selbst politisch zu engagieren und eigene Erfahrungen zu machen. Eine Beurteilung der Politik aus der Anschauungsperspektive gehört zu den staatsbürgerlichen Rechten, doch braucht eine Demokratie Menschen, die sich einbringen und an ihr abarbeiten.

Vielleicht sind die Auswüchse der politischen Debatten in den neuen Medien auch durch fehlende eigene Erfahrungen im demokratischen Engagement zu erklären, jedenfalls kann das kein Nährboden für eine gute Demokratie sein. „Erst wenn eine hinreichend große Zahl von Bürgern durch eine eigene Praxis der Freiheit den Zumutungen der unvermeidlichen Einigungszwänge aus der Teilnehmerperspektive ausgesetzt ist oder es auf biographisch nachhaltige Weise einmal war, erst wenn sie also in der Handlungsperspektive selbst in die politisch unvermeidlichen Zwänge einer Vermittlungspraxis verstrickt sind, kann sich die Praxis der Freiheit mit der Fähigkeit zur Beurteilung von Handlungserfolgen nach allgemein anerkannten Maßstäben verbinden" (Meyer 1994, S. 72). Schule ist meines Erachtens der ideale Ort, um Demokratie zu lernen und sich den Einigungsbemühungen zu stellen. „So sind, beispielsweise, Vereinbarungen, die Eltern, Lehrer und Schüler als Betroffene für die Organisation des Schullebens treffen und an denen sie sich dann für die Koordination ihres Handelns verbindlich orientieren, durch und durch politisch, auch wenn sie weder durch das politische System gegangen noch rechtsförmlich fixiert worden sind" (Meyer 1994, S. 215).

Beteiligung zwischen pädagogischer Anpassung und politischer Emanzipation

Wenn Beteiligung und Partizipation als pseudopädagogische Entwicklungsräume konstruiert sind, in denen Kinder und Jugendliche und auch Eltern vorgezeichnete Erfahrungen machen „dürfen" und daraus die richtigen Lehren zu ziehen haben, hat dies mit der Entwicklung von Mündigkeit und Autonomie und echter Partizipation wenig zu tun. Leider sind allzu viele Formen und Projekte genau so gestaltet. Pädagoginnen und Pädagogen sind deshalb gefordert, echte Erfahrungsräume zu ermöglichen und zuzulassen und sich mit den Eigensinnigkeiten der „Beteiligungssubjekte" auseinanderzusetzen. Erst dadurch kommt es zu einer Aushandlungspädagogik, in der Erwachsene bzw. Fachkräfte Standpunkte offensiv und angstfrei vertreten, ohne sie mit Macht durchzusetzen. So werden Beteiligungsräume zu echten Entwicklungschancen.

Einmischen

Thiersch sieht es als einen Auftrag von Fachkräften an, nicht nur den Adressaten helfend tätig zu sein, sondern auch dafür zu sorgen, dass die Lebensumstände sich bessern. Diese Denkweise hat im Jugendhilferecht Spuren hinterlassen. Die Kinder- und Jugendhilfe soll nicht nur beraten, unterstützen und Kindeswohlgefährdungen abwenden, sondern sie soll „dazu beitragen, positive Lebensbedingungen für junge Menschen und ihre Familien sowie eine kinder- und familienfreundliche Umwelt zu erhalten oder zu schaffen" (§1 Abs. 3 SGB VIII).

Einen vergleichbaren Paragrafen gibt es im Schulrecht nicht. Trotzdem arbeiten Lehrkräfte und Schulleitungen nicht nur in der Schule, sondern im Stadtteil, im kommunalen Gemeinwesen in Lehrerverbänden oder in Gewerkschaften. Sie setzen sich dort nicht nur für bessere Arbeitsbedingungen, sondern auch für eine bessere Bildung insgesamt ein. Insofern passt auch diese Maxime, sich einzumischen, zum Konzept von Bildungs- und Erziehungspartnerschaften. Schulen mischen sich auch heute schon in unterschiedlichen gesellschaftlichen Bereichen zum Wohle von Kindern und Familien ein.

So habe ich als Berater immer wieder erlebt, dass z. B. kritische Auseinandersetzungen mit den örtlichen Jugendämtern geführt werden müssen. Wenn diese mit Verweis auf Kosten oder Überlastung adäquate Hilfen für Familien verweigern oder wenn sie schulische Hinweise auf gefährdetes Kindeswohl mit dem Hinweis abtun, dass sie „mit ganz anderen Problemen zu tun hätten", greifen Schulen zu Recht ein. Sie engagieren sich z. B. auch in den regionalen Bildungsnetzwerken für eine förderliche soziale Infrastruktur in den Kommunen und agieren mitunter bis in die lokale Politik hinein.

Es gibt aber noch einen weiteren Grund, der aus meiner Sicht ganz klar für eine Haltung und Praxis des Einmischens spricht: Ein Risiko aller Beteiligungsformen mit Kindern und Jugendlichen ist, dass sie als Alibi für jene Erwachsene herhalten, die selbst nicht politisch aktiv sind (vgl. ausführlich Bartscher 1998 Kap. 2). Kinder und Jugendliche entwickeln sich jedoch am besten zu engagierten Demokratinnen, wenn sie gute Vorbilder in ihrem Umfeld haben.

4.2.8 Reflexivität

Da lebensweltorientiertes professionelles Handeln die Eindeutigkeit hierarchischer Machtverhältnisse und vorgegebener Abläufe aufgibt, weil es sich auf komplexe Beziehungen und diffuse Strukturen einlässt, ist die fortwährende Reflexion des eigenen beruflichen Handelns wesentliches Kennzeichen der Professionalität lebensweltorientierten Handelns.

Rauschenbach formuliert es mit einem noch allgemeineren Anspruch für alle Beteiligten des Bildungssystems: „Mobilität und Flexibilität werden zu konstitutiven Momenten einer modernen Lebensführung (...). Und dabei geht es keineswegs nur um räumliche Mobilität oder eine zeitliche Flexibilität, sondern es geht zugleich um so etwas wie soziale, personelle und kulturelle Mobilitäten. Den Menschen wird weitaus mehr abverlangt als die Übernahme vorgegebener milieuspezifischer Handlungsmuster und das Hineinwachsen in gegebene Lebensverhältnisse. Der Umgang mit Heterogenität (...) gewinnt von hier aus ebenso an Bedeutung wie die Fähigkeit, sich auf neue, fremde Situationen einzulassen" (Rauschenbach 2009, S. 21 f.). Die Fähigkeit, mit Menschen aus unterschiedlichen Lebenswelten klarzukommen, in unterschiedlichen Kontexten zu bestehen, mit Unsicherheit und Diffusion umzugehen, wird von jedem Schüler, jeder Schülerin und von allen Erwachsenen im Kontext einer modernen Lebensführung gefordert. Um wie viel mehr muss sich diese Herausforderung an die professionellen Akteurinnen und Akteure des Bildungssystems richten? Insofern ist die fortlaufende Reflexivität ein zentrales Element pädagogischer Professionalität.

Rollenklarheit

Zu den Bereichen, auf denen sich Reflexivität erstrecken sollte, gehört Rollenklarheit. Diese konstituiert sich jedoch nicht wie früher in klar gefügten und für alle gleichen Rollenanweisungen, sondern Rollenklarheit wird in jeder einzelnen Situation konstituiert und ausgehandelt. Während in der Arbeit mit Heranwachsenden die Rollen (scheinbar) relativ klar sind („Das ist und tut ein Lehrer und das nicht"), sind Fachkräfte in der Zusammenarbeit mit Eltern nicht automatisch Lehrende und auf keinen Fall Erziehende. Eltern wiederum übernehmen nicht automatisch die Rolle von Lernenden, Teilnehmern oder Klienten. Vielmehr werden im Kontext von Schulen unterschiedliche Rollen in unterschiedlichen Situationen und Konstellationen konstruiert und definiert, z. B.:

- als Partner in Erziehungs- und Bildungsfragen mit unterschiedlichen Rollen und Rechten (z. B. beim Elternabend, bei Elterngesprächen oder beim Elternsprechtag);

- in der Zusammenarbeit mit Mandatsträgerinnen der Beteiligungsgremien, auch als gleichberechtigte Partner z. B. in der Schulkonferenz;
- als Kooperationspartnerinnen bei schulischen Projekten, in denen Eltern Aufgaben und Verantwortung übernehmen;
- als Lehrende und Lernende in pädagogischen Veranstaltungen, bei denen Fachkräfte Eltern in Fragen von Förderung und Erziehung Wissen und Kompetenzen vermitteln wollen;
- als Lehrpartner, wenn Eltern in der Schule andere Kinder unterstützen und vielleicht sogar selbst unterrichtend tätig sind (vgl. z.B. Bade u.a. 1982).

Die Flüchtigkeit dieser situativen Konstellationen, das Wechseln einer Rolle z. T. mehrfach in einem einzigen Gespräch, erzeugt eine hohe Unsicherheit und bedeutet für die Akteure eine Herausforderung. Ein solches flexibel-reflexives Selbstverständnis und entsprechendes Agieren bricht möglicherweise mit den Erwartungen, die Fachkräfte und Eltern in den Bildungseinrichtungen mitbringen.

Viele Eltern meinen zu wissen, wie ein Lehrer zu sein hat, wollen beispielsweise belehrt werden („Sie haben das doch studiert!“). Andere Eltern wehren sich gegen Belehrung und unerbetene Ratschläge – dies oft zu Recht. Alle diese Tätigkeits- und Beziehungsvarianten sind prinzipiell kompatibel mit dem Partnerschaftsgedanken der Bildungs- und Erziehungspartnerschaft, wenn sie professionell reflektiert und ausgestaltet sind. Letztendlich ist es für die meisten Eltern eine befreiende Erfahrung, wenn sie merken, dass ihre professionellen Ansprechpartner keine „beruflichen Alleswisser und Alleskönner“ sind, sondern im Gespräch Klarheit erarbeiten und nach gemeinsamen Wegen für die Unterstützung des Kindes suchen.

„Macht-Bewusstsein“ und Ent-Hierarchisierung

„Empirische Analysen von Eltern-Fachkraft- oder Eltern-Lehrkraft-Gesprächen zeigen, dass von einem partnerschaftlichen, nicht-hierarchischen Verhältnis zwischen Familie bzw. Eltern und pädagogischen Professionellen in der Praxis nicht die Rede sein kann“ (Betz u.a. 2017, S. 31). Es reicht also nicht, zu behaupten, man kommuniziere auf Augenhöhe, sondern es geht um reflektierte, dialogische und partizipative Praxis. Machtbewusstsein bedeutet hier im besten Sinne das Bewusstsein für die rechtlichen Verhältnisse und Machtaspekte in den Beziehungen.

Zu den Wirkmechanismen des Schulsystems gehört, dass ihre Repräsentanten aufgrund der bestehenden Rechte über institutionelle Macht verfügen. Schule entscheidet über die Zusammensetzung von Klassen, Lehrkräfte entscheiden über Noten, mit Schulempfehlungen werden schulische Karrieren vorgezeichnet. Im Konfliktfall werden schulische Maßnahmen ergriffen und ggf. gegen den Willen von Eltern durchgesetzt. Eltern sind in diesem System nicht völlig rechtlos, doch ihre rechtlichen Optionen sind häufig intransparent und wenig gangbar. Insbesondere die Erziehungswissenschaftlerin Tanja Betz hat die Diskussion auf die Machtkonstellationen und Interessenlagen fokussiert. Sie verweist darauf, „wie schwierig es (…) ist, im Rahmen des Konstrukts einer Bildungs- und Erziehungspartnerschaft davon auszugehen, dass die Bedürfnisse aller Partner, d. h. pädagogischer Fachkräfte, Lehrkräfte, Eltern und Kinder, gleichberechtigt berücksichtigt werden könnten" (Betz u.a. 2017, S. 45). Eltern fühlen sich in schwierigen Situationen ohnmächtig gegenüber Fachkräften. Sie fragen sich häufig, wie sich ein konkretes Verhalten von ihnen auf die Situation ihres Kindes in der Bildungseinrichtung auswirkt: „Sage ich meine Meinung oder nicht?", „Engagiere ich mich oder nicht?"

Während Betz` Duktus grundsätzlich institutionenkritisch ist (Bildungs- und Erziehungspartnerschaft würde vorrangig den Interessen der Bildungseinrichtungen dienen), gilt es zu berücksichtigen, dass Eltern demgegenüber nicht per se machtlos sind. Eltern mit entsprechenden Beziehungen und Ressourcen setzen ihre Interessen manchmal genauso machtvoll durch. Eltern sind auf Basis ihrer Elternrechte in eigener Weise mächtig, da diese ihnen die Befugnis geben, weitreichende Entscheidungen zum Wohle ihres Kindes treffen zu können (oder auch gegen das Wohl ihres Kindes zu handeln). So gibt es z. B. immer mehr Lehrkräfte, die gegenüber Rechtsanwälten, die von Eltern eingeschaltet wurden, aufwendig und mühsam eine bestimmte Note rechtfertigen müssen.

Die Zusammenarbeit zwischen Lehrkräften, pädagogischen Fachkräften und Eltern ist also keine machtfreie Kommunikation, sondern eine Beziehung mit unterschiedlichen Aufgaben, Rollen und Rechten. „Kommunikation auf Augenhöhe" kann also als reflexive Ausgestaltung der Beziehung im Bewusstsein der Unterschiedlichkeit verstanden werden und gerade nicht in dem eher naiven Verständnis von Gleichsein.

Professionelle Umgehensweisen

Insofern gilt für die professionellen Anforderungen in der Bildungs- und Erziehungspartnerschaft:

- Die kontinuierliche Aufgaben-, Beziehungs- und Rollenklärung gehört zu den elementaren Arbeitsprinzipien professionellen Handelns. Voraussetzung ist, dass Fachkräfte sich dieser Aspekte bewusst sind und fortlaufend reflektieren; und dass sie in der Lage sind, dies in geeigneter Weise zu kommunizieren und jeweils situative Klarheit herbeizuführen.
- Von entscheidender Bedeutung ist eine kooperative und wertschätzende Verständigung über Rollen, Aufgaben, Wahrnehmungen, Erwartungen,

Wünsche und Befürchtungen. Insofern gilt es, der Gestaltung jeden Anfangs – dem neuen Schuljahr, dem Beginn eines Elternabends – besondere Sorgfalt zukommen zu lassen. Die fortlaufende und immer wieder aktualisierte Beziehungs-, Erwartungs- und Aufgabenklärung ist einerseits anstrengend und ungewohnt. Sie ist aber der einzige Weg, Macht- und Rollenunterschiede und die damit verbundenen Konflikte konstruktiv zu lösen und im besten Fall gar nicht erst aufkommen zu lassen.

4.2.9 Die professionelle Haltung der Fachkräfte

Die „pädagogische Haltung" bündelt die vorgenannten Aspekte pädagogischer Professionalität. In (sozial-)pädagogischen, psychologischen und erzieherischen Kontexten gilt die Haltung als zentraler Bestandteil des professionellen Handelns. Im System Schule ist der Begriff der Haltung historisch als Begriff noch nicht so präsent, doch das damit Gemeinte wird schon lange als Herausforderung für die Qualität pädagogischen Handelns beschrieben (siehe Zitat). „In der pädagogischen Theoriediskussion wurde [Haltung] immer wieder mal gebraucht, mal wurden ähnliche Phänomene mit anderen Begriffen deklariert, wie ‚Lehrerpersönlichkeit', ‚Habitus' oder ‚professionellem Selbst'. Haltung erscheint aus dieser Perspektive „als ‚Containerbegriff', der unverbindlich und beliebig mit wechselnden Inhalten gefüllt wird" (Fiegert/Solzbacher 2014, S. 26).

> „Der Lehrer muss selbstreflexiv sein („strenge Aufmerksamkeit auf sein Inneres", „häufiges Gespräch mit sich selbst"), empathisch („psychologisch richtige Schätzung der Fehler der Jugend und das fleißige Zurückversetzen in ihre Lage"), charakterstark („innere Vollkommenheiten des Charakters") und authentisch. Außerdem sollte er pädagogische Autorität ausstrahlen („um Ansehen bei der Jugend zu erhalten, muß der Charakter des Lehrers so seyn, daß er derselben Achtung abnöthiget"). Diese Haltungen oder Merkmale können (…) sowohl erworben werden („eine erworbene Vollkommenheit", „durch strenge Aufmerksamkeit auf sein Inneres, durch Bewahrung seiner Triebe, durch häufiges Gespräch mit sich selbst") als auch angeboren sein („von der Natur empfangen") (Fiegert/Solzbacher 2014 mit Bezug auf einen Enzyklopädieartikel aus dem 19. Jahrhundert).

Haltung – eine Definition

Auch in der Beratung und Gesprächsführung bleibt häufig offen, wie eine propagierte Haltung genau zu definieren und woran zu erkennen ist, dass jemand genau mit der proklamierten Haltung berät. In der Aus- und Weiterbildung von Fachkräften mit dem Fokus Kommunikation war es jedoch notwendig, die Reflexion einer professionellen Haltung zu integrieren. Bei der Entwicklung geeigneter Trainingsmethoden (Bartscher 2019b) kristallisierte sich dann zunehmend eine Arbeitsdefinition heraus. Haltung „rahmt" – so meine Definition – professionelles methodisches Handeln durch Werte, Einstellungen und motivationale Aspekte. Konkret heißt das (vgl. Abb. 14):

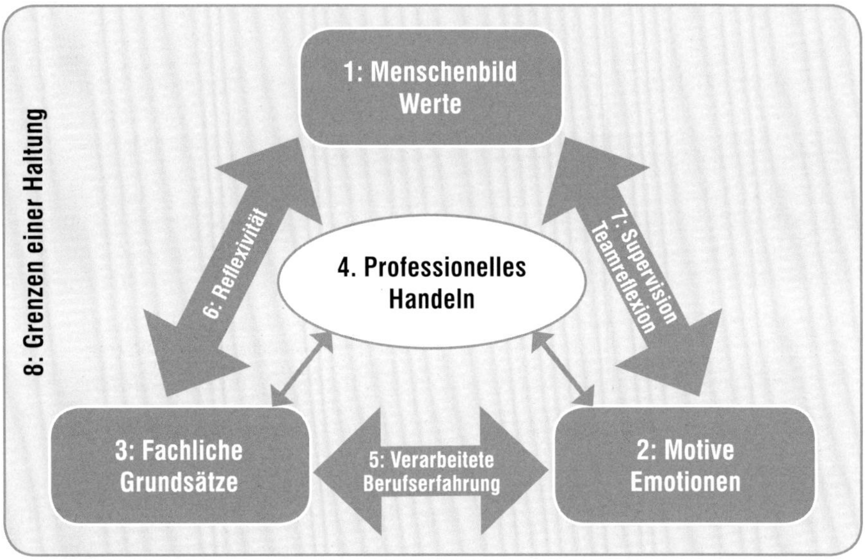

Abb. 14: Übersicht „Professionelle Haltung" (eigene Darstellung)

- Hinter Haltungen verbergen sich Menschenbilder, theoretisch (z.B. anthropologisch) begründete oder intuitive Annahmen darüber, was „den Menschen" ausmacht (1). Viele Konzepte sind sich z.B. einig, dass es zum Wesen des Menschen gehöre, dass in ihm Potenziale verborgen sind, die er nutzen kann, um seine Probleme zu lösen. Ebenso verbergen sich in einer Haltung ethische Prinzipien und Werte. Grundsätze wie das Prinzip der Würdigung, des Respekts vor der Autonomie des anderen oder das Prinzip der Ressourcenorientierung sind nicht nur taktisch eingesetzte „Techniken", sondern schaffen zugleich Basis und Rahmen des methodischen Handelns.
- Hinter Haltungen verbergen sich Motive und Emotionen (2). Das Gefühl der Verbundenheit mit anderen Menschen kann gute pädagogische Arbeit inspirieren, ebenso das Vertrauen in sich und andere. Es kann ebenso die Hoffnung auf eine gute Entwicklung eines Kindes auch unter schwierigsten Bedingungen oder das „sich gegenseitig mögen" zwischen Fachkraft, Eltern und Kindern und Jugendlichen bestärken. Zu den Emotionen im beruflichen Handeln gehören aber auch Ängste, Wut und Verunsicherung, mit denen es professionell umzugehen gilt.

- Haltungen basieren auf intuitiven und theoretischen Grundannahmen und fachlichen Grundsätzen (3). Hier gelten sowohl die impliziten, in der eigenen Biografie erworbenen Glaubenssätze als auch durch Lernprozesse erworbene und übernommene theoretische Konstrukte (z. B. pädagogische oder psychologische Theorien).
- Aus Haltungen lassen sich professionelle Handlungen (4) ableiten. Haltungen begründen ein bestimmtes professionelles Verhalten, und aus einer bestimmten Haltung heraus sind andere Verhaltensweisen abzulehnen. Alles das, was im Kontext von Bildung und Erziehung als Methode oder Handwerkszeug bezeichnet wird, ist Verhalten, das sich aus einer Haltung ableitet. Und jedes pädagogisch oder psychologisch begründete Konzept definiert, welche Verhaltensweisen zu ihrem Methodenkodex gehören – und welche nicht.
- Die Entwicklung einer professionellen „Haltung“ ist nie abgeschlossen. Die Begründer der motivierenden Gesprächsführung William Miller und Stephen Rollnick haben dazu bemerkt: Wenn man darauf warte, die „richtige Haltung“ zu haben, bevor man professionell arbeiten könne, dann müsse man vielleicht sein ganzes Leben darauf warten (Miller/ Rollnick, S. 30). Insofern kommt dem Prozess der Haltungsentwicklung als lebenslangem Entwicklungsprozess eine hervorragende Bedeutung zu.
- Haltungen beruhen auf beruflichen Erfahrungen (5), die unterschiedliche Effekte haben können: mehr Gelassenheit, mehr Selbstvertrauen, vertiefte Kenntnisse und mehr; allerdings auch möglicherweise Borniertheit oder die Verfestigung ideologischer Denkweisen.
- Insofern kommt der Reflexivität (6) als fortwährender Überprüfung und Auseinandersetzung der beruflichen Erfahrungen mit den unterschiedlichen Haltungsaspekten besondere Bedeutung zu. Der Psychologe Julius Kuhl hat darauf aufmerksam gemacht, dass es wesentlich zu einer professionellen Haltung gehört, sich nicht blind von seinen unmittelbaren Reaktionen leiten zu lassen. Erst die reflexive Verarbeitung der eigenen Impulse führe zu einer professionellen Reaktion (vgl. Kuhl 2001). Hier zeigt sich, dass das häufig vorkommende Missverständnis von Intuition als „unmittelbar reagieren können“ (Eltern sollten z. B. mehr ihrer Intuition folgen, so wird häufig gefordert) sehr problematisch ist. Heinz Erhard sagte zu dieser Frage einmal in seiner lebensklugen und humorvollen Art: „Glauben Sie nicht alles, was sie denken!“
- Dieser Prozess ist kaum allein zu bewältigen. Denn allein kann es nicht gelingen, blinde Flecken zu entdecken, unbewusste Reaktionen aufzuspüren und zu verstehen, aber auch möglicherweise Selbstzweifeln und resignativen Gefühlen zu entkommen. Insofern gehören zur Arbeit an der

eigenen Haltung kollegiale Reflexionsprozesse, ebenso jegliche Formen professioneller Beratung und Supervision (7).

Nicht zuletzt – zumindest ist dies meine Hypothese – hat jede Haltung auch ihre Grenzen (8). Respekt der Autonomie und andere Werte finden ihre Grenzen in personaler Gewalt. Es mag mir durchaus unmöglich sein, eine bestimmte Person und ihr Verhalten zu würdigen. Ressourcenorientierung kann angesichts extrem schwieriger Problemkonstellationen zur Farce werden. Vertrauen in eine andere Person kann schwer enttäuscht werden, und das Vertrauen in sich selbst mag angesichts misslingender Beratungsbeziehungen erschüttert sein. Doch erst die Anerkennung dieser Grenzen („Okay, da habe ich mich getäuscht" oder „Bei allem Respekt: Hier kann ich nicht mehr mitgehen") schützt Fachkräfte vor der Hybris der Allmacht.

Definition Haltung

Eine Haltung basiert auf einem Menschenbild und den damit verbundenen Werten. Hinzu kommen zum einen persönliche Motive des Handelns und die das Handeln begleitenden Emotionen, zum anderen in professionellen Lernprozessen erworbene fachliche Grundsätze, Theorien und Prinzipien. Diese als Einstellungen zu charakterisierenden normativen Imperative leiten das professionelle Handeln in Form von Methoden und Arbeitstechniken. Jedoch gibt es für jede Haltung auch Grenzen bzw. Grenzsituationen. „Eine Haltung haben" bedeutet in der Summe der vorgenannten Punkte, sich auf einen permanenten reflexiven Prozess einzulassen, in dem Fachkräfte eine Kongruenz zwischen den genannten unterschiedlichen Ebenen – also einen Einklang von Werten, Grundsätzen, Emotionen, Motiven und Verhalten – anstreben.

Signifikante Haltungsaspekte

Für gelebte Bildungs- und Erziehungspartnerschaften ist die Arbeit an der eigenen Haltung von zentraler Bedeutung. Eine durch Wertschätzung, Ressourcenorientierung und Lösungsorientierung geprägte Grundhaltung schafft in der Schule ein Klima, das einlädt, motiviert, bildend wirkt. Fachkräften, die selbst unter Leistungs- und Erwartungsdruck stehen, die Entwicklungen einschätzen, Leistungen bewerten, Verhalten beurteilen müssen, fällt es mitunter schwer, umzuschalten und eine so skizzierte Haltung einzunehmen.

Eine professionelle Haltung zeigt sich gerade in herausfordernden Situationen, in belastenden Gesprächen und mit „schwierigen" Eltern. Professionell zu handeln bedeutet, sich von persönlichen Sympathien und Antipathien zu lösen und sich im persönlichen Kontakt Zugänge auch zu solchen Eltern zu erarbeiten, die sich unnahbar, aggressiv, anklagend oder verweigernd verhalten.

Aspekte einer Grundhaltung

Der Erziehungswissenschaftler und Theologe Remy Storck plädiert im Hinblick auf die Arbeit mit Eltern in Schulen für folgende Aspekte einer Grundhaltung (vgl. Storck 2010, S. 430 ff.):

- „Die Eltern sind die ersten Bildungsexperten ihrer Kinder.“
- „Die Schule hat Respekt vor der Leistung und den Werten der Eltern.“
- „Die Schule ist milieusensibel.“
- „Fachkräfte sind sensibel für die Notlagen und Konflikte und bemühen sich um gelingende Anfänge der Zusammenarbeit, d.h. um den Kontaktaufbau und den Beginn des Dialogs.“
- „Wir können voneinander und miteinander lernen.“

Folgende Aspekte sind weiterhin von herausragender Bedeutung:
Wertschätzung: Hier gilt es, zunächst das Missverständnis auszuräumen, dass Wertschätzung mit allzeit freundlich-fröhlichem Verhalten gleichzusetzen ist. Eine wertschätzende Grundhaltung ist etwas völlig anderes als „nettes Verhalten“. Nett zu sein impliziert, Probleme zwar wahrzunehmen, aber nicht anzusprechen. Wertschätzung bedeutet dagegen, auch schwierige Probleme aus der Haltung der Verbundenheit so auszudrücken, dass es dem Gesprächspartner möglich wird, die Perspektive des Sprechenden wahrzunehmen und eigene Sichtweisen damit zu verbinden. Diese Haltung ermöglicht Kommunikation auch in schwierigen Situationen und sie unterstützt die Suche nach gemeinsamen Lösungen.

Wertschätzung

Wertschätzung bedeutet auch,

- eine fremde Lebenswelt eines Gegenübers neugierig zu erkunden,
- eigene Unsicherheiten zu benennen,
- eigene Missstimmungen und Gefühle anzusprechen, um dem Gesprächspartner eine negative Atmosphäre verständlich zu machen, und
- Probleme offen und konstruktiv zu benennen.

Ressourcenorientierung: Zu einer hilfreichen Grundhaltung gehört das Prinzip der Ressourcenorientierung. Ressourcenorientierung richtet sich gegen die in Schulen vorherrschende Fehlerorientierung. Diese beginnt bei der Beachtung von Regelverstößen (anstatt der Achtsamkeit für regelkonformes Verhalten Vorrang zu geben) und endet längst nicht bei der Bewertungslogik von Prüfungen und Arbeiten. Ein Beispiel: Fehler werden rot angestrichen, statt alles Richtige grün zu markieren.

Es ist nicht so, dass es in der Schule kein positives Feedback gebe, doch hat z. B. der Rehabilitationsforscher Christian Huber bei seinen Forschungen zur schulischen Integration festgestellt, dass sozial gut integrierte Schülerinnen und Schüler sehr viel mehr positives Feedback erhalten als schlecht integrierte Schülerinnen und Schüler. Lehrkräfte könnten „durch eine Steigerung positiver und eine Reduzierung negativer Rückmeldungen im Hinblick auf einen schlecht sozial integrierten Schüler eine günstige Entwicklung der sozialen Integration anstoßen" (Huber 2011, S. 32). Das Gleiche gilt mit Sicherheit für Eltern, mit deren Kindern es auf irgendeine Art Probleme gibt. Wenn auch die Eltern mehr positive Informationen als kritische Rückmeldungen zu ihrem Kind erhielten, könnten entsprechende Klärungsprozesse weitaus reibungsärmer ablaufen.

Ressourcenorientierung

Ressourcenorientierung bedeutet z. B.,

- eher auf vorhandene Stärken zu achten statt auf Schwächen bzw. Problemverhalten;
- die erkannten positiven Seiten auch im Kontakt mit Eltern und Kind zu benennen und so den Aufbau von Vertrauen zu ermöglichen;
- bei der Suche nach Lösungen eines Problems nach Potenzialen eines Kindes oder der Familie zu suchen und diese zu nutzen;
- eher positives Verhalten anzuerkennen, als unerwünschtes Verhalten zu sanktionieren;
- sich im Kollegium für ein Kind starkzumachen, das als schwierig gilt.

Klarheit und Präsenz: Erfahrungsgemäß gibt es in Weiterbildungen hinsichtlich der vorgenannten Punkte häufig eine „Gegenreaktion". Der Glaube an „das Gute im Menschen" ist meist nicht so ausgeprägt, dass Fachkräfte ausschließlich darauf vertrauen wollen. In der Praxis erleben sie tatsächlich viele reibungsvolle Konflikte und Situationen, die sich nicht (ausschließlich) durch die vorgenannten Prinzipien lösen lassen. Und tatsächlich fehlt etwas, das ich heute am liebsten mit „Klarheit" und „Präsenz" bezeichne. Paten dieses Gedankens waren der Schweizer Psychologe Christoph Thomann mit seiner „Klärungshilfe" (*http://www.klaerungshilfe.de/was*), der den Satz „Klarheit geht vor Schönheit und Harmonie" prägte, und der israelische Psychologe Haim Omer, der als Leitbild guter Elternschaft den Begriff der „Präsenz" favorisiert und damit alte Leitbilder elterlicher Autorität verabschieden konnte.

Klarheit und Präsenz

Klarheit und Präsenz bedeuten z. B.,

- nicht um den heißen Brei herumzureden, sondern insbesondere schwierige Themen klar anzusprechen,
- eigene Werte, Interessen und Bedürfnisse eindeutig zu benennen,
- sich nicht hinter Institution und Hierarchie zu verstecken, sondern Position zu beziehen,
- transparent zu handeln,
- entscheiden zu können und Entscheidungen zu begründen, ohne zu diskutieren.

Eine Grundhaltung, die auf den von Storck genannten Punkten sowie auf Wertschätzung, Ressourcenorientierung, Klarheit und Präsenz beruht, kann erlernt, geübt und vertieft werden – hierfür bietet sich die Arbeit in Intervisionsgruppen, in kollegialen Fallberatungen und in speziellen Weiterbildungen an. Sie ist elementare Grundlage der Bildungs- und Erziehungspartnerschaft. Hier sind zunächst nur einige zentrale Haltungsaspekte angesprochen worden, das Thema wird im zweiten Band aufgegriffen und vertieft.

4.2.10 Vernetzen/Planen

Thierschs Maxime passt ganz besonders gut zur Entwicklung von Bildungs- und Erziehungspartnerschaften, denn diese bringen durch die erhöhten und differenzierten Anforderungen einen Bedarf an Planung, Vernetzung und Kooperation mit sich. Die Praxis in vielen Schulen zeigt heute schon häufig, dass – auch über Bildungs- und Erziehungspartnerschaften hinaus – die vielfältigen Ziele und Aktivitäten zu einem unsystematischem „Nebeneinander unterschiedlicher Arbeitsansätze, zu einem Gegen- und Nebeneinander, in dem Kräfte überflüssig verschlissen werden, die, wären sie effektiv koordiniert, sicher eine beträchtliche Leistungssteigerung in den Angeboten ergäben" führen. (Thiersch 2014, S. 32). Lebensweltorientierte Arbeit bedeutet neben dem vernetzten Arbeiten vor allem auch Planung. Sacher sagte einmal, dass weder impressionistische noch parentokratische (die Eltern bestimmen, wo es langgeht) Formen der Elterneinbindung sinnvoll seien (Sacher 2007, S. 36); vielmehr gehe es um die systematische, langfristige Planung und Umsetzung der Verbesserung der Zusammenarbeit mit Eltern. Mit einem Wort: Schulentwicklung! Mehr dazu im Kapitel 5.

5 Lebensweltorientierte Zusammenarbeit mit Eltern – Qualitätsmerkmale

In diesem Kapitel werden die Argumentationsstränge und die daraus abgeleiteten Folgerungen zu Qualitätsmerkmalen der Bildungs- und Erziehungspartnerschaft gebündelt. Während der Begriff der Lebensweltorientierung, wie er im vorigen Kapitel entfaltet wurde, eher für den professionell orientierten Fachdiskurs „über" die Zusammenarbeit mit Eltern hinsichtlich pädagogischer Professionalität steht, markiert der Begriff der „Bildungs- und Erziehungspartnerschaft" ein schulprogrammatisches Leitbild, das mit Eltern kommuniziert wird und sich im Schulprogramm und auf der Homepage der jeweiligen Schule prominent wiederfindet. Die Botschaft an Eltern (und ihre Kinder) lautet: „Wir wollen partnerschaftlich in Bildungs- und Erziehungsfragen zusammenarbeiten!"

5.1 Der Begriff „Bildungs- und Erziehungspartnerschaft" – das „Für und Wider"

Meine Entscheidung für „Bildungs- und Erziehungspartnerschaft in Schulen" als Obertitel der beiden Bände ist auch einer Identifikation mit Repräsentanten einer schon länger währenden Fachdebatte entsprungen. Im Rahmen eines NRW-Modellprojektes zur schulischen Elternarbeit, an dem ich von 2009 bis 2010 mitgearbeitet habe, entschieden sich die Projektpartner für diesen damals aufkommenden Begriff (Bartscher u. a. 2010, S. 13 ff.), anknüpfend an den Vorschlag von Hellmann (2004). Waldemar Stange veröffentlichte dann mit Mitstreitenden ein zweibändiges Handbuch (2012), und Sacher entschied sich bei der überarbeiteten Neuauflage seines Buches aus dem Jahr 2008 ebenfalls für den Titel „Bildungs- und Erziehungspartnerschaft" (Sacher 2014).

Gemeinsam hatten alle das Interesse, den bis dahin etablierten Begriff „Elternarbeit" zu überwinden, der zunehmend als diskriminierend empfunden wurde (vgl. Sacher 2014, S. 24 f.). In dem Diskurs um eine besser geeignete Begrifflichkeit wurden und werden unterschiedliche Vorschläge gemacht, die ein Leitbild für die konstruktive Zusammenarbeit mit Eltern formulieren wollen. Alle suchen nach einem Code für qualitative Merkmale in der Zusammenarbeit zwischen Lehrkräften bzw. Fachkräften, Eltern und Schülerinnen und Schülern.

Der Begriff der Bildungs- und Erziehungspartnerschaft wurde verschiedentlich kritisch infrage gestellt, u. a. weil er ein naives Verständnis von Kooperation suggerieren könnte (vgl. Betz 2015 und die Replik von Sacher 2018). Die Auswahl eines programmatischen Begriffes ist allerdings nur eine Seite einer Medaille. Ausschlaggebend ist viel mehr seine Konkretisierung durch Qualitätsmerkmale. Doch letztendlich legitimiert sich ein Leitbild immer nur durch die gute Praxis der Akteure, die sich ihm verschreiben.

Folgende Kritikpunkte werden in den Diskussionen um Bildungs- und Erziehungspartnerschaften immer wieder genannt. Sie liefern Hinweise auf notwendige Qualitätsmerkmale und Ansprüche für die Zusammenarbeit von Elternhaus und Schule.

- *Naives Verständnis von Partnerschaft:* Der Begriff könne einen unreflektierten Umgang mit den unterschiedlichen Aufgaben, Rollen und Rechten der Kooperationspartner kaschieren. Ein naives Verständnis von Partnerschaft könne suggerieren, dass man gleichberechtigt kooperiere, „auf Augenhöhe", wie es vielmals postuliert wird (vgl. Betz u. a. 2017, Wischer und Katenbrink 2017; Beyer 2018). Aus dem gemeinsamen Wunsch, ein Kind gut zu fördern, sind aber nicht automatisch gleiche Interessen abzuleiten. Ich sage dazu: Ohne die Achtsamkeit für diese Aspekte der Kooperation, ohne Klarheit in den Rollen und ohne die Anerkennung der Machtunterschiede misslingt Kooperation besonders dann, wenn es zu Schwierigkeiten und Konflikten kommt.
- *Mangelnde Einbeziehung von Kindern und Jugendlichen:* Wenn Eltern und Lehrkräfte über deren Kopf hinweg agieren, kann das den subjektiven Interessen der Schülerinnen und Schüler widersprechen; dann werden sie, das zeigen unterschiedliche Forschungsergebnisse (Sacher 2014, S. 177 ff.; Betz 2015; 48 ff.), die Kooperation im Rahmen ihrer Möglichkeiten untergraben.
- *Fehldeutungen der Forschungsergebnisse zur Bedeutung der familiären Wirkfaktoren:* Wenn die Erkenntnis, wie bedeutsam der Anteil familiärer Faktoren an gelingender Bildung ist, als Schuldzuschreibung für mangelnden Schulerfolg an die Eltern und gleichzeitig als Entlastung für Defizite in der Lehrerkompetenz und im Schulsystem benutzt wird, wird die Idee einer Bildungs- und Erziehungspartnerschaft pervertiert.
- *Bildungs- und Erziehungspartnerschaft als Überforderung von Eltern:* Nach diesem Kritikmuster erfordert eine Bildungs- und Erziehungspartnerschaft Mütter und Väter, die nur vormittags arbeiten und sich ansonsten rund um die Uhr voll motiviert um die Entwicklung ihrer Zöglinge kümmern. Diese Kritik gilt zu Recht, wenn die individuellen Voraussetzungen von Eltern und auch ihre unterschiedliche Bereitschaft, sich zu engagieren, nicht wahrgenommen und akzeptiert werden, sondern allge-

meine Beteiligungsstandards gesetzt werden, wie dies in der Praxis allzu häufig der Fall ist. Auch hierdurch wird Exklusion auf der Elternebene verstärkt.

5.2 Legitimationen für Bildungs- und Erziehungspartnerschaften

Die Notwendigkeit der Zusammenarbeit mit Eltern wird u. a. damit begründet, dass sie in den verschiedenen Schulgesetzen verankert ist. Doch wichtiger als dieser formale Hintergrund sind inhaltliche Begründungen. Wenn es um qualitative Ansprüche in Richtung von Bildungs- und Erziehungspartnerschaften geht, identifiziert der Sozialwissenschaftler Waldemar Stange neun verschiedene Legitimationsmuster (Stange 2012, S. 15 ff.):

- Weil Eltern so wichtig für Bildung sind, ist es wichtig, sie partnerschaftlich einzubeziehen.
- Durch die verstärkte Institutionalisierung von Kindheit in Tageseinrichtungen und Ganztagsschulen ist es umso notwendiger, Eltern einzubeziehen, weil sich der Abstimmungsbedarf erhöht.
- Die steigenden gesellschaftlichen Anforderungen an Eltern und Familien machen ihre intensive Unterstützung notwendig.
- Der volkswirtschaftliche Nutzen der Kinderbetreuung lässt den Faktor Eltern verstärkt in den Fokus geraten.
- Der Diskurs über die Vereinbarkeit von Beruf und Familie erfordert mehr Kooperation der Bildungseinrichtungen mit den Eltern.
- Die Resilienzforschung sensibilisiert für zusätzliche sozialökologische Netzwerkpartner in Erziehungs- und Bildungspartnerschaften.
- Erziehungs- und Bildungspartnerschaften sind sinnvoll, weil sie wirksam sind (aufgrund empirischer Erkenntnisse).
- Erziehungs- und Bildungspartnerschaften sind rechtlich geboten.
- Gelingende Bildungs- und Erziehungspartnerschaften sparen Kosten.

Für meine Arbeit war und ist das erste Argument das wichtigste. Die Bildungsbedeutung des familiären Systems macht es unverzichtbar, möglichst alle Eltern aktiv in den Bildungsprozess einzubeziehen. Unterfüttert wird dieses Argument durch die Erkenntnisse der Bildungsforschung: Wenn die Zusammenarbeit gut gemacht wird, kann sie entsprechende Erfolge erbringen. Und nicht zuletzt überzeugt mich auch das Argument, dass Bildungseinrichtungen aufgrund der Komplexität moderner Bildung auf Partner im Stadtteil und in der Region angewiesen sind. Alle anderen Begründungen sollen nicht abgewertet werden. Jede Fachkraft wird für ihre Arbeitszusammenhänge andere Argumenten favorisieren.

P

Beispiel aus der Praxis: Wie kann gute Zusammenarbeit erfolgreich sein?
Ich war häufig mit Situationen konfrontiert, in denen Eltern heranwachsender Schülerinnen und Schüler in die Beratung kamen, weil der ***Verbleib an der weiterführenden Schule gefährdet*** war (meist an Gymnasien oder Realschulen). Meine Beratung konnte immer dann zu guten Entwicklungen beitragen, wenn sich alle Beteiligten (Eltern, Schüler, Lehrkraft, vielleicht unter Einbeziehung einer Fachkraft für Schulsozialarbeit) auf eine gemeinsame Lösungssuche machten, konkrete Vereinbarungen erarbeiteten, diese in Folgegesprächen überprüften und so lange intensiv kooperierten, bis sich die Situation stabilisiert hatte. Wenn es zu einem Schulwechsel kam, war es für die weitere Entwicklung immer besser, wenn diese Entscheidung gemeinsam erarbeitet und von allen akzeptiert wurde, statt dass Eltern und Schüler vor die Entscheidung der Schule gestellt wurden oder dass Eltern mit ihrem Kind allein die Entscheidung trafen und – in der Regel frustriert – die Schule wechselten.
Eine andere typische Fallkonstellation ergibt sich in der Zusammenarbeit ***zu Beginn der Schulzeit eines Kindes***; vor allem dann, wenn aus Sicht der Schule oder der Eltern Lernprobleme, Verhaltensprobleme oder soziale Probleme auftreten. Wenn alle Beteiligten von Anfang an eng im Austausch sind, eine lösungs- und ressourcenorientierte Haltung zeigen und kleinschrittig nach Lösungen suchen, ist dies meist erfolgreich und kommt dem Schulerfolg des Kindes zugute, ggf. unter Zuhilfenahme externer Beratung und Hilfe. In der Begleitung von Eltern und ihren Kindern habe ich allzu oft erleben müssen, dass dies nicht gelang. Ich werde nie den Satz einer Lehrkraft, die minutiös das Fehlverhalten eines Kindes im Mitteilungsheft an die Eltern aufgelistet hatte, vergessen. Sie antwortete auf meine Anregung, auch die positiven Situationen zurückzumelden: „Dazu habe ich keine Zeit." Wenn Kinder, die zu Beginn in der Schule nicht gut klarkommen, nicht sehr kurzfristig passgenaue Unterstützung erhalten, entwickeln sich, so bezeichneten das Hammer Kinderärzte in einem Gespräch, „sekundäre Störungen". Ein Kind, das sich zu Schulbeginn noch nicht gut konzentrieren kann, entwickelt im ungünstigsten Fall sehr schnell ein aggressives Verhalten, ein Kind mit Schwierigkeiten im Rechnen und Schreiben eine Schulphobie. Glücklicherweise durfte ich viele Prozesse begleiten, in denen es besser lief.
Die Stötznerschule in Oberhausen reagierte vorbildlich und kreativ auf folgendes Problem: Eltern von Kindern, bei denen es Probleme in der Schule gab, berichteten, dass sie immer Panik bekämen, wenn die Schule anrufe. Die Lehrkräfte riefen immer nur dann an, wenn es nicht gut laufe, und dann sei klar, dass der Anruf neue Hiobsbotschaften transportiere (aus meiner Sicht übrigens mehr als nachvollziehbar, dass Eltern dann vielleicht nicht ans Telefon gehen). Doch die Schule ließ sich anregen, ***Postkarten mit positiven und aufmunternden Botschaften*** zu produzieren und Eltern und Kindern in schwierigen Phasen immer dann eine Karte zu schreiben, wenn es gut lief. Der Schulleiter berichtete mir Jahre später, dass ihm ein Schüler bei einem Hausbesuch voller Stolz eine solche Postkarte gezeigt hatte, die seit Monaten auf seinem Nachttisch lag.

Es reicht jedenfalls nicht, allein auf den rechtlichen Aspekten aufzubauen. Wenn Elternbeteiligung unter partizipativem Blickwinkel betrachtet wird, ist es das Recht der Eltern, sich zu beteiligen, doch haben sie eben auch das Recht, sich nicht zu beteiligen. Ihre mangelnde Beteiligung können Fachkräfte beklagen, doch ist sie nicht einklagbar.

In dieser Frage kommt es regelmäßig zu ungeklärten Erwartungen und konflikthaften Verstrickungen hinsichtlich der Rechte und Pflichten, die je nach Interpretation der Rechtslage ausgelegt werden. Selbst wenn man so weit geht, eine Kooperationsverpflichtung von Eltern aus dem Grundgesetz abzuleiten (vergleiche Bartscher/Sacher 2020), bringt dies in der Praxis wenig. Denn alle Versuche, Eltern zur Mitwirkung zu verpflichten, werden in der Regel scheitern. Eine Verpflichtung wird eher Widerstand erzeugen als eine Motivation zur Kooperation. Allerdings möchte ich darauf hinweisen, dass viele Schulen gute Erfahrungen gemacht haben, Eltern bereits bei den Aufnahmegesprächen der Kinder um eine Unterschrift unter eine entsprechende Vereinbarung zur Zusammenarbeit zu bitten. Dieses Dokument zeigt sich als hilfreich, wenn ein Konfliktfall eintritt, löst aber nicht alle Probleme.

Grundsätzlich besteht die zentrale kommunikative Herausforderung darin, Eltern überzeugend in die Zusammenarbeit einzubinden und sie zu motivieren, sich im Rahmen ihrer Möglichkeiten in Schule einzubringen. Insofern liegt das stärkste Argument für Bildungs- und Erziehungspartnerschaften sicher darin, dass nur durch eine gute Zusammenarbeit mit Eltern die Bildung der Kinder gelingen kann – insbesondere dann, wenn die Entwicklung eines Kindes oder Jugendlichen in irgendeiner Weise gefährdet ist. Somit ist sie ein programmatischer Anspruch, den es kontinuierlich in die Praxis umzusetzen gilt und der sich stets im Einzelfall zu bewähren hat.

5.3 Kooperationspartner der Bildungs- und Erziehungspartnerschaft

Das folgende Schaubild (Abb. 15) zeigt idealtypisch die Akteure der Bildungs- und Erziehungspartnerschaft. Neben Schülerin und Schüler sowie den Eltern und der Lehrkraft als die zentralen Akteure gehören innerhalb der Schule auch Schulsozialarbeiter und die Schulleitung zu den Partnern. Bei den komplexen Ausgangsbedingungen und gleichzeitig den anspruchsvollen Zielen der Partnerschaft ist es jedoch auch notwendig, externe Partner der Schule systematisch mitzudenken. Dies können Beratungsstellen und Akteure der Familienbildung sein. Möglicherweise gehört auch das Jugendamt dazu, zum Beispiel um Hilfen zur Erziehung zu vermitteln oder gegebenenfalls auch eine Kindeswohlgefährdung abzuwenden. Daneben bieten die unterschiedlichsten Akteure im Sozialraum oder in der weiteren Region Potenziale für Synergien (mehr in Kap. 5).

Aufseiten der Familie gehören nicht nur die Eltern und Kinder zur Partnerschaft. Moderne Familienkonstellationen können ausgesprochen vielfältig sein (vgl. Kap. 3). Wichtig ist es, die Rechte der Sorgeberechtigten zu beachten und nicht über deren Kopf hinweg zu agieren. Familienmitglieder können eine große Ressource darstellen, wenn z. B. Großeltern Arbeitsgemeinschaften in der Schule betreuen oder als Lesepaten aktiv sind.

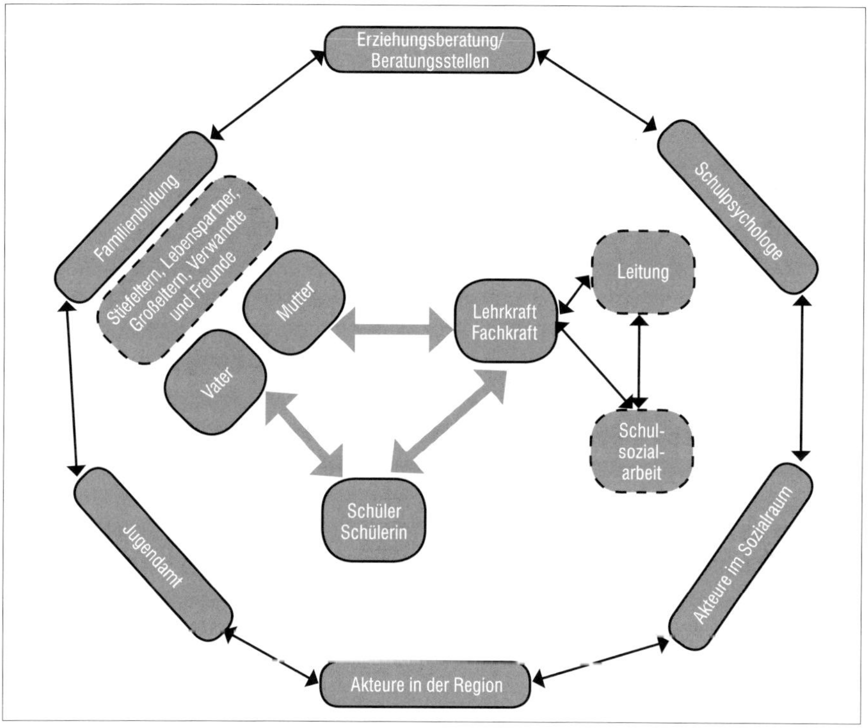

Abb. 15: Beteiligte von Bildungs- und Erziehungspartnerschaften (eigene Darstellung)

5.4 Bereiche der Zusammenarbeit

Die Zusammenarbeit in der Bildungs- und Erziehungspartnerschaft erstreckt sich auf folgende Bereiche:

- *Entwicklungszusammenarbeit:* Eltern, Schülerinnen und Schüler sowie Lehrkräfte arbeiten kontinuierlich zusammen, damit sich jedes Kind im Rahmen seiner Möglichkeiten und Potenziale bestmöglich entwickelt.

Dazu gehören der informelle Austausch zwischen Lehrkräften und Eltern, gemeinsame Entwicklungs- und Zielvereinbarungsgespräche, Gespräche bei Elternsprechtagen (bei denen in der Regel die Schülerinnen und Schüler anwesend sein sollten) und besonders intensive Kommunikationsphasen, wenn die Entwicklung eines Kindes durch Lernschwierigkeiten oder Verhaltensprobleme gefährdet ist. Ebenso ist Kommunikation notwendig, wenn die Kinder oder die Eltern Probleme in der schulischen Situation wahrnehmen (Lehrerverhalten, soziale Situation in der Klasse) und dies mit den Lehrkräften klären wollen.

- *Zusammenarbeit bei der Gefährdung des Kindeswohls:* Ein Sonderfall der Entwicklungspartnerschaft sind jene Klärungsprozesse, wenn schulische Akteure in der Familie eine Gefährdung des Kindeswohls vermuten und dies mit dem betroffenen Kind und den Eltern aufklären und gegebenenfalls Hilfen zur Beseitigung der Gefährdung einleiten. Letztendlich kann es hier auch zu Gefährdungsmitteilungen an das örtliche Jugendamt kommen, wenn die Eltern nicht kooperationsbereit sind bzw. gegebenenfalls eingeleitete Hilfen nicht den gewünschten Erfolg bringen. Umgekehrt kann die Gefährdung durch schulische Akteure oder innerschulische Prozesse den Bedarf nach intensiver Zusammenarbeit mit sich bringen.
- *„Heimbasierte" Zusammenarbeit zur Stärkung des Bildungsortes Familie:* Neben der Entwicklungspartnerschaft ist die heimbasierte Kooperation das Herzstück der Bildungs- und Erziehungspartnerschaft. Schulische Akteure entwickeln (in Zusammenarbeit mit geeigneten Kooperationspartnern) Informations- und Bildungsangebote für Eltern, bei Bedarf auch Beratungs- und Unterstützungsangebote, mit denen Eltern in der Gestaltung des Bildungsortes Familie unterstützt werden.
- *„Schulbasierte" Zusammenarbeit zur Gestaltung des Bildungsortes Schule:*
  - Die Kooperation in den gesetzlich vorgeschriebenen Mitwirkungsgremien dient zunächst als Informationsplattform für die Eltern und für alle Mitteilungen über die Entwicklung der Schule, ebenso zur Entscheidungsfindung in Fragen, in denen Eltern zu beteiligen sind. Die Beteiligungsgremien bieten den Eltern Raum, eigene Initiativen zur Gestaltung der Schule und des Schullebens zu starten.
  - Zur „schulbasierten" Zusammenarbeit gehören weiterhin alle Kooperationsformen, in denen sich Eltern über die gesetzlichen Gremien hinaus in der Schule engagieren, um die Schule räumlich mitzugestalten oder um Lern-, Förder- und Beschäftigungsangebote zu unterstützen.
  - Nicht zuletzt gehören auch Unterstützungsangebote für andere Eltern, zum Beispiel in Form von Patenschaften, Dolmetscherleistungen oder Tätigkeiten als Multiplikatoren, zu dieser Kooperationsform.

5.5 Bildungs- und Erziehungspartnerschaft: Kooperation nach Bedarf und nach Ressourcen

Das Leitbild der „Bildungs- und Erziehungspartnerschaft" impliziert keine maximale, sondern eine den Beteiligten angemessene und realistische Kooperation. Insofern kann die Zusammenarbeit in sehr unterschiedlicher Intensität gelingen. Ausschlaggebend sind einerseits die Zufriedenheit der Beteiligten und andererseits der Bedarf, der sich aus der Entwicklung des jeweiligen Kindes bzw. Jugendlichen ergibt. Zu der Intensität der Zusammenarbeit gibt es einige empirische Daten.

Zahlen – Daten – Fakten

Zahlen – Daten – Fakten

Interessante Befunde ergeben sich aus der Elternbefragung im Rahmen des Deutschen Schulbarometers (infas 2019). Das Deutsche Schulbarometer ist eine repräsentative Befragung im Auftrag der Robert Bosch Stiftung in Kooperation mit der ZEIT.

- Die Erreichbarkeit der Lehrkräfte wird von den Eltern folgendermaßen eingeschätzt:
  - 83 % können die Lehrkräfte über ihr Kind erreichen, beispielsweise per Zettel oder Brief,
  - 80 % der Eltern können Lehrkräfte über das Schulsekretariat erreichen,
  - 72 % direkt per E-Mail,
  - 69 % über den Klassenlehrer,
  - 58 % direkt per Telefon.
- 59 % der Eltern werden regelmäßige persönliche Elterngespräche angeboten.
- Eltern sehen sich selbst als engagiert in folgenden Bereichen (Mehrfachnennungen möglich):
  - 72 % unterstützen bei Festen und Ausflügen,
  - 19 % sind als Elternsprecher tätig,
  - 13 % sind als Mitglied in einem Gremium aktiv,
  - 10 % sind als Lesepaten aktiv (16 % in der Grundschule, 7 % in der weiterführenden Schule),
  - 3 % leiten eine Schul AG,
  - 23 % engagieren sich nicht.
  - 40 % aller befragten Eltern sehen nicht ausreichende Möglichkeiten, als Eltern an der Schule des Kindes mitzuarbeiten.
  - 18 % aller Eltern meinen, dass an der Schule ihres Kindes zu viel Engagement von den Eltern erwartet wird.
  - Rund ein Viertel (24 %) der befragten Eltern sind der Auffassung, dass Eltern vieles von dem leisten müssten, was eigentlich Aufgabe der Schule ist.

Die Zahlen ergeben Puzzlestücke unterschiedlicher Kommunikationswege und Kooperationsformen, vor allem lässt sich aber ablesen, dass der direkte Austausch zwischen Lehrkraft und Eltern für ca. 80 % aller Eltern zumindest über Zettel, Briefe oder das Schulsekretariat möglich sind. Man könnte meinen, dass 80 % ein guter Wert sind, doch was ist mit den restlichen 20 %? Der direkte Kontakt per Mail oder per Telefon oder indirekt über den Klassenlehrer ist für die Mehrheit der Eltern möglich. Fast 60 % der Eltern haben die Möglichkeit, regelmäßige Gespräche zu führen.

Im Bereich des elterlichen Engagements sind die Beteiligungsquoten deutlich unterschiedlicher: Nur bei Schulfesten engagiert sich der größte Teil der Eltern, ansonsten liegt das Engagement unter 20 %, ein Viertel der Eltern engagiert sich gar nicht.

Sacher (2020) hat sich diesem Thema gewidmet und bietet folgende Struktur zur Analyse der Beteiligungskonstellationen zwischen Elternhaus und Schule an:

- **Unausgewogenes Engagement:** Nach diesem Muster wünscht sich eine der Seiten mehr Engagement, die andere Seite reagiert zurückhaltender.
- **Ausgewogenes Engagement:** Hier sind beide Seiten mit der Intensität der Kooperation zufrieden. Das heißt aber nicht, dass das Engagement hoch sein muss, z. B. wenn alles gut läuft und es keine Anlässe für Kommunikation gibt.
- **Beidseitige Zurückhaltung:** Hier sind Konstellationen gemeint, in denen beide Seiten sich kaum engagieren, damit aber nicht zufrieden sind. Meist spielen hier Frustrationen über Versuche des Engagements eine Rolle, die dann zu einer temporären oder dauerhaft skeptischen Haltung gegenüber einem Engagement führen.
- **Einseitige Blockade:** In diesem Muster gibt es von einer Seite Interesse an Zusammenarbeit, die andere Seite blockiert völlig.

Sacher verweist darauf, dass von vornherein problematisch nur solche Beziehungen sind, „bei denen beide Seiten passiv bleiben oder eine von ihnen Kooperationsbemühungen blockiert bzw. ins Leere laufen lässt" (Sacher 2020, S. 9). Insgesamt verweisen diese Überlegungen darauf, dass nicht die Intensität der Zusammenarbeit ausschlaggebend für ihre Qualität ist, sondern die Aushandlung eines Niveaus, das den Erwartungen der Beteiligten, vor allem aber der spezifischen Entwicklungssituation des betroffenen Kindes und Jugendlichen geschuldet ist.

Konsequenzen für die Intensität der Beziehungsgestaltung

Folgende Kriterien sollten bei der Frage der Intensität der Beziehungsgestaltung berücksichtigt werden:

Zunächst ist entscheidend, wie gut ein Kind sich in der Schule entwickelt. Läuft alles gut, ist vielleicht nur ein Mindestmaß an Austausch und gegenseitiger Information und wertschätzender Rückmeldung notwendig. Darauf ganz zu verzichten ist fatal, wie es z. B. in der Praxis beim Elternsprechtag nicht selten vorkommt, wenn die Eltern eines sich gut entwickelnden Kindes gefragt werden: „Was wollen Sie denn hier?" Diese Eltern haben das gleiche Recht auf Feedback wie die Eltern eines Kindes, das gerade die Lehrkräfte herausfordert; zumal das gute Feedback Eltern in ihrem Engagement weiter bestärken wird. Gerade im Hinblick auf meine Ausführungen zu den vielen Eltern, die sich angesichts der Ratgeberflut in ihrer Erziehungsleistung verunsichert fühlen, sind bestätigende Rückmeldungen nicht zu unterschätzen.

Darüber hinaus gibt es wünschenswerte Beteiligungsbereiche, z. B. Engagement von Eltern bei schulischen Aktivitäten – und dies kann weit mehr sein als der Kuchen, den ein Elternteil zum Schulfest backt, oder ein Einsatz als Lesepate. Auch das Angebot einer Fahrradwerkstatt durch ein kundiges Familienmitglied oder die Tätigkeit einer Mutter als Berufspatin im Übergang zum Beruf sind bereichernd. Hier ist eine Bereitschaft zum Engagement gefordert, sowohl von den Eltern als auch von schulischen Akteuren. Beide müssen die Zeit für die Schulung und Begleitung eines solchen Engagements aufbringen. Und beide Seiten haben möglicherweise gute Gründe, warum das (zurzeit) nicht geht.

Insofern kommt der Aushandlung des Engagements gerade zu Beginn eines Bildungsabschnittes (aber auch zwischendurch) eine enorme Bedeutung zu, um nicht durch unausgesprochene und ungeklärte Erwartungen Missmut entstehen zu lassen. Fachkräfte sollten deshalb insbesondere am Anfang der Schullaufbahn an der jeweiligen Schule ausreichend Zeit in die Klärung der Kooperation und den Beziehungsaufbau investieren. Gerade dann, wenn es im Laufe der Zeit zu Problemen mit einem Kind kommen sollte, bewährt es sich, wenn Lehrkräfte auf ein gutes Kommunikationsklima zurückgreifen und die Klärung eines Konflikts darauf aufbauen können. Wenn es Probleme gibt, ist natürlich eine intensivere Kooperation notwendig, auch wenn ggf. nur wenige Zeitressourcen zur Verfügung stehen.

5.6 Qualitätsmerkmale für Bildungs- und Erziehungspartnerschaften

In den letzten zehn Jahren wurden in Deutschland verschiedene Instrumente entwickelt, um die bisher beschriebenen allgemeinen Ansprüche an Bildungs- und Erziehungspartnerschaften konkreter zu definieren (vgl. z. B. Bartscher u. a. 2010, S. 70 ff; Vodafone Stiftung Deutschland 2013; Sacher 2014, S. 33 ff.; Bayerisches Staatsministerium 2014; Präventionsnetzwerk Ortenaukreis 2019). Sie orientierten sich teilweise an dem im englischsprachigen Raum verbreiteten Modell der amerikanischen Parents-Teacher-Association (PTA)[1].

Die folgenden Qualitätsmerkmale ergaben sich – neben der Auswertung o. g. Instrumente – aus den bisherigen Argumenten in diesem Buch. Ziel dieser Qualitätsmerkmale ist es, einen möglichst umfassenden Stand der Diskussion wiederzugeben, einen „state of the art" für die Zusammenarbeit mit Eltern zu formulieren. Gleichzeitig sollen die Qualitätsmerkmale die Grundlage für Arbeitsmaterialien bilden, mit denen Schulen Bestandserhebung und Zielentwicklung systematisch realisieren können.

Ich verstehe Qualitätsmerkmale als ein Instrument systematischer Schulentwicklung, die in von der Schulleitung verantwortete Managementprozesse eingebunden werden können (vgl. 6.2). Für die praktische Arbeit mit den Qualitätsmerkmalen sollte die umfassende Liste für den konkreten Arbeitseinsatz angepasst werden können (hierzu liegt im Onlinebereich ein bearbeitbares Dokument bereit), indem z. B. Bereiche ausgeklammert oder bestimmte Qualitätsniveaus ausgeschlossen werden.

5.7 Qualitätsmerkmale in Niveaustufen

Die in Deutschland entwickelten Qualitätsmerkmale laufen Gefahr, durch ihren umfassenden Anspruch und ihre Differenziertheit abschreckend zu wirken. Statt durch gute Ideen motiviert zu werden, führt die Erkenntnis, wie viel in der eigenen Schule noch nicht realisiert ist, eher zu Demotivation. So stellt sich die Aufgabe, die Qualitätsmerkmale so zu gestalten, dass sie Schulen da abholen können, wo sie stehen. Die PTA zeigt diesbezüglich einen Weg auf, indem sie verschiedene Niveaustufen der Kooperation zwischen Elternhaus und Schule definiert: „emerging", „progressing", „excelling" (National Parent Teacher Association 2014). Einen ähnlichen Weg geht die Fachhochschule Nordwestschweiz im schweizerischen Kanton Aargau (2016).

Davon angeregt lege ich mit diesem Buch ein entwicklungsorientiertes Modell vor, das die verschiedenen Qualitätskriterien in Entwicklungsstufen definiert. Wichtig ist: Die höhere Stufe baut jeweils auf der vorherigen Stufe auf und ergänzt sie. Einerseits ermöglichen die Qualitätsmerkmale eine Standortbestimmung bei der Arbeit an einer Erziehungs- und Bildungspartnerschaft. So zeigen sie etwa, welche Qualitätskriterien bereits in Ansätzen oder auch im vollen Umfang erfüllt und welche Bereiche schon abgedeckt

1 https://www.pta.org/home/run-your-pta/National-Standards-for-Family-School-Partnerships (letzter Zugriff 10.2.20201)

sind. Andererseits weisen sie auf, wo noch Handlungsbedarf für weitere Entwicklungsarbeit besteht. So kann aus der Liste der Qualitätsmerkmale, die vollständig in den Onlinematerialien herunterzuladen sind,

- eine Liste mit Zielen zur Zielfindung und Schwerpunktbildung herausgefiltert werden (die Liste möglicher Ziele ist in Tabelle 5 dargestellt);
- eine Checkliste mit konkreten Maßnahmen zur Umsetzung der Ziele dargestellt werden (s. Downloadmaterial ⬇).

(Die Arbeitsweise wird in Kap. 6.2 näher beschrieben.)

Pädagogische Prinzipien der Bildungs- und Erziehungspartnerschaft
Die Schule erarbeitet ein eigenes Leitbild pädagogischer Professionalität.
Die Bildungseinrichtung bietet ein Klima des Willkommenseins, der klaren Orientierung und der Wertschätzung.
Die Nutzung unterschiedlicher Kommunikationswege wird einvernehmlich ausgehandelt und umgesetzt.
Zwischen Eltern, Fachkräften entwickelt sich in der Zusammenarbeit gemeinsam mit dem und zum Wohle des Kindes eine Beziehung, die durch Transparenz, Vertrauen und Verbindlichkeit gekennzeichnet ist.
Die Schule gestaltet den Übergang in den folgenden Bildungsabschnitt.
„Entwicklungsbezogene Zusammenarbeit“: Eltern und Fachkräfte arbeiten gemeinsam mit den Schülerinnen und Schülern am Bildungserfolg.
Die Bildungseinrichtungen sind fortlaufend mit den Eltern über die Entwicklung des Schülers/der Schülerin im Austausch.
Probleme und Konflikte werden als Entwicklungsanlässe begriffen und frühzeitig und in der notwendigen Intensität geklärt.
Bei Bedarf werden in Zusammenarbeit mit externen Partnern diagnostische Maßnahmen, Beratung und Unterstützung organisiert.
Die schulischen Akteure sind in der Lage, Kindeswohlgefährdungen zu erkennen und professionell zu handeln.
Die Schule ist sensibel für innerschulische Übergriffe und ergreift bei Verdachtsmomenten geeignete Maßnahmen.
„Heimbasierte Zusammenarbeit“: Bildungseinrichtungen schaffen ein differenziertes Bildungs- und Unterstützungsangebot für Eltern.
Eltern gestalten den familiären Kontext als „Bildungsort“.
Bildungseinrichtungen entwickeln gemeinsam mit Eltern Arbeitsformen und Bildungsangebote, die bei Eltern bei der Erziehung, Förderung und Unterstützung ihrer Kinder unterstützen und sie schulen.
Bildungseinrichtungen organisieren/bieten Eltern Beratung und Unterstützung in allen Fragen der Erziehung, Bildung und Förderung der Kinder im familiären Bereich.
Die Schule analysiert und plant bedarfsgerecht die inhaltlichen Schwerpunkte des Beratungs- und Bildungsangebots.

Schulbasierte Zusammenarbeit/Partizipation: Eltern und Fachkräfte gestalten gemeinsam die Bildungsarbeit und die Schule als entwicklungsfördernde Bildungsumgebung.
Die gesetzlich vorgegebenen Gremien zur Elternmitwirkung werden von den Fachkräften und den gewählten Elternvertretern lebendig und motivierend gestaltet, so dass sie von den Eltern unterschiedlicher soziokultureller Milieus als sinnvoll und wirkungsvoll erlebt werden.
Die Schule beteiligt Eltern systematisch an der Schulentwicklung.
Es bestehen differenzierte Mitwirkungsmöglichkeiten für Eltern zur Gestaltung der Schule und des Schullebens.
Bildungs- und Erziehungspartnerschaft als Schulentwicklung: Schulen entwickeln eine systematische Bildungs- und Erziehungspartnerschaft.
Schulen reflektieren und planen aller Bereiche der Zusammenarbeit zwischen Eltern und Fachkräften fortlaufend.
Die Bildungseinrichtung entwickelt eine zielgruppenspezifische, lebensweltorientierte Arbeitsweise.
Professionalität: Lehrkräfte und pädagogische Fachkräfte sind für die Arbeit mit Eltern qualifiziert und motiviert.
Die Schule realisiert eine kontinuierliche Fort- und Weiterbildungsplanung mit Fokus Bildungs- und Erziehungspartnerschaft.
Vernetzung und Kooperation: Schulen entwickeln und gestalten ein Kooperationsnetzwerk zur Umsetzung der Bildungs- und Erziehungspartnerschaft
Bildungseinrichtungen entwickeln und gestalten ein Kooperationsnetzwerk zur Umsetzung der Bildungs- und Erziehungspartnerschaft.
Die Bildungseinrichtung stimmt ihre einrichtungsinternen Verfahrensweisen zum Umgang mit Kindeswohlgefährdung mit den betroffenen Kooperationspartnern, insbesondere dem Jugendamt, ab.
Die Schule entwickelt sich zur Familienschule/ zum Familienzentrum.
Ressourcen für die Bildungs- und Erziehungspartnerschaft
Es stehen finanzielle Mittel für die Umsetzung der Bildungs- und Erziehungspartnerschaft bereit.
In der Bildungseinrichtung bzw. im Umfeld der Bildungseinrichtung stehen geeignete Räume für die Eltern- und Elternbildungsarbeit bereit.
Es sind zeitliche Ressourcen verfügbar.
Die Schule öffnet sich für den Sozialraum.
Die Schule nutzt Ressourcen im Sozialraum.
Die Schule nimmt die finanziellen Bedingungen der Familien wahr und berücksichtigt sie.

Tab. 5: Qualitätsmerkmale: Ziele der Bildungs- und Erziehungspartnerschaft

Teil III:
Praxis gestalten

6 Bildungs- und Erziehungspartnerschaft als Managementaufgabe

Gute Aktionen, Projekte und Initiativen mit Eltern finden allerorten statt. Die Erfahrung zeigt, dass viele Aktivitäten jedoch nicht zwangsläufig zu nachhaltigen Entwicklungen führen, sondern oftmals ein Strohfeuer sind. Sie hinterlassen manchmal mehr Frust als Motivation. Man trifft sich beim Schulfest, kocht gemeinsam internationale Gerichte, organisiert ein Elterncafé für die Migrantinnen – und das war es dann. Werner Sacher hat dies „impressionistische oder folkloristische Elternarbeit" genannt (Sacher 2007, S. 36). Diese ist selten zielführend. Erst wenn die Entwicklung einer Bildungs- und Erziehungspartnerschaft als eine umfassende schulische Herausforderung, als Schulentwicklung begriffen wird, die mit passenden Managementmethoden umgesetzt wird, können nachhaltige Spuren hinterlassen werden.

Abb. 16: Managementprozesse für Bildungs- und Erziehungspartnerschaften (eigene Darstellung)

Das wirft die Frage auf: Wer kann eigentlich die präzisen und passenden Managementprozesse für Bildungs- und Erziehungspartnerschaften im Rahmen von Schulentwicklung in Gang setzen? Als Antwort gibt es mehrere Herangehensweisen.

- Schulentwicklung ist auch, aber nicht nur, die Aufgabe von Schulleitungteams. Diese haben Kontakte zu vielen Eltern, führen Erstgespräche und werden in schwierigen Situationen von Klassenleitungen zu den Gesprächen mit Eltern hinzugezogen. Wünschenswert ist, dass Schulleitungteams die Chancen der Zusammenarbeit sehen und das Thema aktiv als Entwicklungsprozess angehen.
- Die Leitung einer Schule wird heute, abhängig von ihrer Größe, zunehmend in Leitungsteams, Steuergruppen o.Ä. aufgabenteilig und gleichzeitig mit einer stärkeren Beteiligung des Kollegiums verantwortet. Insofern kann es durchaus sein, dass die Initiative für eine zielorientierte Verbesserung der Elternarbeit aus dieser Steuerungsebene kommt. Im Management wird bei den beiden erstgenannten Ausgangslagen von Top-down-Prozessen gesprochen, in denen es die Leitungskräfte sind, die Entwicklungsprozesse initiieren, Ziele mit dem Kollegium aushandeln, die Umsetzung begleiten, ggf. steuernd eingreifen und die Ergebnisse bewerten.
- Die gegenteiligen Entwicklungsprozesse („Bottom-up") entstehen im Kollegium, wenn Fachkräfte die Initiative ergreifen. Sie suchen Gleichgesinnte und gründen z. B. eine Arbeitsgruppe für eine bessere Zusammenarbeit mit Eltern.
- Die Initiative kann jedoch ebenso aus der Elternschaft kommen, etwa weil sich Beschwerden häufen oder weil Eltern sich aktiv für eine bessere Zusammenarbeit engagieren wollen.

Egal, woher die Initiative kommt: Es ist sinnvoll, aus den Initiativen planvolle Prozesse zu transformieren. Abb. 16 zeigt einen idealtypischen Managementprozess, der offen für alle Formen von Impulsen ist.
Zu beachten ist: Bei diesem Modell ist nicht entscheidend, an welcher Stelle begonnen wird. Deshalb ist es als zirkulärer Prozess dargestellt. Die Praxiserfahrungen in vielen Projekten haben gelehrt, dass Entwicklungen selten lehrbuch- und planmäßig ablaufen. Vielmehr besteht die Kunst guten Managements darin, offen und sensibel für Entwicklungen zu sein, Trends und Stimmungen aufzugreifen, auch mal etwas „aus dem Bauch heraus" zu tun, gute Impulse von außen aufzunehmen, offene „Entwicklungsfenster und -türen" wahrzunehmen und diese Energien zu nutzen, um sie dann in strukturierte Bahnen zu lenken. So kann sich eine Schule nachhaltig weiterentwickeln.

6.1 Bildungs- und Erziehungspartnerschaft im Schulprogramm

Das Schulprogramm ist das „wesentliche Steuerungsinstrument der Schulentwicklung" (Schulentwicklungsberatung, SEB, Arnsberg o.J., S. 1). Es beschreibt die Beteiligung der unterschiedlichen Akteure und ihre Rollen, formuliert ein Qualitätsverständnis, gibt klare Ziele vor, benennt wirksame Strategien und konkretisiert die Wege der Umsetzung. Es ist also viel mehr als ein allgemeines Leitbild, das irgendwann erarbeitet wurde und dann für Jahre unverändert auf der Homepage steht. Insofern stellen sich zwei Fragen: Hat das Leitbild einer Schule einen entsprechenden Grad der Klarheit und Konkretisierung? Und was steht über die Zusammenarbeit mit Eltern darin?

Eine aktuelle Suchmaschinenrecherche (20.10.2020) mit den Begriffen „Schulprogramm" und „Bildungs- und Erziehungspartnerschaft" ergab zunächst ein ernüchterndes Bild. Auf den Webseiten der Schulen war häufig kein Schulprogramm zu finden; und wenn, dann lediglich in der Formulierung von einigen allgemeinen Aussagen auf hohem Abstraktionsniveau. In manchen Programmen fanden sich keine Aussagen zur Zusammenarbeit mit Eltern. Bei der Kombination der beiden Suchbegriffe ergab die Recherche zunächst nur Suchergebnisse, die auf schulübergreifende Akteure verweisen, welche durch Konzeptentwicklung, Beratung oder Lehrerbildung Prozesse zu Bildungs- und Erziehungspartnerschaften initiieren wollen. Doch es gibt auch positive Beispiele hervorzuheben. So formuliert beispielsweise das Gymnasium Kirchheim (o. J.) im Landkreis München in seinem Schulprogramm allgemeine Leitlinien und konkretisiert diese dann explizit unter dem Schlagwort „Bildungs- und Erziehungspartnerschaft". Dort rahmen Leitsätze und die Beschreibung schulspezifischer Gegebenheiten klare Ziele, unterschiedliche Qualitätsbereiche, konkrete Maßnahmen und einen detaillierten Maßnahmenplan.

Kurzum: Das Schulprogramm eignet sich in jedem Fall, um Ziele, Strategien und deren Umsetzung zu erarbeiten und dann prominent zu präsentieren. Die oben zitierte Checkliste für gute Schulprogramme der Schulentwicklungsberatung Arnsberg (SEB) stellt ein hilfreiches Instrument dar, um Schulprofile als Managementinstrument zu nutzen.

6.2 Arbeitshilfen zur Bestandserhebung und Ideensammlung

Sich nur zu wünschen, dass die Zusammenarbeit besser klappt, führt verständlicherweise nicht automatisch zu guten Umsetzungsideen. Als Arbeitshilfe zur Ideenfindung lassen sich Beispiele guter Praxis, Checklisten und umfassende Qualitätsmerkmale nutzen.

6.2.1 Arbeit mit Qualitätsmerkmalen und Checklisten

Mittlerweile prägen einige herausragende Auflistungen von Qualitätsmerkmalen zur Kooperation mit Eltern den Stand der Fachdiskussion. Besonders empfehlenswert aus meiner Sicht:

- Die „Qualitätsmerkmale schulischer Elternarbeit – Ein Kompass für die partnerschaftliche Zusammenarbeit von Schule und Elternhaus" wurden im Jahr 2013 als Ergebnis eines Arbeitsprozesses führender Wissenschaftlerinnen unter breiter Beteiligung der Praxis von der Vodafone Stiftung vorgelegt. Sie sind zu finden unter https://www.vodafone-stiftung.de/qualitaetsmerkmale-schulischer-elternarbeit/ (letzter Zugriff 10.2.2021).
- Begleitend zu den Qualitätsmerkmalen der Vodafone Stiftung wurde ein kurzes prägnantes Video vorgestellt, das die wesentlichen Inhalte präsentiert. Es ist auf Youtube anzusehen: https://www.youtube.com/watch?v=bfpK4RSBoR0&list=PL5vdQ32GQneLtxw9bRqF8445m0A3rzYuM (letzter Zugriff 10.2.2021).
- Im Jahr 2014 wurden vom Bayerischen Staatsministerium für Bildung und Kultus, Wissenschaft und Kunst Leitlinien zur Gestaltung der Bildungs- und Erziehungspartnerschaft von Schule und Elternhaus vorgelegt: Quelle (kostenloser Download): https://www.bestellen.bayern.de/ (letzter Zugriff 10.2.2021).
- 2019 hat das Präventionsnetzwerk Ortenaukreis (2019) „Qualitätsstandards in der Zusammenarbeit zwischen Schule und Eltern vorgelegt". Sie sind gegen eine Schutzgebühr unter folgender Adresse erhältlich: https://www.fel-verlag.de/node/113 (letzter Zugriff 10.2.20121).

Die Arbeit mit derartigen Instrumenten ist sinnvoll, um die Arbeit der eigenen Schule an allgemein anerkannten Standards zu messen. Insbesondere bei längerfristigen Entwicklungsprozessen helfen diese Instrumente bei der regelmäßigen Bestandserhebung. Die meisten Systeme bieten sowohl Zielformulierungen als auch Umsetzungsvorschläge. Sie sind jeweils mit einer freien Spalte versehen, die unterschiedlich genutzt werden kann:

- Sie bieten Raum zur Bestandserhebung und/oder Ideensuche zur laufenden Elternarbeit einer Schule. Hier kann die Bewertungsspalte einer Tabelle für die Einschätzung genutzt werden, welche Angebote bzw. Bereiche es in der Bildungseinrichtung schon gibt und welche Ideen als Anregung aufgegriffen werden sollen. Es kann auch eine weitere Spalte mit der Frage nach Ideen eingefügt werden:
  - Welche eigenen Ideen haben Sie, um dieses Ziel in unserer Schule besser umsetzen zu können?

- Im Kontext einer Zielentwicklung können in der Bewertungsspalte verschiedene Fragen gestellt bzw. Bewertungsoptionen als Bewertungsskalen angeboten werden:
  - Wie stark ist dieses Ziel in unserer Schule realisiert?
  - Wie stark sollte dieses Ziel bei der weiteren Arbeit berücksichtigt werden?

Die in diesem Buch angebotenen Qualitätsmerkmale (Kap. 3.7) ermöglichen eine Einschätzung in einem mehrstufigen Qualitätssystem. Im Downloadbereich steht darüber hinaus eine bearbeitbare Fassung zur Verfügung, sodass Schulen bei der Anwendung Merkmale auswählen und sich auf aus ihrer Perspektive wichtige Punkte fokussieren können.

6.2.2 Die Arbeit mit guten Beispielen aus der Praxis

Viele Entwicklungen werden durch gute Beispiele angeregt. Viele Fortbildungen und Veröffentlichungen beinhalten Praxisbeispiele. Auch eine Onlinesuche kann gute neue Ideen erbringen. Kommunale Netzwerke sind z. B. eine ideale Ebene, um über gute Praxis zu berichten und sich dazu auszutauschen.
Die guten Erfahrungen einer Schule regen zu neuen Prozessen in einer anderen Schule an. Dies kann systematisiert werden, wie z. B. das Netzwerk „BEP-O – Bildungs- und Erziehungspartnerschaft Oberhausen" zeigt. Hier wurde in einem Projekt ein gemeinsamer Ordner erstellt, in dem systematisch gute Beispiele aus dem Bildungsnetzwerk dokumentiert sind (Bildungsbüro Oberhausen 2012). Die Bildungsinitiative RuhrFutur hat in den letzten Jahren mit mehreren Kommunen das Projekt „Eltern und Schulen" realisiert und in diesem Rahmen ca. 50 Mikroprojekte zur Verbesserung der Zusammenarbeit zwischen Elternhaus und Schule finanziell gefördert und deren Ergebnisse online gestellt[1].

Die Arbeit mit guten Beispielen ist einerseits motivierend, weil sie anschaulich ist und weil gute Beispiele zum Nachmachen anregen, hat allerdings auch Haken. Es stellt sich immer die Frage, ob in der eigenen Schule die gleichen Bedingungen vorliegen, die ein andernorts erfolgreiches Projekt ermöglicht haben. In Veröffentlichungen wird häufig von „Gelingensbedingungen" (vgl. z. B. Nieskens 2013) gesprochen. Auch die soziokulturellen Gegebenheiten sind ausschlaggebend für das Gelingen oder Misslingen eines Praxismodells. Insofern kann ein gutes Beispiel zwar Prozesse anregen, aber nicht die komplette eigene Entwicklungsarbeit ersparen.

1 https://www.eltern-und-schulen.de/aktivitaeten (letzter Zugriff 10.2.2021)

6.3 Beteiligung aller schulischen Gruppen

Die Beteiligung aller Gruppen ist elementarer Bestandteil von Schulentwicklung. „Die Gesamtverantwortung für demokratische Schulentwicklung wird in kooperativer Weise umgesetzt. Die Schulleitung sorgt für transparenten Informationsfluss in alle Beteiligtengruppen hinein. Es gibt einen regelmäßigen Austausch zwischen der Schulleitung und den Schulsprecherinnen und Schulsprechern [und der Elternvertretung - MB]" (BMFSFJ 2015, S. 21).

6.3.1 Mitwirkung der Beteiligungsgremien

Eine fast 100-seitige tabellarische Übersicht der Kultusministerkonferenz (KMK 2018) über die unterschiedlichen rechtlichen Grundlagen zur Bildung und Erziehung als gemeinsamer Aufgabe von Eltern und Schule zeigt, wie unterschiedlich die Beteiligungsrechte von Eltern in den Schulen je nach Bundesland konzipiert sind. Schon die Bezeichnungen weichen voneinander ab. Wenn nordrhein-westfälische Lehrkräfte oder Elternvertreterinnen von der „Schulpflegschaft" sprechen, werden sie von Gesprächspartnern aus anderen Bundesländern meist verwundert angesehen. In Berlin wird beispielsweise zwischen Versammlungen und Gremien unterschieden. Mal wird von der Elternvertretung gesprochen, mal von Elternrat. Insofern können in diesem Buch keine Aussagen zu einzelnen Regelungen in den unterschiedlichen Bundesländern gemacht werden. Grundsätzlich gibt es in jeder Schule in jedem Bundesland formale Mitwirkungsgremien der Eltern und der Schülerinnen und Schüler. Entsprechend den unter 2.4.3 genannten Kriterien guter Beteiligung können die Mitwirkungsgremien unterschiedliche Rollen und Aufgaben einnehmen:

- Sie können selbst die Initiative für Verbesserungen ergreifen, Anträge stellen, Projekte vorschlagen, Veranstaltungen durchführen. In den Gremien kommen jeweils die Perspektiven und Meinungen der unterschiedlichen Interessensgruppen zusammen, werden Verhandlungen geführt und Einigungen erzielt.
- Wenn z. B. die Schulleitung oder Mitglieder des Kollegiums die Initiative ergriffen haben, werden die Gremien informiert und zur Mitwirkung und Unterstützung eingeladen. Sie haben das Recht, Stellung zu nehmen und Anregungen einzubringen, und werden auch in Veränderungen z. B. des Schulprogrammes verantwortlich einbezogen.

Auf jeden Fall ist davon auszugehen, dass die Beteiligung der Mitwirkungsgremien kaum ausreicht, um alle Eltern einzubeziehen. „Insbesondere bildungsferne Erziehungsberechtigte und solche aus anderen Herkunftskulturen sind in Elterngremien stark unterrepräsentiert" (Sacher 2014, S. 109). Sacher betont, dass die meisten Elternvertreter sich mehr als Unterstützer der Lehrkräfte und Schulleitung sähen und vorzugsweise ihre Interessen in die Zusammenarbeit einbrächten und weniger Engagement dafür aufbrächten, mit allen Eltern, die sie repräsentieren, zu kommunizieren und Meinungsbildungs-, Austausch- und Rückkopplungsveranstaltungen durchzuführen.

6.3.2 Eltern und Schülerinnen systematisch beteiligen: einfache und anspruchsvolle Beteiligungsmethoden

Daraus folgt in der Konsequenz, dass erst mit intensiveren und breiter angelegten Beteiligungsformen eine erhebliche Anzahl der Eltern wirksam zu erreichen ist. Diese können dann wiederum die repräsentativen Formen beleben.

Transparente und offensive Informationspolitik

Die Basis jeglicher Beteiligung stellt die Übermittlung aller relevanten Informationen dar. So wäre es ideal: Schulen entwickeln und pflegen eine transparente und offensive Informationspolitik. Dabei sind folgende Kommunikationsaspekte zu beachten:

- *Das Kommunikationsmedium:* Es reicht keinesfalls, sich auf Mitteilungszettel zu begrenzen, die den Schülerinnen und Schülern übergeben werden und die sie zu Hause abliefern sollen. Mittlerweile gibt es vor allem digitale Optionen, mit denen Informationen verlässlich und ohne großen Aufwand übermittelt werden können: Dazu gehören die Homepage der Schule, auf der nicht nur aktuelle Informationen, sondern auch ein Archiv mit früheren Informationen bereitgestellt wird, Newsletter per Mail oder auch per Messenger. Mittlerweile gibt es technische Plattformen, die die gesamte Kommunikation datensicher leisten können. Gerade angesichts der Coronakrise entwickeln sich Optionen und Nutzungsformen rasant. Manche Eltern sind vor allem in wichtigen Fragen nur in direktem Kontakt zu erreichen, per Telefon oder vielleicht sogar per Hausbesuch. Messenger wiederum ermöglichen auch die Übermittlung von Informationen per Video- oder Sprachnachricht.
- *Kommunikationszeitpunkte:* Manche Eltern benötigen Informationen über Termine wichtiger Veranstaltungen mindestens ein halbes Jahr vorher. Für andere wiederum reicht die gleiche Information am Tag vor der Veranstaltung. Durch eine differenzierte Kommunikation (Ankündigung auf der Homepage langfristig, Einladung der Eltern per Brief 14 Tage vor Veranstaltung, Erinnerung per Mail oder Messenger wenige Tage vorher) lassen sich alle Eltern erreichen.

- *Multiplikatorinnen:* Manche Eltern – insbesondere Eltern mit Sprachproblemen – lassen sich vorzugsweise durch Multiplikatoren erreichen. Darunter sind Eltern zu verstehen, die sich bereit erklären, Informationen jeweils an diese Eltern weiterzuvermitteln.

An dieser Stelle mag möglicherweise der Einwand kommen, wann das denn alles zu leisten sei. Doch es geht nicht um eine möglichst hohe Zahl verschiedener Nachrichten und auch nicht darum, den Eltern „alles nachzutragen", wie dies in Fortbildungen manchmal formuliert wird, sondern um eine innere Haltung, die durch die Bereitschaft geprägt ist, unterschiedliche Lebenswelten anzuerkennen und passgenaue Brücken zu diesen Lebenswelten zu bauen. Unter Ressourcenaspekten ist es absolut sinnvoll, Eltern in den Informationsprozess einzubeziehen: etwa als Redakteure eines Newsletters, als Knotenpunkte in einem Informationsnetzwerk, als Übersetzer bei Sprachproblemen.

Befragungen

Gezielte Befragungen ermöglichen die Beteiligung aller Interessensgruppen einer Schule. Eine Komplettbefragung aller Schulmitglieder oder einzelner Gruppen (wie etwa nur der Elternschaft) ist durch die aktuell verfügbaren digitalen Befragungsinstrumente mittlerweile mit vertretbarem Aufwand gut zu realisieren; diese Aufgabe könnten z. B. computeraffine Eltern erledigen. Der Markt für Befragungstools ist sehr unübersichtlich geworden, manche Bundesländer bieten hier die Nutzung von ganz bestimmten Instrumenten an (vgl. z. B. https://www.schule-bw.de/service-und-tools/webtools/limesurvey).

Die Entwicklung eines Fragebogens kann auf ganz einfachen Fragen basieren oder auch anspruchsvolleren Auswertungen dienen. Vielleicht verfügen Lehrkräfte über statistisches Knowhow oder kennen sich mit Fragestellungseffekten aus. Auch örtliche Medienzentren könnten Hilfestellung bei inhaltlichen Fragestellungen und technischen Herausforderungen leisten oder entsprechende Kompetenz vermitteln. Sehr viele hilfreiche Tipps kann man online finden. So könnte eine Schüler-AG einer weiterführenden Schule mit der Entwicklung einer entsprechenden Befragung im Rahmen eines Projektes beauftragt werden und viel lernen; auch geeignet zur Kooperation mit einer benachbarten Grundschule, die dafür keine Fachleute hat.

Basisfragen für einen Fragebogen könnten sich z. B. an der Elternbefragung des Deutschen Schulbarometers orientieren. So hat man gleich Vergleichsdaten aus repräsentativen Befragungen und kann den Entwicklungsstand in der eigenen Schule einschätzen (Infas-Dimap 2019).

Die Fragestellungen können übrigens nicht nur der Meinungsumfrage dienen, sondern sie können dazu beitragen, unter den Eltern einen Reflexionsprozess auszulösen, wie sie die Arbeit in der Schule ihrer Kinder bewerten und wie sie sich selbst einbringen möchten. Zwei gute Beispiele für Elternbefragungen, deren Ergebnisse online einzusehen sind, sind die der Von-der-Tann-Grundschule in Regensburg (2011) und die der Schule am Webersberg in Homburg (Meyer 2011). Auch Sacher hat auf Basis einer bayrischen Schulerhebung einen Elternfragebogen zur Atmosphäre zwischen Schule und Elternhaus entwickelt (Sacher 2014, S. 45).

B

Beispiel aus der Praxis: Zukunftswerkstatt an der Jahnschule in Hamm (Gabi Klatt)
Die Jahnschule ist eine Schule mit einem hohen Anteil von Kindern mit Zuwanderungsgeschichte. Obwohl das Angebot der Schule sich stets an dem Bedarf der Eltern und Kinder orientiert, kam es immer häufiger zu Missverständnissen, Kommunikationsproblemen und „critical incidents" (kritischen Ereignissen).
Die Schule suchte gemeinsam mit den an der Schule engagierten Trägern nach einem Ausweg aus dieser Situation. Mit der Methode der Zukunftswerkstatt des Friedens- und Zukunftsforschers Robert Jungk wurde eine Methode gefunden, mit der alle Beteiligten – Eltern, Lehrkräfte, Schulleitung und pädagogische Fachkräfte – gemeinsam und partnerschaftlich an einer Lösung arbeiten konnten.
Die überaus große Beteiligung von Eltern mit Zuwanderungsgeschichte an dieser Veranstaltung war nicht zuletzt der Informationskampagne einiger im Stadtteil lebender Mitglieder des Integrationsrates zu verdanken, die sich auf den Weg von Haus zu Haus machten und die Familien motivierten. An einem Samstag trafen sich über 60 Eltern, die Schulleitung, das Lehrerkollegium und Mitarbeiterinnen und Mitarbeiter des Offenen Ganztags in der Schule. In gemeinsamer Gruppenarbeit bestritten alle Beteiligten gleichberechtigt und auf Augenhöhe die drei Phasen der Zukunftswerkstatt: „Kritikphase", „Phantasiephase" und „Verwirklichungsphase". Sie befassten sich damit, was in der Vergangenheit schlecht gelaufen war, was sie für Träume und Wünsche hatten und wie man aus den Träumen und Wünschen konkrete, realistische Projekte entwickeln kann, die sich in unmittelbarer Zukunft mit allen Beteiligten realisieren lassen.
Als ein gemeinsames Ziel von Eltern und allen Fachkräften stellte sich heraus, dass alle sich wünschten, die Förderung der Kinder in Bezug auf ihre Schullaufbahn und ihrer Persönlichkeitsentwicklung zu optimieren. Dazu notwendig waren Strategien zur Verbesserung der Zusammenarbeit und Kommunikation.
Im Rückblick ist festzuhalten: Neben vielen anderen kleinen und großen schulbezogenen Projekten war die Zukunftswerkstatt ein entscheidender erster Schritt zur Entwicklung des inzwischen etablierten und erfolgreichen Projektes „ELIF - Eltern lernen integratives Fördern", das in seiner Pilotphase an der Jahnschule startete.
Die Zukunftswerkstatt wurde von der Jahnschule mit der Arbeiterwohlfahrt Unterbezirk Hamm-Warendorf und der Regionalen Arbeitsstelle zur Förderung von Kindern und Familien aus Zuwandererfamilien (RAA) Hamm durchgeführt, unterstützt vom Integrationsrat Hamm.

Quelle: Gabi Klatt, Integrationsagentur der AWO Hamm-Warendorf (Bartscher u.a. 2010, S. 23)

Beteiligungsworkshops

Zu den zentralen Zeitpunkten in einem Entwicklungsprojekt (das sind Auftakt, Zwischenbilanz, Abschluss) bieten sich intensivere Beteiligungsmethoden und kreative Großgruppenmethoden wie etwa die bekannten „Zukunftswerkstätten" oder auch „Open Space" an: Sie bieten Lehrkräften und Eltern gemeinsam die Möglichkeit, Bestehendes zu würdigen, noch nicht so Gelungenes kritisch zu bewerten, neue Ideen zu entwickeln und aus dem gemeinsamen Gesamtprozess konkrete Arbeitsschritte abzuleiten (vgl. z. B. Burow 2000).

Implizite Beteiligungsprozesse

Beteiligungsprozesse können in jede laufende Veranstaltung eingebettet werden. Beim Schulfest kann eine Wandzeitung oder eine Videopräsentation über den Entwicklungsstand berichten, bei den Elternabenden können Meinungsbilder erstellt werden.

6.4 Prozesssteuerung

Grundsätzlich liegt die Steuerung aller Schulentwicklungsprozesse bei der Schulleitung bzw. dem Schulleitungsteam. Wenn sich die Schulleitung die Aufgabe zu eigen macht, den Prozess auf dem Weg zur Bildungs- und Erziehungspartnerschaft zu steuern, tut sie dies neben vielen anderen Entwicklungsthemen, für die sie ebenfalls zuständig ist. Sie kann diese Aufgabe aber auch zu eigenen Entlastung an ein Koordinierungsteam oder eine Projektsteuergruppe delegieren, die für einen möglichst festgelegten Zeitraum transparent für alle Beteiligten die Verantwortung für die Steuerung dieses Prozesses trägt.

Diese Entscheidung muss nicht unbedingt zu Beginn eines Prozesses laufen, denn die Dinge laufen nicht immer lehrbuchmäßig ab. Doch spätestens dann, wenn auf verschiedenen Ebenen über eine bessere Zusammenarbeit nachgedacht wurde, Vorschläge und Ideen entwickelt worden sind, Befragungen stattgefunden haben, ist es gut, zu klären und festzulegen, wer den weiteren Prozess steuert.

Falls die Aufgabe der Prozesssteuerung von der Schulleitung delegiert wurde, ist es wichtig, dass die beauftragten Koordinatoren den Prozess immer wieder mit der Schulleitung rückkoppeln, idealerweise in fest vereinbarten „Jour-fixe-Terminen". Insbesondere dann, wenn Entscheidungen zu treffen sind, die größere Auswirkungen haben, ist das notwendig. Dieses Vorgehen hat sich bei Schulentwicklungsprozessen als wichtige Gelingensbedingung herauskristallisiert.

6.5 Gute Ziele machen die Arbeit leichter!

Eine Kollegin sagte einmal: „Ich wünsche mir, 10 kg abzunehmen. Doch ob das wirklich mein Ziel ist, ist noch lange nicht klar." Der Weg von einer guten Idee oder einem Wunsch hin zu konkreten Zielen ist mitunter lang. Aus „Ich wünsche mir, 10 kg abzunehmen" müsste dann werden: „Ich will 10 kg abnehmen. Mein Ziel ist es, in 5 Monaten so weit zu sein. Um das Ziel zu erreichen, nehme ich mir vor, mindestens zweimal in der Woche Sport zu machen und in der Woche keinen Alkohol zu trinken ..." Manchmal merkt man im Prozess der Konkretisierung eines Wunsches zu einem Ziel, dassdie Zeit nicht reif ist für das Abnehmen, weil z. B. der Stress im Beruf zu groß ist oder die Pflege eines Elternteils so belastend ist, dass die Energie für die Umsetzung fehlt. Was das für Schule bedeutet, führe ich im Folgenden weiter aus.

6.5.1 Wo kommen die Ziele her?

Es ist Aufgabe der Steuerungsgruppe, alle Ideen und Vorschläge, aber auch die zentralen Kritikpunkte zu sammeln. Diese können zum Beispiel aus einer Bestandserhebung stammen, aus einer Elternbefragung, aus der Gremienarbeit oder aus besonderen Beteiligungsaktionen. Wie oben schon kurz angesprochen, sind Wünsche und Vorschläge noch lange keine Ziele. Der Prozess der Zielentwicklung ist ein anstrengender, aber lohnender Prozess. Ziele sind auf eine bestimmte Art und Weise vorweggenommene Ergebnisse. Sie sollten den Zustand betreiben, der eingetreten ist, wenn das Ziel erreicht wurde.

6.5.2 Ideen und Wünsche zu Zielen ausarbeiten

In diesem Prozess der Konkretisierung hat sich die SMART-Methode als sehr hilfreich herausgestellt. Sie hilft, allgemeine Zielformulierungen unter verschiedenen Aspekten zu konkretisieren. Der Begriff SMART steht als Akronym für fünf verschiedene Kriterien guter Ziele:

> Die „Qualitätsmerkmale schulischer Elternarbeit - Ein Kompass für die partnerschaftliche Zusammenarbeit von Schule und Elternhaus" wurden im Jahr 2013 als Ergebnis eines Arbeitsprozesses führender Wissenschaftlerinnen unter breiter Beteiligung der Praxis von der Vodafone Stiftung vorgelegt. Sie sind zu finden unter https://www.vodafone-stiftung.de/qualitaetsmerkmale-schulischer-elternarbeit/

Begleitend zu den Qualitätsmerkmalen der Vodafone Stiftung wurde ein kurzes prägnantes Video vorgestellt, dass die wesentlichen Inhalte präsentiert. Es ist auf Youtube anzusehen: https://www.youtube.com/watch?v=bfpK4RSBoR0&list=PL5vdQ32GQneLtxw9bRqF8445m0A3rzYuM	
Im Jahr 2014 wurden vom Bayerischen Staatsministerium für Bildung und Kultus, Wissenschaft und Kunst Leitlinien zur Gestaltung der Bildungs- und Erziehungspartnerschaft von Schule und Elternhaus vorgelegt: Quelle (kostenloser Download): https://www.bestellen.bayern.de/	
2019 hat das Präventionsnetzwerk Ortenaukreis (2019) „Qualitätsstandards in der Zusammenarbeit zwischen Schule und Eltern“ vorgelegt. Sie sind gegen eine Schutzgebühr unter folgender Adresse erhältlich: https://www.fel-verlag.de/node/113	

Arbeit mit Qualitätsmerkmalen und Checklisten

S	Spezifisch	Ein Ziel sollte so konkret formuliert sein, dass für alle Beteiligten klar ist, was genau damit gemeint ist.
M	Messbar	Das Ziel sollte Angaben darüber enthalten, woran zu erkennen ist, dass das Ziel erfüllt worden ist. Insbesondere auf diesem Aspekt baut später eine Evaluation der Maßnahmen auf.
A	Attraktiv, anspruchsvoll	Der A repräsentiert gleich mehrere Aspekte: Ein Ziel sollte für diejenigen, die es umsetzen sollen, attraktiv sein, sonst werden sie es nicht verfolgen. Das Kriterium „anspruchsvoll“ beinhaltet, dass nicht irgendwelche Banalitäten oder Selbstverständlichkeiten als Ziel formuliert werden.
R	Realistisch	Durch das Kriterium „realistisch“ wird sichergestellt, dass das Ziel überhaupt erreichbar ist.
T	Terminiert	Und schließlich sollten Terminangaben festlegen, bis wann das Ziel erreicht sein soll. Bei komplexeren Projekten werden Zwischenschritte („Meilensteine“) terminlich fixiert.

Tabelle 6: SMART-Ziele (eigene Darstellung)

Der Prozess der Zielformulierung kann also durchaus länger andauern, weil hier genau zwischen den einzelnen Kriterien abgewogen werden muss. Folgende Beispiele illustrieren das:

	Zwei beispielhafte Ziele	
	Wir wünschen uns ein besseres Klima in unserer Schule.	*Durch eine intensivere Zusammenarbeit mit Eltern wollen wir unsere Bildungsergebnisse verbessern.*
S	Ein neu eingeführtes Anregungs- und Beschwerdemanagement gibt allen Eltern die Möglichkeit, sich an der Verbesserung des Klimas zu beteiligen. Alle Eingaben werden aus einem Gremium von Eltern, Lehrkräften und Schülerinnen und Schülern geprüft, entsprechende Maßnahmen von der Schule geschlossen.	Zielgruppe der Maßnahmen sind die Eltern der Eingangsklassen. Sie erhalten über den gesamten Bildungsabschnitt hinweg in jedem Schuljahr fünf Informationsveranstaltungen über familiäre Unterstützungsmöglichkeiten des Lernprozesses. Die Klassenleitungen kümmern sich intensiv um die Beteiligung aller Eltern, sodass jeweils mindestens 50 % der Elternschaft einer Klasse anwesend sind. Die Klassenleitungen achten darauf, dass besonders die Eltern sich beteiligen, bei deren Kindern die Entwicklung verbesserungswürdig ist. Zusätzlich findet monatlich eine offene Sprechstunde der Erziehungsberatungsstelle in der Schule statt, die von den Lehrkräften allen Eltern empfohlen wird, bei deren Kindern die schulische Entwicklung gefährdet ist und eine Beratung aussichtsreich erscheint.
M	In einer Elternbefragung verbessert sich zwischen Ausgangsbefragung Abschlussbefragung die Bewertung des Klimas auf einer fünfstufigen Skala um zwei Punkte.	In Relation zu den Durchschnittswerten der letzten fünf Jahre sollte • der Anteil der Schülerinnen und Schüler ohne Schulabschluss um 2 % gesenkt werden, • die Übergangsquoten zum nächsten Bildungsabschnitt um X Prozent verbessert werden.
A	Das Ziel wurde von allen Beteiligungsgremien deutlich unterstützt, insofern ist es attraktiv. Eine Steigerung um zwei Stufen ist sehr anspruchsvoll.	Das Ziel ist im Hinblick auf die notwendigen Aktivitäten sehr anspruchsvoll. Es wird vom Kollegium so nach einer offenen Aussprache mit großer Mehrheit akzeptiert.
R	Die Einführung des Beschwerdemanagements zusammen mit dem Beschwerdegremium ist machbar. Fraglich bleibt, ob alle vorgeschlagenen Maßnahmen bis zum Ende des geplanten Projektzeitraums umzusetzen sind (ggf. Verlängerung).	Für die Bildungsangebote für die Eltern wurde ein lokaler Kooperationspartner gefunden. Zur besseren Erreichbarkeit der Eltern findet eine Fortbildung für die Klassenleitungen statt. Sie werden im Verlauf des Projektes durch die schulpsychologische Beratungsstelle gecoacht. Die Erziehungsberatungsstelle hat sich bereit erklärt, die offene Sprechstunde anzubieten und die daraus resultierenden Begleitungsprozesse zu leisten.
T	Das Beschwerdegremium ist am Ende des ersten Quartals begründet und alle Eltern sind zu diesem Zeitpunkt informiert. Die Ausgangsbefragung über das Klima findet im ersten Quartal statt. Die Evaluationsbefragung findet am Ende des letzten Quartals des Schuljahres statt. Alle Eltern erhalten gemeinsam mit den Zeugnissen eine Information über das Ergebnis.	Die Maßnahme ist auf mehrere Jahre über den gesamten Bildungsabschnitt angelegt. Die Vergleichsdaten der vorausgegangenen Schuljahre sind erhoben. Die einzelnen Maßnahmen pro Schuljahr sind quantitativ festgelegt und werden jeweils zu Beginn terminiert.

Tabelle 7: Zwei beispielhafte Ziele in der SMART-Logik (eigene Darstellung)

Wenn die Ziele konkret ausgearbeitet sind, sollten sie noch einmal mit allen Beteiligten abgestimmt werden. Die beiden Beispiele, an denen dieser Prozess skizziert worden ist, machen deutlich, wie viele unterschiedliche Optionen eine Zielkonkretisierung bietet. Die Zielkonkretisierung beinhaltet immer Richtungsentscheidungen für die Umsetzung. Beide oben genannten Ziele könnten auch ganz anders „operationalisiert" werden.

6.5.3 Die Kraft der Sprache und Bilder: Mottoziele

Maja Storch hat mit dem Züricher Ressourcenmodell (ZRM; vgl. Dyllick/Weber/Storch 2020) die Diskussion um gute Ziele mit dem Konzept der Mottoziele bereichert. Dahinter steht die Idee, dass Ziele, wenn sie die Qualität von Neujahrsvorsätzen haben, selten genügend Kraft besitzen, um in die Umsetzung zu kommen. Um die eigenen unbewussten Anteile zu nutzen, braucht es neben der Logik stringenter Ziele auch die innere Macht des Unbewussten, welches durch Bilder und bildhafte Sprache aktiviert werden kann.

Daraus lassen sich praktische Arbeitsprinzipien ableiten:

- Ziele sollten immer von den Betroffenen in ihrer Sprache formuliert werden, „aus dem Herzen gesprochen". Das gilt sowohl für ein Kollegium als auch für eine Schulgemeinde. Wenn alle über das Ziel, welches der Schulleiter sich ausgedacht hat („Wir werden die beste Schule Deutschlands!"), denken: „Oh wie peinlich", dann wird es mit der Schule nicht vorangehen.
- Es ist überaus hilfreich, Bilder für Ziele zu finden. Maja Storch und Frank Krause haben ein Set mit aussagekräftigen Bildkarten entwickelt (Krause/Storch 2010). Davon angeregt habe ich ein Set mit Haltungskarten entwickelt (Bartscher 2019b), die in Zielfindungsprozessen eingesetzt werden können. Jede beteiligte Person sucht sich eine Karte aus, die ihre Visionen, Wünsche und Ziele repräsentiert, die sie „im Herzen anspricht".

B

Beispiel aus der Praxis: Ziele visualisieren oder – ein Nilpferd auf der Wiese

Eine Schule, in der ich zu Gast sein durfte, hatte in einer Phase, in der viele Projekte liefen und das gesamte Kollegium sehr aktiv war, festgestellt, dass viele Teammitglieder gestresst waren und über der Belastungsgrenze arbeiteten. Gemeinsam hatte man das Teamziel formuliert: „Wir nehmen uns Zeit! Wir achten uns gegenseitig und bleiben ruhig und gelassen". Zu diesem Ziel wurde eine Postkarte mit einem Bild von einem Nilpferd produziert, das auf der Wiese lag und auf dessen Rücken ein Vogel saß. Das Bild konnten alle auf dem Schreibtisch, am Spiegel oder im Kalender anbringen, um sich an das Ziel zu erinnern.

Methodenanleitung zur Zielentwicklung

6.6 Projektmanagement

Sosehr Projektarbeit eine kraftvolle Methode zur Gestaltung partizipativer Lernprozesse ist (vgl. den „Urvater" der Projektarbeit, John Dewey 1930), sosehr ist systematisches Projektmanagement als strukturierte Managementmethode (Heintel/Krainz 1990) hilfreich, Ziele in einem überschaubaren Zeitraum umzusetzen. Gute Projekte sind dadurch definiert, dass sie durch das Erreichen anspruchsvoller Ziele Neuentwicklungen und Innovationen in einer Organisation innerhalb eines definierten Zeitraums bewirken wollen. Gute Projekte kennzeichnet auch, dass sie quer zur gewohnten Organisationsstruktur aufgebaut sind und Menschen verschiedener Organisationseinheiten, die in der Regel sonst nichts miteinander zu tun haben, in eine gemeinsame Verantwortung bringen. Innerhalb von Schulen könnten also Lehrkräfte, Eltern und Schülerinnen zusammenarbeiten, klassenübergreifend aktiv sein und außerschulische Partner einbinden.

Gut konzipierte Projekte haben eine Leitungsstruktur bzw. sind an die bestehende Leitung angebunden, damit die in der Regel immer wieder auftauchenden Notwendigkeiten für Entscheidung kurzfristig getroffen werden können. Für Projekte werden im Idealfall detaillierte Projektpläne mit Meilensteinen (Termine, zu denen bestimmte Aufgaben erledigt sein sollen), Beteiligungsstrukturen, Ressourcenplanung, Öffentlichkeitsarbeit und einem Konzept für die Erreichung der Ziele aufgestellt.

Download: Anregungen zum Projektmanagement

6.7 Impulse für die Netzwerkarbeit

Abhängig von den gesetzten Schwerpunkten, Zielen und Projekten ist es hilfreich, die Netzwerkstruktur einer Schule gegebenenfalls anzupassen. Bei vielen Projekten und Maßnahmen, die über den üblichen Rahmen schulischer Aktivitäten hinausgehen, ist es sinnvoll, externe Partner einzubeziehen. Ausführliche Hinweise zu diesem Aspekt werden im Kap. 5 gegeben.

Je nachdem, welche Ziele gesetzt sind, folgt ihre Umsetzung im Alltag einer Schule einem passenden Vorgehen. Typisch sind zum Beispiel Erprobungsphasen für neue Maßnahmen und Umsetzungskonzepte, in denen eruiert wird, ob die Ziele sich auf diese Weise erreichen lassen. Im Falle eines positiven Ergebnisses müssen Entscheidungen getroffen werden, wie die Aktivitäten in die vorhandenen Strukturen integriert werden und in den Alltag des Schulbetriebs übergehen können. Hier kommt der kontinuierlichen Arbeit eines Steuergremiums besondere Bedeutung zu. Hier wird der Projektfortschritt reflektiert, hier werden Lösungen für Hemmnisse gesucht, hier kann bei Bedarf auch umgesteuert werden, wenn sich herausstellt, dass die Ziele nicht genau passen.

6.8 „Systematische Müllabfuhr“

Ein ganz wesentlicher Aspekt jeglicher Organisationsentwicklung ist die Überprüfung der Fragestellung daraufhin, ob all das, was irgendwann einmal begonnen wurde, auch dauerhaft weitergeführt werden soll oder ob es sich überlebt hat. In der Organisationsentwicklung hat sich der Begriff der „systematischen Müllabfuhr“ eingebürgert (vgl. Stöger 2016, S. 105 ff.). Bei jeder Form von Schulentwicklung, in der neue Elemente, Methoden, Arbeitsformen eingeführt werden, stellt sich die Frage der Ressourcen. Wer soll das mit welchen Kapazitäten leisten? Und genauso, wie es wichtig ist, Innovationen zu entwickeln und Neues einzuführen, ist es wichtig, alte Zöpfe abzuschneiden, sich von alten Hüten zu verabschieden. Dabei können folgende Fragen hilfreich sein:

- Was ist nicht mehr zeitgemäß? Ist z. B. die gesamte Energie, die wir in die Aufrechterhaltung der Schulbibliothek stecken, angesichts der vielfältigen digitalen Möglichkeiten noch berechtigt?
- Passt das, was wir tun, noch zu unseren Zielen und Schwerpunkten? Passt der Sponsorenlauf, den unsere Schule jährlich veranstaltet und der sehr viel Vorbereitungsaufwand kostet, noch zu unseren aktuellen Zielen?
- Was haben wir mal mit viel Energie begonnen, und haben wir die Energie heute noch? Ist die Dritte Welt AG, die vor einigen Jahren im Rahmen eines großartigen Projektes aufgebaut wurde, noch das, was wir wirklich erreichen wollen?
- Ist das, was wir tun, wirklich geeignet, um unsere Ziele zu erreichen? Ist zum Beispiel unser Elternsprechtag, in dem pro Gespräch 7 Minuten Zeit eingeplant sind, wirklich eine Option, um Erziehungs- und Bildungspartnerschaften zu pflegen?

Wenn diese Fragen nicht gestellt und auch entsprechende Entscheidungen nicht getroffen werden, besteht folgende Gefahr: Organisationsentwicklung wird dann systematisch zu einer Steigerung und Häufung von Anforderungen und Aufgaben führen. In vielen Schulen ist ein entsprechendes Klima des rastlosen Abarbeitens irgendwelcher seit Jahren gewohnten Rituale und Abläufe zu erleben, insbesondere in den engagierten und entwicklungsfreudigen. Wenn dann für eine bessere Zusammenarbeit mit Eltern ein neuer Prozess eingeführt werden soll, sagen viele Mitglieder des Kollegiums mit Recht: „Wann sollen wir das denn noch machen?“ Das ist ein seit vielen Jahren häufig zu hörender Einwand. Doch was steckt genau dahinter? Was oftmals als Widerstand interpretiert wird, ist nicht mehr als der berechtigte Hinweis, dass es wichtig ist, sich für Neues auch neue Ressourcen zu verschaffen und dafür Altes aufzugeben.

6.9 Lernprozesse organisieren – Fort- und Weiterbildung

„Lernen von Organisationen ist nicht denkbar ohne das Lernen und die Entwicklungsbereitschaft ihrer Mitglieder" (Bormann 2000, S. 2). Der Begriff der „lernenden Organisation" kann als Metapher dafür verstanden werden, wie eine Schule sich weiterentwickelt. „Schule als lernende Organisation" oder auch „Lernende Schule" sind seit vielen Jahren eine von Wissenschaftlern mit großem Interesse verfolgte Entwicklung (Schratz/Pant/Wischer 2013). Die dafür notwendigen Veränderungsprozesse finden auf mehreren Ebenen statt:
- Im Rahmen von Schulentwicklung korrespondieren idealerweise Leitziele, Ziele, Methoden, Strukturen, Regeln und Arbeitsweisen miteinander.
- Damit dieser Entwicklungsprozess gelingt, sind die Lernprozesse aller beteiligten Menschen – auch der Eltern – erforderlich.

In der Konsequenz müssen sich also die Prozesse der Schulentwicklung in den Zielen und Inhalten der Fortbildungsplanung wiederfinden. Für die einzelnen Gruppen kann dies zum Beispiel bedeuten, dass
- Lehrkräfte und pädagogische Fachkräfte sich mit wissenschaftlichen Erkenntnissen zur Zusammenarbeit mit Eltern auseinandersetzen, sich in Gesprächsführung und Beratung weiterbilden, sich neue Methoden der Kooperation aneignen,
- die in der Schule engagierten Eltern geschult, angeleitet und betreut werden,
- Eltern im Sinne einer heimbasierten Elternarbeit Bildungsangebote, Beratung und Unterstützung erhalten und
- Schülerinnen und Schüler in der Wahrnehmung ihrer Beteiligungsrechte und der Mitgestaltung von Schule geschult werden.

6.10 Reflexion – Evaluation

Wenn der Begriff der „Evaluation" unter Lehrkräften und Fachkräften immer wieder deutlichen Widerstand auslöst, liegt das daran, dass die vielfältigen Evaluations-, Monitoring- und Controllingansätze im deutschen Schulsystem und in der Bildungsforschung als unübersichtlich und wenig praxisrelevant erlebt werden. Das Sprichwort „Vom Wiegen wird die Kuh nicht fetter!" spiegelt die Stimmungslage recht gut. Trotzdem ist es sinnvoll und notwendig, sich regelmäßig zu vergewissern, ob die Ziele erreicht wurden und welche neuen Ziele sich aus den Erfahrungen ergeben.

Vier Argumente sprechen für eine Evaluation: Evaluation beginnt erstens mit der Zielentwicklung, indem Ziele so klar formuliert werden, dass sie überprüfbar sind (SMART!). Im besten Fall sind, zweitens, Indikatoren der Zielerkennung schon in die Ziele integriert. Es schließt sich drittens die Auswahl bzw. Konstruktion der Messinstrumente an; diese werden eingesetzt und ausgewertet. Abschließend kann viertens festgestellt werden, wieweit die intendierten Ziele erreicht wurden (vgl. Merkens 2016, S. 206).

Reflexion und Evaluation koppeln sich an die Bausteine der Schulentwicklung an zwei Stellen an:

- An die Arbeit der Beteiligungsgremien: Dort kann jeweils eine Reflexion darüber stattfinden, wie Entwicklungen wahrgenommen und bewertet werden.
- An Beteiligungsinstrumente: Jede Befragung und jeder Workshop kann auch eine Zielüberprüfung implementieren.

Hilfreich ist aus meiner Sicht ein systemisches Verständnis von Evaluation (vgl. DeGEval 2013). Denn dann geht es beim Stellen einer Frage nicht in erster Linie um die Antwort, sondern um die ausgelösten Reflexionsprozesse. Ganz so wie eine Beraterin einer Klientin eine Frage stellt – nicht vorrangig, um sie besser kennenzulernen, damit sie ihr am Ende die Lösung verordnen könnte – sondern um durch gute Fragestellungen zum Nachdenken und zur Suche eigener Lösungen anzuregen. So lösen Evaluationsinstrumente reflexive Prozesse aus, die mehr sind als die Bewertung eines früheren Zustandes.

Ein systemisches Verständnis von Evaluation: wie gute Fragen Lernprozesse vertiefen

Ich habe im Rahmen der Evaluation eines Elterntrainings (Geschäftsstelle Elternschule Hamm 2011) Teilnehmergruppen befragt, wie sie das Elterntraining erlebt haben und was es bei ihnen bewirkt hat. In spannenden Gesprächen, die für die Auswertung aufgezeichnet und ausgewertet wurden, berichteten die Teilnehmenden über ihre Erfahrungen. Sie beschrieben z. B., wie es ihnen gelang, in einen chaotischen Familienalltag mehr Struktur zu bringen und wie gut ihnen das selbst und den Kindern tat, wenn es gelang. Sie hatten auch Möglichkeiten erarbeitet, schwierige Situationen ohne Gewalt zu lösen. In der Beschreibung der Erfahrung wurde deutlich, wie entlastend und befreiend diese Erfahrungen waren. Der Reflexionsprozess wurde gleichzeitig zu einem Lernprozess, weil den Teilnehmenden Dinge klarer und bewusster wurden, wenn sie sie formulierten. Dass sie sich trauten, diese Dinge einem Vertreter des Jugendamtes zu erzählen, stärkte ihr Selbstvertrauen und ihre Sicherheit, dass sie diesen Weg weiter verfolgen würden. Ein solches Verständnis ist mir deshalb wichtig, weil es den Aufwand für Evaluation ganz anders legitimiert und viel besser und organischer in Entwicklungsprozesse zu integrieren ist.

7 Mit Eltern erfolgreich zusammenarbeiten – eingebettet in regionale Bildungsnetzwerke

„Größere schulische Selbstständigkeit ist notwendig, aber noch nicht hinreichend, um die Qualität der schulischen Arbeit und insbesondere des Unterrichts zu steigern. Ebenfalls erforderlich ist, dass selbstständige Schulen als Teil ihrer Region verstehen und in ihrer Region wirksam unterstützt werden" (Lohre 2005, S. 16). Dieses für die Bildungsarbeit mit Schülerinnen Gesagte gilt für die Arbeit mit Eltern umso mehr. In diesem Kapitel habe ich zunächst Erfahrungswerte aus meiner langjährigen Praxis als Koordinator und Netzwerkmanager zusammengetragen. Aus diesem Reflexionsprozess – gemeinsam mit vielen Mitstreitenden – sind die folgenden Empfehlungen entstanden. Veranschaulicht werden die Hinweise für gute Netzwerkarbeit durch einen Bericht der Bildungsinitiative RuhrFutur, die seit Jahren Vernetzungsprojekte mit Kommunen im Ruhrgebiet organisiert und auf einen reichen Erfahrungsschatz blicken kann.

7.1 Warum Netzwerkarbeit? Begründungen

Immer wieder habe ich Stimmen wie diese gehört: „Warum konzentrieren wir uns nicht darauf, einfach guten Unterricht zu machen? *Das* ist doch unser Job!" Lehrkräfte waren frustriert über unergiebige Arbeitskreissitzungen, über die Unübersichtlichkeit der vielen Beteiligten, wenn es um die Unterstützung von Familien in schwierigen Fällen geht, und über den fehlenden Gewinn von Kooperationen für die eigene Arbeit. Wenn man die Qualität der Arbeit mancher Netzwerke betrachtet, ist dies ein nachvollziehbarer Standpunkt.

Dennoch gibt es evidente Gründe für gute Netzwerkarbeit. Vernetzung ist kein Luxus, den man sich leisten kann, wenn wenig zu tun ist. So wie Bildung innerhalb der Schule ohne Teamarbeit nicht mehr professionell zu realisieren ist, so kann keine Schule ihre Ziele guter Bildung ohne ein qualifiziertes Netzwerk und potente und kompetente Kooperationspartner umsetzen. Warum?

- *Anspruchsvolle Ziele erfordern Vernetzung.* Wenn Schulen die umfassenden, zum Teil visionären Ideen der Bildungs- und Erziehungspartnerschaft umsetzen wollen, sind sie systematisch auf Kooperation angewiesen;

- einerseits aus fachlichen Gründen, weil schulische Fachkräfte nach meiner Erfahrung nicht alle notwendigen Themen und Arbeitsweisen beherrschen,
- andererseits unter Ressourcenaspekten, weil die schulischen Profis nicht die gesamte Arbeit leisten können, die zur Bewältigung der Herausforderungen notwendig ist.

- *Die Wirkungszusammenhänge, die gute Bildung bedingen, sind komplex.* Das in Kap. 1.2.1 beschriebene sozialökologische Entwicklungsmodell beschreibt anschaulich die verschiedenen Umwelten eines Heranwachsenden, die seine Entwicklung beeinflussen. Kinder lernen in allen Lebenswelten, nur leider nicht immer das, was Schule sich wünscht. Das beginnt in der Familie, mit wachsendem Alter in der Nachbarschaft, auf der Straße, in der Clique, im Jugendzentrum oder Sportverein und in virtuellen Lebenswelten. Schulische Entwicklung ist auf eine möglichst gute Synchronisation dieser Umwelten angewiesen, sonst wirken die Effekte auf die Bildungsergebnisse konträr. Um es ganz deutlich zu sagen: In der heutigen Welt kann kein Bildungsakteur seine Ziele allein erreichen, vor allem dann nicht, wenn besondere Herausforderungen bei den Adressaten vorliegen.
- *Gelingende Entwicklung und gutes schulisches Lernen ist nur zu einem geringen Teil von gutem Unterricht abhängig.* Die Zeiten, in denen gut für den Unterricht erzogene Kinder in der Schule sozusagen „abgeliefert" wurden, sind vorbei (vgl. Kap. 1). Heute ist der Umgang mit Vielfalt ein Auftrag der Schule – und zwar abseits von Inklusion. Oder anders gesagt: Inklusion zeigt sich daran, wie passgenau Schule für alle Kinder da ist. Alle Kinder bringen individuelle Entwicklungsanforderungen im intellektuellen, im sozialen, im physischen und im psychischen Bereich mit. Dies erfordert systematisch multiprofessionelle Herangehensweisen, weil Lehrkräfte nicht alle professionellen Kompetenzen abdecken können und weil auch nicht alle Professionalitäten in der Schule vertreten sind. Sinnvoll wäre allemal eine Schule, in der neben den jetzt schon vertretenen Berufsgruppen auch Ärztinnen, Psychologen, Heilpädagoginnen, Sozialkompetenz-Coaches, Erziehungsberaterinnen und weitere Berufsgruppen arbeiten würden. Doch solange die Fachsysteme Bildung, Jugendhilfe, Gesundheit, Soziales in Deutschland getrennt organisiert sind, ist ein organisationsübergreifendes, also vernetztes Zusammenarbeiten notwendig.

Wenn man also anerkennt, dass vernetztes Arbeiten sinnvoll und notwendig ist, stellt sich die Frage, wie sie effektiv und wirkungsvoll organisiert sein kann.

7.2 Gesetzliche Grundlagen und Berufsstandards

Ein Blick in verschiedene Schulgesetze der Länder zeigt, dass die in diesem Kapitel beschriebenen Hinweise für vernetztes Arbeiten sich dort noch nicht so umfassend widerspiegeln, wie es hilfreich wäre. In einigen Schulgesetzen sind keine Hinweise zu finden. In anderen steht ein einziger Satz, z. B. ist im bayerischen und hessischen Schulgesetz die identische Aussage formuliert: „Die Öffnung der Schule gegenüber ihrem Umfeld ist zu fördern" (Schulgesetz Bayern Art. 2 Abs. 5, Schulgesetz Hessen § 16 Abs. 1). Andere Bundesländer sagen dazu:

- Niedersachsen § 25 (3): „Schulen arbeiten mit den Trägern der öffentlichen und freien Jugendhilfe sowie anderen Stellen und öffentlichen Einrichtungen, deren Tätigkeit sich wesentlich auf die Lebenssituation junger Menschen auswirkt, im Rahmen ihrer Aufgaben zusammen."
- Brandenburg § 9 (1): „Die Schulen sollen mit anderen Stellen und öffentlichen Einrichtungen, deren Tätigkeit sich auf die Lebenssituation junger Menschen und ihrer Familien auswirkt, im Rahmen ihrer Aufgaben und Befugnisse zusammenarbeiten."
- Nordrhein-Westfalen § 5 (1): „Die Schule wirkt mit Personen und Einrichtungen ihres Umfeldes zur Erfüllung des schulischen Bildungs- und Erziehungsauftrages und bei der Gestaltung des Übergangs von den Tageseinrichtungen für Kinder in die Grundschule zusammen."

Der einzige Bereich, in dem für Schulen der Auftrag für eine vernetzte Arbeit explizit und ausführlich geregelt ist, ist der Bundeskinderschutz (§ 3 KKG Abs. 2). Das Gesetz formuliert für kommunale Netzwerke zum Kinderschutz: „In das Netzwerk sollen insbesondere Einrichtungen und Dienste der öffentlichen und freien Jugendhilfe (...) Schulen, Polizei- und Ordnungsbehörden, Agenturen für Arbeit, (...) Beratungsstellen für soziale Problemlagen, (...) Familienbildungsstätten, Familiengerichte und Angehörige der Heilberufe einbezogen werden." Die Netzwerke sollen in der Regel durch die kommunalen Jugendämter organisiert werden und verbindlich zusammenarbeiten. In den Standards für die Lehrerbildung taucht der Gedanke einer über die Schule hinausgehenden Vernetzung dagegen überhaupt nicht auf (vgl. KMK 2004).

7.3 Fachliche Grundlagen: Das Leitbild regionaler Bildungslandschaften

„Selbstverständlich ist die Einsicht in die Bedeutung des lokalen Gemeinwesens bzw. der Region für die Bildungs- und Erziehungsprozesse von Kindern und Jugendlichen nicht neu. Gleichwohl wurde und wird die Region im Bereich der Bildung und vor allem für die Schule bisher in Deutschland systematisch in ihrem Stellenwert unterschätzt" (Lohre 2004, S. 17). Das Leitbild der „Regionalen Bildungslandschaften" war das Ergebnis eines Projektes zur „Selbstständigen Schule", das 2002 von der Bertelsmann-Stiftung gemeinsam mit der NRW-Landesregierung begonnen wurde. Neben der Entwicklung einer qualitätsorientierten Selbststeuerung wurde der Fokus auf die Initiierung und Verbesserung der Zusammenarbeit mit Akteuren aus dem gesellschaftlichen Umfeld von Schulen gelegt. Der Projektansatz basierte auf einem erweiterten Bildungsbegriff, der die Wichtigkeit nichtformaler und informeller Bildungsprozesse anerkennt (vgl. Kapitel 1.2 und 1.10). „Schulen müssen offen dafür sein, Entwicklungen aus anderen gesellschaftlichen Systemen, aus den Lebenswelten der Kinder und Jugendlichen aufzunehmen" (ebd.).

Die Idee einer regionalen Bildungszusammenarbeit wurde nicht als Additiv zu einem schulischen Kerngeschäft konzipiert, sondern konsequent aus der Unterrichtsentwicklung heraus gedacht. Unterricht sollte so gestaltet sein, dass er Bezüge in die Lebenswelt der Jugendlichen thematisiert und aufgreift und in ihr agiert. Gleichzeitig kann er Ressourcen durch andere Lernformen im Bereich der Sozialkompetenz und der Handlungskompetenz nutzen. Wenn eine Schülerin als Trainerin oder Schiedsrichterin im Fußballverein tätig ist oder ein Schüler ein Instrument erlernt und sich im Musikverein engagiert, können hier Kompetenzen erworben werden, die Schule so meist nicht vermitteln kann und von denen Schule profitiert. Nicht zuletzt sind Übergänge aus der Schule in den Beruf durch die Ankopplung in die Bildungslandschaften leichter zu gestalten.

7.4 Mit wem vernetzen?

Eine sinnvolle Vernetzung sollte sich durch die Ziele und Schwerpunkte der laufenden und der zukünftig geplanten Arbeit ergeben. Die meisten der Probleme mit Netzwerkarbeit, die häufig beklagt werden, resultieren daraus, dass dieser Grundsatz nicht beachtet wird. Mit Blick auf die systematische Entwicklung von Bildungs- und Erziehungspartnerschaften sind nach meiner Erfahrung Kooperationen besonders in folgenden Bereichen hilfreich und wichtig:

- Die Kooperation mit den Bildungseinrichtungen des vorhergehenden und nachfolgenden Bildungsabschnittes hilft bei der Gestaltung der Übergänge.
- Bei der heimbasierten Zusammenarbeit zur Stärkung des Bildungsortes Familie können Kooperationspartner Informations- und Bildungsangebote, Beratung und Unterstützung für die Familien leisten.
- Multiprofessionelle Zusammenarbeit hilft bei der Diagnostik, Beratung und Therapie von Entwicklungs-, Lern- und Verhaltensproblemen.
- Kooperationen begleiten den Prozess der Überleitung in geeignete Beratung und Unterstützung; z. B. dann, wenn in der Zusammenarbeit familiäre Problemlagen deutlich werden, die sich negativ auf die Entwicklung eines Kindes auswirken.
- Unumgänglich ist die Zusammenarbeit bei der Umsetzung des Kinderschutzes, wenn die Schule Beratung durch Kinderschutzfachkräfte benötigt, notwendige Hilfen initiieren will oder letztlich den Übergang zum Jugendamt gestalten muss.

Abb. 17 gibt einen systematischen Überblick über die unterschiedlichen Vernetzungsebenen. Tabelle 8 stellt eine Übersicht über mögliche Kooperationspartner und mögliche Kooperationsaspekte dar. Daneben gibt es weitere wichtige Akteure, die hier nicht berücksichtigt sind (z. B. die Wirtschaft im Übergang Schule - Beruf u.v.m.)

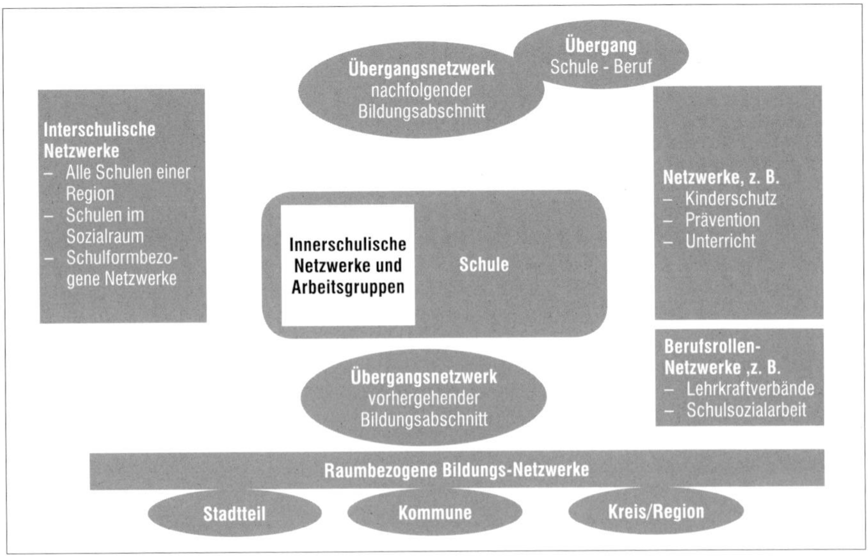

Abb.17: Übersicht über potenzielle Netzwerke im Umfeld einer Schule (eigene Darstellung)

Tab. 8: Übersicht über wichtige Kooperations- und Netzwerkpartner mit Fokus Bildungs- und Erziehungspartnerschaft

Kooperationspartner	Kooperationsleistungen
Eltern- und Familienbildung	• Informationsveranstaltungen und Bildungsangebote für Eltern rund um alle Erziehungs- und Bildungsthemen
Schulpsychologische Beratungsstellen	• Einzelfallarbeit (Diagnostik, Elternberatung) • Krisenprävention und Krisenmanagement • Fortbildung • Fachberatung • Coaching/Supervision
Erziehungsberatungsstellen	• Diagnostik • Beratung der Eltern, Jugendlichen und Kinder • Fachkräfteberatung (auch im Kinderschutz) • Fortbildungen für Fachkräfte • Informationsveranstaltungen und Bildungsangebote für Eltern rund um Erziehungs- und Entwicklungsthemen
Kinder- und Jugendärzte (sowohl die niedergelassenen als auch die des öffentlichen Gesundheitsdienstes)	• Einbeziehung im Einzelfall bei medizinischem Klärungsbedarf • Fortbildungsangebote für die Lehrkräfte • Informationsveranstaltungen und Bildungsangebote für Eltern
niedergelassene Kinder- und Jugendtherapeuten	• Diagnostik und therapeutische Angebote für die Kinder und Jugendlichen • Beratung der Eltern • ggf. Informationsveranstaltungen für Eltern
Polizei	• *Präventionsbereich:* Informationsveranstaltungen für Eltern und Schülerinnen zu Themen wie „Digitale Kommunikation und Gefährdungen", Mobbing, Jugenddelinquenz, Drogenmissbrauch • *Interventionsbereich:* Zusammenarbeit bei Übergriffen, Mobbing, Bedrohungslagen
Jugendsuchtberatung	• Beratung der Eltern und Jugendlichen • Informationsveranstaltungen für Fachkräfte • Informationsveranstaltungen und Bildungsangebote für Eltern
Medienzentren	• Informationsveranstaltungen für Fachkräfte und Eltern rund um Mediennutzung und Medienkonsum
Sponsoren, Stiftungen, Fördermittelgeber für die Elternarbeit	• Finanzierung von zusätzlichen Projekten und Maßnahmen
Ggf. Elternorganisationen	• Gemeinsame Veranstaltungen • Schulungsangebote für Eltern mit Vertretungsmandaten
Jugendamt – Kinder- und Jugendhilfe (Die wesentlichen Strukturen der Kinder- und Jugendhilfe sind aufgrund der bundesweit geltenden gesetzlichen Grundlage gleich, im Einzelfall können Jugendämter jedoch sehr unterschiedlich organisiert sein.)	

Allgemeiner Sozialer Dienst (ASD)	• Hilfen zur Erziehung für Eltern, Kinder und Jugendliche (freiwillig, auf Antrag) • Kinderschutz: Tätigwerden bei gewichtigen Anhaltspunkten auf Kindeswohlgefährdung (nachrangig bei schulischerseits erkannten Gefährdungen)
Beratung durch „insoweit erfahrene Fachkräfte" bei einer vermuteten Kindeswohlgefährdung (vgl. Kap. 8)	• Beratung durch insoweit erfahrene Fachkräfte
ASD oder eigener Fachdienst	• Bearbeitung von Anträgen auf Eingliederungshilfen für Kinder mit seelischen Behinderungen
Prävention	• Frühe Hilfen • Präventionsnetzwerke organisieren • Präventionsprojekte fördern
Kinder- und Jugendförderung	• Angebote im Bereich der Freizeitgestaltung, Kinder- und Jugendzentren, Ferienangebote • Sozialkompetenztrainings
Erzieherischer Kinder -und Jugendschutz	• Beratung im Einzelfall, sowohl der Fachkräfte als auch der Eltern bei Themen wie (Cyber-)Mobbing, digitale Kommunikation (Risiken und Chancen), Abhängigkeiten • Fortbildungsangebote für Fachkräfte • Informationsveranstaltungen für Eltern

Tabelle 8: Übersicht über mögliche Kooperationspartner und mögliche Kooperationsaspekte

7.5 Ebenen und Intensität der Zusammenarbeit

Die Intensität der Zusammenarbeit kann sehr unterschiedlich sein (vgl. Abb. 18). Die Basis aller Vernetzungstätigkeiten bilden das gegenseitige Kennenlernen der Fachkräfte, die Transparenz über die jeweiligen Arbeitsbereiche und der Erfahrungsaustausch. Viele Vernetzungsstrukturen beschränken sich allein auf diese Ebene. Auf einer zweiten Ebene kommt es zu einer fallübergreifenden Abstimmung, und zwar immer dann, wenn Netzwerkmitglieder regelmäßig in Einzelfällen zusammenarbeiten. Dazu gehören die gegenseitige Information über die jeweiligen Arbeitsansätze (z. B. wenn sich Schule und Jugendamt über ihre Arbeit im Kinderschutz austauschen und sich gegenseitig Rechtsgrundlagen, Prinzipien, Methoden, Grenzen ihrer Möglichkeiten erläutern) und möglicherweise die Abstimmung von Interventionen. Vernetzung ist z. B. sinnvoll und notwendig, wenn eine Schule einen Schüler per Ordnungsmaßnahme vom Unterricht ausschließt, während das Jugendamt feststellt, dass der fehlende Schulbesuch eine Gefährdung verstärkt.

Auf den nächsten Ebenen der Pyramide werden gemeinsame Aktivitäten durchgeführt, das können Fachtage sein, gemeinsame Fort- und Weiterbildungen (z.B. zu pädagogischen Konzepten, zur Qualität der Zusammenarbeit mit Eltern oder zu wissenschaftlichen Erkenntnissen über Motivation) oder schließlich sogar gemeinsame Projekte (z.B. die Erarbeitung übergreifender Qualitätsmerkmale; vgl. z.B. Ortenaukreis 2019).

Abb. 18: Ebenen von Netzwerkarbeit (eigene Darstellung)

7.6 „Wenn ich nicht mehr weiterweiß, gründ' ich einen Arbeitskreis!" – Wenn Vernetzung zur Verstrickung wird ...

So wichtig und so notwendig Vernetzung für eine erfolgreiche Arbeit in Bildungseinrichtungen ist, so groß ist die Gefahr, sich in der Vielfalt der Vernetzungsoptionen zu verheddern. Folgende Punkte sind hier kritisch anzumerken:

7.6.1 Die „heimlichen Regeln" der Netzwerkarbeit

Der immer wieder mal zitierte Spruch zur Vernetzung („Und wenn ich nicht mehr weiterweiß, gründ' ich einen Arbeitskreis ...!") verweist auf die unerwünschten Effekte, inoffiziellen Regeln und Aufträge unterhalb der offiziellen Selbstverständnisse und Ziele eines Netzwerkes. Diese „heimlichen Regeln" sind oftmals viel wirkmächtiger als die offiziellen Regeln, vergleichbar mit dem schulischen „heimlichen Lehrplan". Sie können verhindern, dass Netzwerkarbeit effektiv wird.

Viele bestehende Netzwerke begründen sich nicht aus den aktuellen Entwicklungszielen einer Schule, sondern aus anderen Motiven: weil z. B. bestimmte Fachkräfte gerne zusammenarbeiten wollen; weil die Zusammenarbeit zu einem früheren Zeitpunkt sinnvoll war; weil die Einrichtungen im gleichen Stadtteil liegen; weil Fachkräfte andere Fachkräfte der gleichen Berufsgruppe treffen wollen. Diese Motivationen sind nicht verwerflich, doch dürfen sie nicht im Vordergrund stehen.
Unter den „heimlichen Regeln" gibt es Regeln wie

- „Wenn du zu einer Netzwerksitzung gehst, sieh zu, dass du keinen Auftrag übernimmst, du hast schon genug zu tun ..."
- „Ich will nur Informationen, aber ich will mich nicht engagieren ..."
- „Es ist schön, zum Arbeitskreis zu gehen. Da gibt es Kaffee und ich bin für zwei Stunden dem Arbeitsdruck entronnen."
- „Ich weiß eigentlich nicht, was ich da soll, aber ich fühle mich wohl und gehe gern dahin."
- „Ich habe zwar mit dem Thema nichts am Hut, aber ich treffe da die richtigen Kollegen, mit denen ich gerade was zu klären habe ..."
- „Es tut mir gut hierherzukommen. Hier kann man immer so richtig über alles meckern, über die Politik, fehlendes Geld, mangelnde Wertschätzung ...!"

7.6.2 Vielfalt und Unübersichtlichkeit der Netzwerkstrukturen

Bei der Beschäftigung mit der Professionalisierung von Vernetzung fällt auf, dass sich die jeweiligen „Proklamateure" bestimmter Vernetzungsansätze jeweils nur auf einen bestimmten Bereich der Vernetzung beschränken. So gibt es Konzepte der Vernetzung für frühe Hilfen und Kinderschutz (Ziegenhain u. a. 2010), zur Gestaltung von Übergängen zwischen den Bildungsabschnitten (vgl. z. B. Sartory u.a. 2018), zur Unterrichtsentwicklung (Jungermann u.a. 2018), zum Thema Rechtsextremismus (Büttner u. a. 2015).

Alle diese Netzwerke können auch für Schulen relevant sein. Hinzu kommen Bildungsnetzwerke für die regionalen Bildungslandschaften und ggf. auch noch berufsrollenbezogene Vernetzungen (z. B. Gewerkschaften oder Facharbeitskreise). Kurzum: Wenn die schulische Vernetzung nicht reflektiert und bewusst gestaltet wird, kommt es zu einer Unübersichtlichkeit, bei der keiner in der Schule genau weiß, wo seine Schule überall vernetzt ist. So entwickelt sich Vernetzung zu einem Zeiträuber.

Bettina Kubanek-Meis, die Schulleiterin der Gesamtschule Barmen in Wuppertal (2015 ausgezeichnet mit dem Deutschen Schulpreis), hat in einem Interview die Herausforderung von vernetztem Arbeiten sehr ehrlich reflektiert: „Wir hätten von Anfang an systematischer vorgehen sollen. Das war einer unserer best failure. Heute hängt zum Beispiel eine Unterrichtspartitur vor jedem Trakt der Jahrgangsstufen; für alle sichtbar, auch für Eltern und Gäste unserer Schule. Dort erkennen sie das vernetzte Arbeiten der verschiedenen Fächer. Und es gibt an zentraler Stelle eine große Wand, wo sich jeder informieren kann, wo und wie sich unsere Schule engagiert. (Schratz/Michels/Wolters 2021, S. 102)

7.6.3 Mangelnde Effektivität der Netzwerkarbeit

Folgende Risiken kommen neben der Unübersichtlichkeit noch dazu:

- Die Steuerung von Netzwerken haben die Fachkräfte meist nicht gelernt, insofern leiden viele Netzwerke an der Qualität der Organisation und Steuerung.
- Viele Netzwerke leiden an der fehlenden professionellen Haltung und dem mangelnden Engagement der mitwirkenden Fachkräfte.
- Unklarheit über Arbeitsweise, Zusammensetzung, Ziele, Auftrag verhindert zielorientiertes effektives Arbeiten.
- Konkurrenz – zumindest intransparente Konkurrenz – ist oftmals hinderlich. Das Feld der Bildung und des Sozialen ist kein konkurrenzfreies oder gar altruistisches Gebiet mehr, war es vielleicht auch nie. Träger und Akteure konkurrieren um Ressourcen, öffentliche Wahrnehmung, Teilnehmer, Kinder und Kompetenzen. Schwierig wird es immer dann, wenn die Konkurrenz subtil und intransparent ausagiert wird.

7.7 Hinweise zur effektiven Gestaltung der schulischen Vernetzung

Je stärker sich Netzwerkarbeit strategischen Zielen und Entwicklungen unterordnen soll, umso stärker sehe ich in diesem Zusammenhang die Notwendigkeit systematischer Planung und systematischen Netzwerkmanagements.
Die Achtsamkeit für bestehende Vernetzungsstrukturen, ihre Pflege und Weiterentwicklung, aber auch ihre Überprüfung und Anpassung ist Teil des schulischen Managements und gehört zu einer einer professionellen Bildungs- und Erziehungspartnerschaft unbedingt dazu. Damit Vernetzung nicht im unverbindlichen „miteinander Kaffee trinken" verbleibt, muss sie professionell gemanagt werden. Die folgenden Punkte geben hierzu Anregungen.

7.7.1 Netzwerk- und Kooperationsanalyse sowie Netzwerk- und Kooperationsplanung

Jede Einrichtung sollte regelmäßig ihre Netzwerk- und Kooperationsstruktur reflektieren, überdenken und an die aktuellen Bedarfe anpassen.

- Der erste Schritt ist die Bestandserhebung der Vernetzung. Dabei ist es wichtig, das gesamte Kollegium einzubeziehen, denn vielen Leitungskräften ist überhaupt nicht klar, in wie vielen Netzwerken ihre Schule beteiligt ist bzw. mit wem sie regelmäßig kooperiert (s. Zitat Kubanek-Meis).
- Als Zweites sollte eine Bestandsbewertung stattfinden, und zwar für jede Vernetzung und Kooperation.
- Im dritten Schritt erfolgt die Netzwerkplanung. Hier stehen die Ziele für die Weiterentwicklung der Bildungs- und Erziehungspartnerschaft an oberster Stelle. Sie geben die Kriterien für Planungsentscheidungen vor. Dazu gehört auch das Prinzip der „systematischen Müllabfuhr": Welche Beziehungen sollten eingestellt oder deutlich reduziert werden? Darauf gilt es, eindeutige Antworten zu finden und abzustimmen.

Für die Überprüfung der Netzwerkstruktur empfehlen Jungermann u.a. (2018) als alternatives Vorgehen die Managementmethode der „SWOT-Analyse" (vgl. Tab. 9). Aus der Perspektive einer Schule könnte die Analyse so aussehen:

S	Strengths Stärken	• Was sind unsere Stärken? • Welche Kompetenzen, Wissen und Ressourcen haben wir? • Wie und wovon können Netzwerkpartner profitieren?
W	Weaknesses Schwächen	• Wo liegen unsere größten Defizite und Unterstützungsbedarfe in der Zusammenarbeit mit Eltern? • In welchen Netzwerken und welchen Kooperationen bringt der von uns betriebene Vernetzungsaufwand keinen oder zu wenig Gewinn? • Welche Vernetzungsstrukturen waren früher wichtig, sind es heute aber nicht mehr?
O	Opportunities Chancen	• Welche Partner sind kompetent und haben Ressourcen, um uns genau in den Bereichen zu unterstützen, die wir benötigen? • Wie können wir die Partner motivieren, noch besser und enger mit uns zusammenzuarbeiten?
T	Threats Bedrohungen	• Welche Hindernisse könnte es geben? • Welche Konflikte und Schwierigkeiten könnten auftreten oder sind früher aufgetreten?

Tab. 9: SWOT-Analyse (eigene Darstellung)

Neben der Zielorientierung gibt es sicher noch andere legitime Gründe für die Beteiligung in Netzwerken. Für einzelne Fachkräfte ist das Engagement in einem Netzwerk zu einer beruflich-persönlichen Angelegenheit geworden, manche Fachkräfte sind mit bestimmten Netzwerken richtiggehend „verwachsen". Dann gibt es wiederum prominente neue Netzwerke, die von der Bürgermeisterin einberufen wurden und in denen sich eine Schule z. B. aus strategischen Gründen blicken lassen sollte. Entscheidend ist an dieser Stelle vor allem, dass die Ziele nicht aus dem Blick bzw. gegenüber all diesen Aspekten nicht ins Hintertreffen geraten.

7.7.2 Klare Aufträge für Netzwerke und die dort tägigen Fachkräfte

Je stärker die Mitarbeit in einer Kooperationsbeziehung bzw. einem Netzwerk der strategischen Zielerfüllung einer Schule dient, umso weniger ist die Mitarbeit im Netzwerk eine persönliche Angelegenheit einer Fachkraft, wie das früher bei den selbstorganisierten Netzwerken der Fall war. Deshalb ist eine *Auftragsklärung* wichtig. Sie betrifft die beiden folgenden Ebenen:

- Netzwerke sind „Chefsache": Der Auftrag des Netzwerkes kann von den Mitgliedern erarbeitet werden, z. B. im Rahmen eines Auftaktworkshops, oder er ergibt sich aus übergeordneten Interessen: durch gesetzliche Regelungen, durch Entscheidungen der Schulaufsicht und/oder des Schulträgers, durch kommunale Vorgaben. Wichtig ist, dass die Aufträge in die Leitungsebenen aller Beteiligten kommuniziert und transparent sind und dass insbesondere bei selbst erarbeiteten Aufträgen die jeweilige Leitungsebene zustimmt. Sonst kommt es beim ersten Konflikt um Aktivitäten oder inhaltliche Ausrichtungen zu Blockaden.
- Netzwerke brauchen für ihre Arbeit Ressourcen: Die Mitarbeit der beteiligten Fachkräfte setzt eine eigene Motivation der Fachkräfte voraus, sollte aber auch mit den jeweiligen Leitungen ausgehandelt sein. Das betrifft den Arbeitsaufwand, der für die Netzwerkarbeit aufgebracht wird, z. B. für die Anwesenheit bei den Sitzungen, aber auch für Aktivitäten (Leitung des Netzwerks, gemeinsame Veranstaltungen und Projekte usw.). Es gibt wenig Schlimmeres, als wenn mitten in einem Projekt Mitwirkende die Kooperation abbrechen, weil sie von ihren Vorgesetzten zurückgepfiffen wurden. Dadurch kann ein Projekt sogar zum Scheitern gebracht werden und die ganze Arbeit bis dahin war umsonst.

7.7.3 Klare Regelungen über die Arbeitsweise(n) von Netzwerken

Wenn Netzwerke effektiv arbeiten wollen und sollen, sind klare und transparente, gemeinsam erarbeitete Regelungen wichtig. Das Netzwerk kann sich

Regeln oder eine Geschäftsordnung geben, die vielleicht auch in einer Kooperationsvereinbarung fixiert sind. Darin sind festgelegt:

- Zusammensetzung des Netzwerkes,
- Ziele/Aufgaben des Netzwerkes,
- Regelmäßigkeit der Treffen/Sitzungen,
- Regelungen zu Einladung und Protokollierung (rotierend oder festgelegte Geschäftsführung),
- Regeln für Öffentlichkeitsarbeit,
- ggf. Vereinbarungen über den Umgang mit entstehenden Kosten.

Diese Vereinbarungen sollten von Zeit zu Zeit überprüft werden.

7.7.4 Leitung/Steuerung von Netzwerken

Damit Netzwerke effektiv arbeiten können, bedarf es einer Steuerungsstruktur. Bei Netzwerken mit herausragender Bedeutung (z. B. Kinderschutz, kommunale Bildungsnetzwerke)werden häufig Personalstellen geschaffen bzw. Fachkräfte mit einem Teil ihrer Arbeitszeit für die Netzwerkarbeit freigestellt. Sie übernehmen die Steuerung und den damit verbundenen Arbeitsaufwand (Räume organisieren, Termine koordinieren, Vor- und Nachbereitung, Sitzungsmoderation, Protokollführung, Veranstaltungsorganisation, nicht zuletzt Getränke organisieren, Kaffee kochen). Falls es dafür keine besonderen Ressourcen gibt, müssen Netzwerke dies selbst klären. Dafür gibt es bestimmte Optionen:

- Eine Fachkraft erklärt sich bereit, die Leitung eines Netzes für eine Zeit oder dauerhaft zu übernehmen. Die Motive dazu können beispielsweise sein, dass ihr das Thema besonders wichtig ist oder dass sie sich auf dieses Thema spezialisiert hat, weil sie sich beruflich professionalisieren will. In einem Hammer Stadtteilarbeitskreis in einem „sozialen Brennpunkt" übernahm z. B. der Leiter der Hauptschule die Leitung des „Präventivkreises Hamm-Norden" und machte das für viele Jahre, bis er in den Ruhestand ging.
- Andere Netzwerke arbeiten mit einer rotierenden Aufgabenverteilung unterschiedlichen Zuschnitts; etwa mit einem Wechsel der Sitzungsleitung und Schriftführung von Sitzung zu Sitzung oder mit einem Aufgabenwechsel.

Hier wird kein bestimmtes Modell favorisiert. Im Idealfall stehen Ressourcen zur Verfügung, aber das ist nicht immer der Fall. Wichtig ist auf jeden Fall die Klarheit und Transparenz in der Leitung und Steuerung. Sie sind entscheidend für den Erfolg.

7.7.5 Konflikte ansprechen und austragen

Konflikte anzusprechen und konstruktiv zu klären ist ein wichtiges Erfolgskriterium gelingender Netzwerkarbeit. Netzwerke sind Orte, an denen sich die unterschiedlichsten Konflikte zwischen Trägern, Fachrichtungen, Haltungen und auch Persönlichkeiten abspielen (können). Wichtig ist, dass die Klärung von Konflikten Teil des Selbstverständnisses ist und dass hierfür Strategien bereitstehen:

- Es ist gut, das Thema „Konflikte" zu einem Teil der Vereinbarungen zu machen („Wir verabreden, dass wir Konflikte ansprechen und miteinander klären. Dabei gehen wir wie folgt vor ...").
- Wenn ein Konflikt auftritt, ist es notwendig, dass sich alle Zeit nehmen, die Unstimmigkeit oder den Streit anzusprechen und zu bearbeiten.
- Für das Vorgenannte ist eine entsprechende Haltung eine wichtige Voraussetzung.
- Es ist hilfreich, wenn Fachkräfte mit Erfahrung gute Konfliktlösungsstrategien einbringen können (Kompetenz zur Gesprächsführung). Manchmal ist es auch angebracht, dass sich Kooperationsbündnisse supervisorische Unterstützung holen.

7.7.6 Zeit für Reflexion der Arbeit und Zielbildung

Für jede erfolgreiche Netzwerkarbeit ist es wichtig, sich Zeit für Reflexion der Arbeit und Zielentwicklung zu nehmen. Wirksam und hilfreich sind nach meiner Erfahrung Schwerpunktsitzungen (z. B. am Jahresende oder Jahresanfang, am besten auch „Klausurtage") mit geeigneter Methodik und ggf. externer Moderation (z. B. Zukunftswerkstätten). Eine Gruppe gewinnt in der Zusammenarbeit sehr viel, wenn sie aus dem Alltag heraustritt, vielleicht auswärts in einem Seminarhaus. In den mir wichtigen Netzwerken haben wir dies immer wieder mal gemacht.

Mit kommunalen Konzepten zu vernetzten Bildungs- und Erziehungspartnerschaften: das Projekt „Eltern und Schulen – Gemeinsam stark“
Von Anna Jana Müller und Oliver Döhrmann, RuhrFutur

Bildungs- und Erziehungspartnerschaften zwischen Eltern und Schulen leisten einen essenziellen Beitrag zum Bildungserfolg von Kindern und somit für mehr Bildungsgerechtigkeit. Einen besonderen Stellenwert nehmen dabei möglichst bruchlose Übergänge ein, beispielsweise von der Grundschule in die weiterführende Schule. Kleinräumig sind Konzepte zum Übergang häufig bereits etabliert. Sie sorgen für die Begleitung der Familien von der aktuellen in die künftige Bildungsinstitution und bringen sie frühzeitig mit den zukünftigen Fachkräften und dem neuen Alltag in Berührung. So bringen beispielsweise Kooperationen von Kindertageseinrichtungen mit einer Grundschule den künftigen Erstklässlerinnen die neue Umgebung nah. Ein weiteres Beispiel: Schülerinnen von weiterführenden Schulen nehmen künftige Fünftklässler im Rahmen von Patenprogrammen bereits vor dem ersten Schultag an die Hand. Auch Eltern gewinnen dadurch Vertrauen zu den neuen Bildungsakteuren und fühlen sich im Übergang sicherer. Insbesondere der Übergang von der Primar- in die Sekundarstufe stellt wichtige Weichen für die Bildungsbiografie des Kindes und zeigt sich zudem als „Schlüsselstelle für Effekte der sozialen Herkunft auf den Bildungserfolg“ (Ditton 2013, S. 732). Eltern sind gefordert, eine geeignete Schule für ihr Kind auszusuchen und diese Entscheidung auch durchzusetzen. Eingeschränkte Ressourcen insbesondere bildungsferner oder neu zugewanderter Familien benachteiligen die Einflussnahme und gezielte Wissensaneignung.
Viele Ansätze, Programme und Projekte zur Verbesserung des Übergangs haben jedoch eher Leuchtturmcharakter und sind nicht auf Flächendeckung und Kontinuität angelegt. Manchmal kommt es selbst innerhalb einer Kommune zu unterschiedlichen Gestaltungen von Übergängen. Sinnvoll ist, die Vernetzung nicht nur den einzelnen Schulen selbst zu überlassen, sondern sie zentral zu koordinieren, die vorhandenen vielfältigen Ansätze nachvollziehbar miteinander zu verknüpfen und in einem schlüssigen Gesamtkonzept darzustellen. Es braucht dazu eine zentrale Stelle, die die Gesamtverantwortung und die Steuerung des Netzwerks übernimmt (vgl. Stange 2013, S. 65).
Hier kommen Kommunen und Kreise als zentrale Akteure vernetzter Bildung ins Spiel. Sie gewinnen vor dem Hintergrund eines veränderten Bildungsverständnisses an Bedeutung. Neben dem Lernen in formalen Bildungseinrichtungen wie Schulen umfasst Bildung auch nonformale Bildungs- und Lernorte. Dazu gehören Familie, Initiativen und Vereine.
Die Aachener Erklärung des Deutschen Städtetages im Jahr 2007 beschreibt unter anderem die Vernetzung schulischer sowie außerschulischer Bildungseinrichtungen, die Übergangsgestaltung zur Vermeidung von Bildungsbrüchen und den Einbezug von Eltern in die Bildungsarbeit als Hauptmerkmale Kommunaler Bildungslandschaften (vgl. Rombey 2014, S. 3).
In Nordrhein-Westfalen sind als Koordinierungsstellen dieser Bestrebungen die kommunalen oder regionalen Bildungsbüros zuständig. Diese sind meist mit zwei Stellen besetzt, die jeweils durch das Land und die Kommune zur Verfügung gestellt werden (vgl. Stern/Reichel 2014, S. 18).

Herausforderungen in Ballungsräumen

In Ballungsräumen wie dem Ruhrgebiet ist es darüber hinaus ertragreich, über die Ebene der einzelnen Kommune hinaus Kooperationen und Netzwerke für die Weiterentwicklung des Bildungssystems und damit auch die Ausgestaltung einer systematischen Zusammenarbeit von Bildungseinrichtungen und Eltern zu etablieren. Genau hier setzt RuhrFutur als gemeinsame Bildungsinitiative der Stiftung Mercator, des Landes Nordrhein-Westfalen, des Regionalverbands Ruhr, der Städte Bochum, Dortmund, Essen, Gelsenkirchen, Mülheim an der Ruhr, Herten, des Kreises Recklinghausen sowie sieben Hochschulen an. RuhrFutur nimmt die gesamte Bildungskette von Kindern, Jugendlichen und jungen Erwachsenen in den Fokus – mit dem Ziel, ein leistungsfähiges und chancengerechtes Bildungssystem in der Metropole Ruhr zu etablieren.

Die Bildungsregion Ruhr mit rund 5,1 Millionen Menschen in 53 Städten und Gemeinden steht vor besonderen Herausforderungen (vgl. Bildungsbericht Ruhr 2020), um die langfristigen Folgen der montanindustriellen Vergangenheit zu überwinden. So zeigt sich in vielen Städten eine deutliche kleinräumige Segregation: Stadtteile mit den höchsten Anteilen an junger Bevölkerung weisen zugleich die höchsten Quoten für den Erhalt von staatlichen Transferleistungen und die höchsten Bevölkerungsanteile von Menschen mit Zuwanderungsgeschichte auf. Bildung ist hier möglicherweise der entscheidende Faktor für erfolgreiche gesellschaftliche Teilhabe und gesicherte Lebensumstände.

Die Chancen auf einen erfolgreichen Bildungsabschluss sind dabei jedoch ungleich verteilt, sodass sich in den erwähnten Stadtteilen in vielen Fällen höhere Übergangsquoten zu Hauptschulen und geringere zu Gymnasien und überproportional viele junge Menschen ohne Schulabschluss finden. Dies verdeutlicht, dass zahlreiche Kinder und Jugendliche im Ruhrgebiet aufgrund ihres familiären Bildungshintergrundes, ihrer sozialen Lage oder ihrer Zuwanderungsgeschichte erschwerte Ausgangsbedingungen haben (vgl. RuhrFutur 2018, S. 3). Diese können bisher nur teilweise von den Bildungseinrichtungen kompensiert werden, obwohl sie insbesondere in den erwähnten Stadtteilen mit größter Intensität daran arbeiten. Wichtig ist dabei, die Vielfalt der Kinder und Jugendlichen als besondere Ressource zu verstehen, die es zu aktivieren gilt. Entsprechend dieser Überlegungen hat sich RuhrFutur zum Ziel gemacht, allen Kindern, Jugendlichen und jungen Erwachsenen unabhängig von ihrer Herkunft Bildungszugang, Bildungsteilhabe und Bildungserfolg zu ermöglichen und die zentralen Akteure in der Bildung für dieses Vorhaben in ihrer Kooperation untereinander gezielt zu begleiten.

„Eltern und Schulen – Gemeinsam stark"

Das Projekt „Eltern und Schulen – Gemeinsam stark" (kurz „Eltern und Schulen") unterstützt Kommunen im Ruhrgebiet beim Aufbau von systematischen Bildungs- und Erziehungspartnerschaften zwischen Eltern und Schulen, um so auf mehr Bildungsgerechtigkeit hinzuwirken. Ein Schwerpunkt liegt dabei auf dem Übergang von der Grundschule in die weiterführende Schule. Insgesamt schafft „Eltern und Schulen" Synergien zwischen verschiedenen für Bildungs- und Erziehungspartnerschaften relevanten Ebenen. Konkret geht es

- um die alltagspraktische Ebene vor Ort, in denen sich Lehrkräfte, pädagogische Fachkräfte und Eltern konkret begegnen (1),
- um die Ebene der Strukturen innerhalb der kommunalen Bildungskoordination, die entweder direkt im Kontext von Beratung im Kontakt zu Familien steht oder die der Netzwerkbildung vor Ort dient – wie die Bildungsbüros (2),
- um die Ebene der regionalen Vernetzung der Kommunen innerhalb der Metropole Ruhr (3).

Für die Durchführung des Projektes konnten die Städte Bochum, Mülheim an der Ruhr und Castrop-Rauxel in enger Zusammenarbeit mit dem Kreis Recklinghausen gewonnen werden. Erweitert wird diese Kooperation um die Landesweite Koordinierungsstelle Kommunale Integrationszentren und das Institut für soziale Arbeit e.V. aus Münster.

RuhrFutur koordiniert das Projekt und orientiert sich am Ansatz von „Gemeinsam Wirken" („Collective Impact"). Grundlegend ist dabei die Annahme, dass sich komplexe gesellschaftliche Herausforderungen nur dann bewältigen lassen, wenn alle systemrelevanten Akteure sektorenübergreifend und regional in eine Kooperation gebracht werden. Systematisch wird betrachtet, welche Angebote für die Zielgruppe (hier also Eltern) jeweils vor Ort bereits existieren, welche Angebotslücken bestehen und wie diese per Transfer geschlossen werden können. Zugleich unterstützt RuhrFutur die Partner in der Entwicklung neuer, gemeinsamer Aktivitäten, um so ein regionales, themenbezogenes Netzwerk zu fördern.

Dieser Logik folgend ist die Projektstruktur von „Eltern und Schulen" darauf ausgelegt, auf vorhandene Erfahrungen, Expertisen und gute Beispiele aufzubauen und ein Gesamthandlungskonzept mit allen Akteuren entlang der Bildungsbiografie zu entwickeln. Dieses integriert zudem Programme und Projekte, die vom Bund, Land NRW oder durch Stiftungen initiiert sind und vor Ort bereits umgesetzt werden.

Befragungen von Beteiligten im Rahmen der projektbegleitenden wissenschaftlichen Studie von Heiner Barz an der Heinrich-Heine-Universität Düsseldorf weisen auf die Relevanz solcher Programme und Projekte hin, spiegeln aber auch die teils aufwendigen Koordinierungsaufgaben. Schulleitungen und kommunale Kräfte formulierten, dass es herausfordernd sein kann, den Überblick in der Vielfalt der Programme zu behalten (Barz 2018, S. 19).

Ein erster Schritt, der auch im Verlauf des Projekts „Eltern und Schulen" in jeder Kommune erfolgte, ist deshalb die Bestandaufnahme: relevantes Wissen bündeln, es verfügbar machen, Strukturen identifizieren, diese neu fassen sowie Kommunikation und Kooperation zwischen Akteuren herstellen – und dabei den Aufbau von Parallelstrukturen oder Parallelprogrammen vermeiden.

Die an „Eltern und Schulen" beteiligten Kommunen erhalten für ihre Mitwirkung eine Entlastungsressource, die je nach Bedarf flexibel entweder für Personalkosten oder Sachmittel eingesetzt werden kann. Diese Mittel sind als „Anschubfinanzierung" zu verstehen, die es ermöglichen soll, die im Projekt etablierten Strukturen zu verstetigen.

Neben der finanziellen Förderung bringt sich das bei RuhrFutur angedockte zentrale Projektmanagement fortlaufend in Form von Prozessbegleitung sowie Aufbereitung der zentralen Ergebnisse ein.

Kommunale Konzepte und Mikroprojekte
Die Kommunen werden in der Umsetzung der beiden Projektbausteine „Kommunale Konzepte" und „Mikroprojekte" vor Ort unterstützt. Zugleich wird eine praxisorientierte Aufbereitung der zentralen Ergebnisse in Form eines Orientierungsrahmens vorgenommen.
Die Umsetzung des Projektes erfolgt primär über die Regionalen Bildungsbüros, die ihrem Auftrag nach die Netzwerkbildung in den Kommunen voranbringen sollen. Sie tragen das Wissen in **Kommunalen Konzepten** zusammen. Diese bilden den zentralen Projektbaustein, der die Fortführung sowie kontinuierliche Weiterbearbeitung des Themas Bildungs- und Erziehungspartnerschaften über die Projektlaufzeit hinaus sicherstellt und zugleich Zuständigkeiten und weitere Handlungsschritte festhält.
Allen Kommunen ist es dabei wichtig, ihre Kommunalen Konzepte in die jeweilige gesamtstrategische Ausrichtung einzupassen. Alle gaben an, das Thema Zusammenarbeit mit Eltern ohnehin in verschiedenen Zusammenhängen zu verfolgen, durch das Projekt jedoch Ressourcen und eine thematische Fokussierung gewonnen zu haben. Bereits bestehende Arbeitskreise, Bildungsnetzwerke und Gremien wurden integriert. Die Anknüpfungs- und individuellen Schwerpunkte in den Kommunen sind dabei vielfältig und in ihrer Bandbreite auch gewollt. So hat *Mülheim an der Ruhr* beispielsweise positive Erfahrungen mit Schulentwicklungsbegleitung durch externe Moderation gemacht und diese im Rahmen des Projekts mit dem besonderen Schwerpunkt „Zusammenarbeit mit Eltern" an mehreren Schulen umgesetzt. Die Umsetzung von lebensweltnahen Bildungsangeboten für Eltern und Kinder, die einen besonderen Bildungs- und Unterstützungsbedarf haben, und die Unterstützung stadtteilbezogener Elternarbeit durch Stadtteilmütter wird durch *Bochum* weiterverfolgt und ausgebaut. *Castrop-Rauxels* partizipative Ausrichtung und erfolgreiche Zusammenarbeit mit dem städtischen Kinder- und Jugendparlament wird im Kontext einer familienorientierten Übergangsgestaltung eingebracht (vgl. Barz 2018, S. 23 f.).
Mikroprojekte als weiterer Projektbaustein bieten die Möglichkeit, innovative Instrumente zunächst in der schulischen Alltagspraxis und weiteren Bildungseinrichtungen zu erproben und damit Voraussetzungen für die Etablierung erfolgreicher Ansätze zu Bildungs- und Erziehungspartnerschaften zu schaffen. Die Mikroprojekte werden durch RuhrFutur finanziell gefördert. Durch die direkte Beteiligung der Bildungsinstitutionen sowie der ansässigen Familien werden konkrete Bedarfe ermittelt und unterstützt.
Da Bildung nicht nur innerhalb von Schule stattfindet, ist es hier von besonderer Wichtigkeit, die Familien in ihrem alltäglichen Umfeld abzuholen, aber auch familiäre Lebenswelten durch neue Impulse zu erweitern. Dies verstärkt zugleich Kommunikations- und Kooperationsstrukturen von schulischen und außerschulischen Akteuren wie Sportvereinen, Migrantenorganisationen, Freizeiteinrichtungen und Jugendhilfe.

Ein Beispiel: Eine *Grundschule in Mülheim an der Ruhr* baute etwa im Rahmen von sogenannten „Sportprojekttagen" die Kooperation mit dem städtischen Sportbund aus und ermöglichte ihren Schülerinnen und Schülern sowie deren Eltern, gemeinsam im Schulsport weniger alltägliche Sportarten auszuprobieren. Insbesondere Eltern, die sonst schwer oder gar nicht erreicht werden konnten, wurden angesprochen. Aus der Idee, niedrigschwellig gemeinsame familiäre Erlebnisse zu schaffen, entstand ein intensivierter Austausch und eine gefestigte Beziehung zu den Eltern. Zusätzlich ging daraus eine wöchentlich stattfindende Badminton-AG hervor, die weiterhin durch den städtischen Sportbund unterstützt wird.
In Bildungseinrichtungen vor Ort, aber auch im Rahmen gesamtstädtischer oder stadtteilbezogener Veranstaltungen entstanden zudem neue Formate zur Zusammenarbeit mit Eltern und der Übergangsgestaltung in der kommunalen Bildungslandschaft.
Dazu weitere Beispiele:

- *Bochum* etablierte etwa eine gemeinsame zentrale Informationsveranstaltung aller Wattenscheider Grundschulen und weiterführenden Schulen. Eltern von Kindern am Übergang in weiterführende Schulen kamen dort in einen direkten Austausch mit den Schulen sowie auch mit den weiteren nichtschulischen Akteuren (dazu gehören Sportvereine, Beratungsstellen, Familienbildungsstellen). Zusätzlich erhielten die Eltern Informationen zum nordrhein-westfälischen Schulsystem; bei Bedarf standen ihnen Sprachmittler zur Seite. Das Veranstaltungsformat verlief so erfolgreich, dass es auf einen weiteren Bochumer Stadtteil ausgeweitet werden konnte.
- In *Castrop-Rauxel* organisierten kommunale Mitarbeiter*innen in Kooperation mit Eltern der Schulpflegschaften eine Vortragsreihe zu Themen der Elternbildung. Im Vorfeld ermittelte thematische Wünsche wurden berücksichtigt. Einen Schwerpunkt bildete das Thema „Mitwirkungsmöglichkeiten von Eltern in Schule".
- In *Mülheim an der Ruhr* konnte unter anderem eine städtische Bildungskonferenz zum Thema „Zusammenarbeit zwischen Eltern und Schulen" umgesetzt werden, die Teilnehmende aller Professionen aus den örtlichen Schulen und Bildungseinrichtungen in den Austausch miteinander brachte.

Erfolgreich erprobte Ideen aus Mikroprojekten und gesamtkommunalen Aktivitäten werden in die jeweiligen Kommunalen Konzepten integriert und, in einem zweiten Schritt, auf weitere Bildungsinstitutionen vor Ort übertragen oder sie werden als regelmäßiger Bestandteil in der lokalen Bildungslandschaft etabliert. So wird nicht nur die Zusammenarbeit zwischen den koordinierenden Bildungsbüros und Schulen gestärkt, sondern Kooperationen mit den Kommunalen Integrationszentren, Schul- sowie Jugendämtern werden intensiviert.
Um Bildungs- und Erziehungspartnerschaften kommunenübergreifend zu festigen und regional zu etablieren, müssen vor Ort erfolgreich erprobte Instrumente und Konzepte in einem Transfer weiterentwickelt werden. So lässt sich Vernetzung entlang der Biografie von Kindern (vertikal) und in Bezug auf formale und nonformale Lernorte, die Kinder und ihre Familien besuchen (horizontal) umsetzen (vgl. Duveneck 2016, S. 16).

Orientierungsrahmen als Transferinstrument

Wenngleich Strukturen und Herausforderungen in jeder Kommune spezifisch sind, hat sich doch im Verlauf des Projektes gezeigt, dass die beteiligten Akteure vergleichbare Herausforderungen definieren und Ziele sowie zugrunde liegende Ideen teilen, wenn es um gelingende Bildungspartnerschaften geht. Die Erfahrungen werden daher in einem gemeinsamen Orientierungsrahmen gebündelt und systematisiert. Dieser zeigt konkrete Möglichkeiten zur Weiterentwicklung von Bildungs- und Erziehungspartnerschaften auf. Er bietet Kommunen und Schulen einen Überblick über Erfolgsparameter sowie praktische Hinweise zur Zusammenarbeit von Eltern und Schulen.
Der Orientierungsrahmen richtet sich an Mitarbeitende in regionalen Bildungsbüros, Kommunalen Integrationszentren, Jugendämtern, Schulverwaltungsämtern sowie an weitere kommunale Bildungsakteure im Ruhrgebiet und darüber hinaus. Kommunen, die sich dem Thema „Zusammenarbeit von Eltern und Schulen" ebenfalls widmen möchten, erhalten einen Leitfaden, der die Vorgehensweise der regionalen Bildungsbüros in Bochum, Castrop-Rauxel und Mülheim an der Ruhr in den wesentlichen Schritten nachzeichnet. Wichtige Fragen sind: Welche Gremien sind zu beteiligen? Wann werden schulische Akteure vor Ort eingebunden? Wer sind potenzielle Kooperationspartner? Antworten geben die jeweiligen kommunalen Konzepte. Sind kommunale Strukturen vergleichbar, so lässt sich das Vorgehen unter Zuhilfenahme spezifischer Erfolgsfaktoren übertragen und auf eigene Gegebenheiten anpassen.
Konzepte zu Bildungs- und Erziehungspartnerschaften mit Eltern sind wichtig – für die Schulen selbst, aber insbesondere dort, wo die Wege der Bildungslandschaften zusammenlaufen und die Chance auf nachhaltige Verstetigung besteht. Das Beispiel des Projekts „Eltern und Schulen" verdeutlicht, dass komplexen Herausforderungen am besten systemisch begegnet wird. Hierfür bietet sich der von RuhrFutur verfolgte Ansatz von „Gemeinsam Wirken" an, um Akteure aus möglichst vielen relevanten Ebenen für die Entwicklung gemeinsamer Lösungen zusammenzubringen. Diese auf Kooperation und Netzwerkbildung zugreifende Arbeitsweise ist zwar insgesamt aufwendig, berücksichtigt aber durch die Entwicklung und Verankerung von Konzepten und guter Praxis bereits von Anfang an den Transfer zwischen den Partnern und die Verstetigung vor Ort. So werden Bildungs- und Erziehungspartnerschaften zu dauerhaften Bestandteilen der kommunalen und regionalen Bildungslandschaften und tragen damit signifikant zu mehr Bildungsgerechtigkeit bei – zum Wohle aller jungen Menschen und ihren Familien.

Kontaktadresse
RuhrFutur gGmbH, Huyssenallee 52, 45128 Essen
Tel.: +49 (0)201–177878-0
E-Mail: info@ruhrfutur.de

8 Leitlinien für die erfolgreiche Arbeit mit Eltern beim Kinderschutz

Wie bereits in Kapitel 3.2 beschrieben, umfasst „Kinderschutz" im schulischen Kontext sowohl die Abwendung von Grenzverletzungen innerhalb der Schule als auch das Erkennen und Bewältigen von Kindeswohlgefährdungen außerhalb der Schule. Das folgende Kapitel konzentriert sich auf den zweiten Aspekt, da meine Expertise sich vorrangig auf diesen Bereich erstreckt. Zum ersten Aspekt verweise ich auf schulpsychologische Dienste, die Eltern und Schülerinnen gut beraten und begleiten können, v. a. dann, wenn Schulleitung und Schulaufsicht, die hier in der Verantwortung stehen, nicht angemessen reagieren. Eine Beratung und ggf. eine Anzeige bei der Polizei können auch ein hilfreicher Schritt sein. Als Erziehungsberater konnte ich immer wieder Eltern in derartigen Situationen begleitend unterstützen – und die meisten Erziehungsberatungsstellen werden ein solches Angebot auch machen.

8.1 Kinderschutz ist der Job aller schulischen Akteure!

Den meisten Lehrkräften und pädagogischen Fachkräften war es immer schon wichtig, sich um das Wohl eines Kindes zu kümmern, wenn es in seiner Entwicklung durch Geschehnisse oder Personen außerhalb der Schule bedroht war. Entgegen landläufigen Annahmen liegen Gefährdungen des Kindeswohls häufig in der Familie oder im weiteren vertrauten Personenkreis, z. B. durch Vernachlässigung oder Gewalt. Die Schulgesetze in den Bundesländern stellten hier seit Mitte der 2000er-Jahre (z. B. NRW 2006, BW 2008) entsprechende Vorschriften und Leitlinien bereit, allerdings mit zwischen Bundesländern differierenden Vorschriften und in jeweils unterschiedlicher Präzisierung. Mit dem Inkrafttreten des Bundeskinderschutzgesetzes zum 01.01.2012 hat der Gesetzgeber auf Bundesebene für Klarheit gesorgt. Das Gesetz regelt die – die Ländergesetze übergreifenden – Verantwortungsbereiche und Verfahren auch für Lehrkräfte und pädagogische Fachkräfte in der Schule (vgl. z. B. DKSB, S. 2012). Dieses Gesetz befindet sich gerade in einem Reformprozess. Nach jetzigem Stand (BMFSFJ 2020) verschieben sich zwar Akzentuierungen, doch bleiben die Grundaussagen bestehen.

Mit dem Bundeskinderschutzgesetz (besonders dem darin enthaltenen „Gesetz zur Kooperation und Information im Kinderschutz (KKG)") änderte sich die Verantwortung und Herangehensweise für eine Lehrkraft im Falle einer vermuteten Kindeswohlgefährdung fundamental. Während die früheren Regelungen eine frühzeitige Einschaltung der Jugendämter vorsahen und damit die Verantwortung dort platzierten, sind jetzt die schulischen Akteure beauftragt, selbst Sachverhalte aufzuklären, Gespräche mit den Betroffenen zu führen, Hilfen einzuleiten und alles zu tun, um eine Gefährdung abzuwenden. In den Gesprächen kann sich allerdings herausstellen, dass die Vermutungen unbegründet waren.

Ein typisches Beispiel: Es gibt das Phänomen der Mongolenflecken, eine harmlose Ansammlung von Pigmentflecken, die bei Kindern vorkommen, die aus Asien oder Afrika, z. T. auch dem östlichen Mittelmeerraum stammen. Fachkräfte, die die Kinder beim Sportunterricht wenig bekleidet sehen, kommen immer wieder zu der Vermutung, dass das Kind geschlagen wird. Derartige Verdachtsmomente können sich im Gespräch, manchmal mit einer Bestätigung eines Kinderarztes, auflösen. Wenn sich in den Gesprächen herausstellt, dass eine Vermutung begründet war, besteht die Intention des Gesetzes vorrangig darin, die Eltern zur Annahme von Hilfen zu motivieren, damit eine Gefährdung abgestellt werden kann. Mit der Reform des KKG wird möglicherweise die Option, das Jugendamt zu informieren, den Ausführungen vorangestellt, doch bleibt der Auftrag für die Fachkräfte bestehen, bestehende Potenziale auszuloten, im Rahmen von Gesprächen den Sachverhalt aufzuklären und auf die Annahme von Hilfen hinzuwirken.

Das Bundeskinderschutzgesetz ist 2012 von schulischen Akteuren vor Ort weitgehend unbemerkt beschlossen worden. Selbst in den Jugendämtern sind die Anforderungen, die an sie zur Unterstützung der Schulen gestellt wurden, erst nach und nach wahrgenommen worden. Im KKG werden als „Berufsgeheimnisträger" explizit Lehrkräfte und Fachkräfte der Sozialen Arbeit als Adressaten des Gesetzes genannt. Der Auftrag richtet sich also nicht an die *Institution* Schule, sondern direkt an die schulischen *Akteure* in ihrer beruflichen Rolle. Seitdem wurden Schulleitungen, Lehrkräfte und pädagogische Fachkräfte über die veränderte Rechtslage und die damit verbundenen Konsequenzen für ihre berufliche Rolle informiert. Dies löste häufig Irritationen und auch nachvollziehbaren Widerstand aus. Denn um es ganz klar zu formulieren: Das im Grundgesetz formulierte staatliche Wächteramt wurde damit aus den Jugendämtern in die Schulen verlagert. Dies gehörte bislang für die allermeisten schulischen Fachkräfte nicht zu ihrem Berufsbild und zu ihrem Rollenverständnis.

In der zuvor geltenden Rechtslage wurde der Auftrag bei Vorliegen von Verdachtsmomenten sofort an das Jugendamt weitergegeben. Jetzt sagt das Gesetz sinngemäß: Du als Lehrkraft musst tätig werden, wenn du gewichtige Anhaltspunkte für eine Gefährdung hast. Dazu hast du mit den Kindern und Eltern Gespräche zu führen, musst abklären, ob deine Vermutungen bestätigt werden können oder nicht, sollst bei Bedarf Hilfen einleiten, sollst dir selbst professionelle Hilfe holen, wenn du dich überfordert fühlst, den gesamten Prozess gründlich dokumentieren und erst dann in allerletzter Instanz, wenn wirklich alles nichts hilft, das Jugendamt einschalten. Du kannst dir vom Jugendamt Hilfe holen, die nehmen dir letztendlich den Job aber nicht ab.

Irritationen, Bedenken, viele offene Fragen und auch Skepsis seitens der schulischen Akteure sind mehr als nachvollziehbar. Ich bin aufgrund meiner Erfahrung als „insoweit erfahrene Fachkraft" und Berater in vielen schulbezogenen Beratungsfällen der Auffassung, dass die konsequente Umsetzung des Kinderschutzes in Schulen nur langfristig mit viel Geduld und viel Unterstützung nachhaltig zu realisieren ist; zumal dies in einem System geschieht, das durch Aufträge und Erwartungen von allen Seiten (Inklusion, Soziale Bildungsgerechtigkeit, bessere Bildungsergebnisse und aktuell die Bewältigung der Corona-Krise) sowie schon erschüttert ist.

Die geplante Reform des KKG entschärft – wenn sie denn so beschlossen wird – die krasse Konfrontation schulischer Akteure mit dem Auftrag des Kinderschutzes. Indem in der geplanten Fassung zunächst die Option genannt wird, das Jugendamt einzuschalten, koppelt die reformierte Fassung eher an die zuvor geltende Rechtslage an. In der Sache bleibt aber der Auftrag bestehen, dass Fachkräfte in der Schule zunächst selbst tätig werden müssen, um die Sachlage abzuklären und die Potenziale auf Kooperation mit den Eltern auszuloten (vgl. BMFSFJ 2020).

Im Vergleich zu der Situation im Jahr der Beschlussfassung des Bundeskinderschutzgesetzes 2012 ist sicher schon viel erreicht worden. Das Wissen um die veränderten Rollen und Aufgaben „sickert" langsam in die Breite des Schulsystems durch. An manchen Schulen – insbesondere dort, wo sich Fälle häufen und wo die Schulen in den Jugendämtern einen verlässlichen, transparenten und engagierten Partner finden – wird Kinderschutz mit einer gewissen Selbstverständlichkeit professionell praktiziert. Doch wurden bis heute zulasten vieler Kinder Klärungsprozesse in vermuteten Gefährdungssituationen erst gar nicht begonnen.

In anderen Fällen liefen Bemühungen zum Schutz der Kinder durch gegenseitige Verantwortungszuschreibungen zwischen Schule und Jugendhilfe ins Leere, und manchmal eskalierten sie sogar heftig. Es bleibt also noch ein langer Weg, eine Akzeptanz und Kompetenz aller Berufspädagoginnen und -pädagogen in der Breite aller Schulen zu erreichen. Wenn alle den gesetzlichen Auftrag anerkennen und zu einem Bestandteil der eigenen beruflichen Rolle machen, kann Kinderschutz in der Schule funktionieren.

8.2 Rolle und Aufgaben der Jugendämter

Für schulische Akteure erscheinen die Aufgaben des Jugendamtes häufig verwirrend. Es kommt nicht selten vor, dass selbst die Mitarbeitenden von Jugendämtern in ihren Funktionen nicht klar agieren. Das liegt unter anderem daran, dass Jugendämter grundsätzlich im Kinderschutz drei unterschiedliche Rollen haben:

- Falls Eltern oder Schülerinnen einen Bedarf an Hilfe haben, kann das Jugendamt „Hilfen zur Erziehung" anbieten, z. B. eine sozialpädagogische Familienhilfe, eine aufsuchende Familientherapie oder eine Unterstützung für den Jugendlichen. Eltern haben auf diese Hilfen einen Rechtsanspruch und müssen aktiv einen Antrag stellen. Sie bleiben in ihren Rechten autonom und können die Hilfe jederzeit wieder beenden. Schulische Akteure können diese Hilfen anbahnen.
- Das Jugendamt gewährleistet die Beratung der schulischen Akteure immer dann, wenn diese eine Kindeswohlgefährdung vermuten und agieren müssen. Die Beratung wird durch „insofern erfahrene Fachkräfte" geleistet, eine sperrige Bezeichnung, die aus der Rechtstradition stammt; heute sprechen viele von „Kinderschutzfachkräften".
- Das Jugendamt wird als Garant des staatlichen Wächteramtes tätig, wenn eine Schule am Ende eines Prozesses zu dem Ergebnis kommt, dass die Gefährdung durch alle Maßnahmen nicht beseitigt werden konnte – oder die Eltern eine Mitwirkung verweigern.

8.3 Appell: Unterstützung von im Kinderschutz erfahrenen Fachkräften nutzen!

Im gleichen Gesetz (KKG § 4), mit dem die schulischen Akteure mit dem Schutz der Kinder beauftragt wurden, wurden die Jugendämter beauftragt, Beratungskapazitäten durch „insoweit erfahrene Fachkräfte" (oder Kinderschutzfachkräfte) bereitzustellen (siehe oben, S. Rolle 2). Die Jugendämter sollten Schulen aktiv darüber informieren, wer diese Beratung durchführt und wie der Zugang zu ihnen zu finden ist. Falls dies nicht geschieht, kann jede Lehrkraft beim örtlichen Jugendamt nachfragen. Sie sollte Ansprechpartner genannt bekommen, die kurzfristig zur Beratung bereitstehen. Qualitätsstandards für diesen Bereich empfehlen, dass diese Aufgabe nicht von den Jugendamtskräften geleistet wird, die für die Bearbeitung des Kinderschutzes in den Einzelfällen zuständig sind (siehe oben: Rolle 3), um hier keine Interessenskonflikte aufkommen zu lassen (vgl. z. B. Institut für Soziale Arbeit 2012, Moch/Junker-Moch 2012).

Schon bei vagen Vermutungen oder bei einer ersten Einschätzung, ob wirklich eine Gefährdung vorliegt, ist eine Beratung ausgesprochen sinnvoll. Eine erfahrene Beraterin kann die Gefährdungsaspekte bewerten helfen, einen Plan für die notwendigen Gespräche vermitteln, Hinweise zur Gesprächsführung geben und die unterschiedlichen Optionen aufzeigen, die je nach Ergebnis des Gespräches weiterzuverfolgen sind. Sie kann auch Hinweise geben, welche Hilfen geeignet sind, um bestimmte Gefährdungen abzustellen, und wie man diese Hilfen erreicht. Die „insoweit erfahrenen Fachkräfte" wissen meist, wie das zuständige Jugendamt „tickt" und im Worst Case (einer Verweigerung der Eltern oder bei wirkungslosen Hilfen) vermutlich vorgehen wird. Die Kinderschutzfachkraft wird sich aber nicht selbst an der Arbeit mit der Familie beteiligen oder selbst Gespräche führen. Sie ist ausschließlich dazu beauftragt, die zuständige schulische Fachkraft zu unterstützen. Die Beratung kann so oft wie notwendig erfolgen, telefonisch, digital oder in Präsenzterminen, kurz oder auch ausführlich. Immer gerade so viel und intensiv, wie es die betroffene schulische Fachkraft als hilfreich empfindet.

8.4 Grundsätze und Verfahrensabläufe kennen!

Das Bundeskinderschutzgesetz hat analog zu den rechtlichen Regelungen für die Kinder- und Jugendhilfe weitgehend identische Verfahrensregeln für die Schulen aufgestellt (SGB VIII § 8a: Der Paragraph gilt für das Jugendamt, aber auch z. B. für Kindertageseinrichtungen oder Jugendhilfeträger). Da eine Lehrkraft, die möglicherweise nur wenige Male in ihrer beruflichen Entwicklung bzw. Laufbahn mit einem Fall im Kinderschutz zu tun hat, diese Prozesse nicht zwingend auswendig kennen kann, ist es hilfreich, wenn neben den Beratungskräften des Jugendamtes auch innerschulische Akteure auf den Kinderschutz spezialisiert sind und die einschlägigen Regelungen kennen. Das können Beratungslehrkräfte sein oder die Fachkräfte für Schulsozialarbeit.
Nicht zuletzt sollte auch die Schulleitung kompetent im Kinderschutz sein. Die genauen Verfahrensweisen werden in den Anlagen zum Download noch einmal beschrieben. Ein weiterer Hinweis: Im zweiten Band wird die Gesprächsführung im Kinderschutz ein wichtiges Thema sein. Viele Schulen haben mittlerweile auf Basis dieser rechtlichen Regelungen eigene Verfahrensabläufe definiert.

Download: Arbeitshilfen zur Arbeit im Kinderschutz

8.5 Gefährdungen einschätzen

Wenn eine Lehrkraft oder eine andere Fachkraft in der Schule Anhaltspunkte für die Gefährdung eines Kindes wahrnimmt, ist zunächst zu klären, wie gravierend diese Anhaltspunkte sind. Der Wortlaut des Bundesgesetzes spricht von „gewichtigen Anhaltspunkten", doch sprechen manche Schulgesetze (Landesrecht) und Leitfäden auch von „ersten Anzeichen" (vgl. Schulgesetz NRW § 42 Abs. 6: „jedem Anschein von Vernachlässigung oder Misshandlung"). Die einzelnen rechtlichen Regelungen sind in ihren Details nun einmal nicht immer kompatibel, wobei das Bundesrecht im Zweifel ausschlaggebend ist.

Der Begriff des „Kindeswohls" ist nicht substanziell über eine Liste mit Merkmalen definiert, an denen sich festmachen lässt, ob die Grenze zu einer Gefährdung überschritten ist. Sicherlich gibt es bei den gravierenden Formen der Gefährdung (körperliche Misshandlungen, extreme Vernachlässigungen, sexuelle Gewalt) einen übergreifenden Konsens und auch eine Rechtspraxis darüber, dass es sich um eine gewichtige Gefährdung handelt. Doch prinzipiell ist der Begriff des Kindeswohls ein „unbestimmter Rechtsbegriff" und es bedarf einer Abklärung und Entscheidung im Einzelfall. Diese Klärungen finden vor allem in den Grenzbereichen zwischen gravierenden Gefährdungen und normaler Erziehungs- und Förderpraxis statt. Die Klärung kann einerseits die Einschätzung betreffen, ob es sich um eine Gefährdung handelt (typisches Beispiel: Kinder kommen im Winter in Sommerkleidung zur Schule – Gefährdung oder nicht?). Andererseits kann es darum gehen, eindeutige Indizien abzuklären (ob z. B. blaue Flecken auf elterliche Gewalt zurückzuführen sind).

Warum hat der Gesetzgeber nicht einfach festgelegt, was genau gefährdend ist? Zu erklären ist das mit der Unmöglichkeit, für alle in Deutschland lebenden Kinder und Jugendlichen detailliert festzulegen, was ihr Wohl ausmacht und wo eine Grenze zu einer Gefährdung liegt. Eine Gefährdungsschwelle hängt sowohl von den Lebensumständen ab als auch von Wertvorstellungen der Eltern und der Menschen im Umfeld einer Schule. Schließlich ist die gesamte Gesellschaft von einer Vielfalt von Wertvorstellungen auch über das Wohl von Kindern geprägt. Bereits dann, wenn in der Schule mehrere schulische Akteure zusammenkommen, kann es zu ganz gravierend abweichenden Bewertungen eines Einzelfalls kommen. Deshalb hat der Gesetzgeber das Verfahren definiert, in dessen Bahnen im Einzelfall die entsprechende Einschätzung stattfindet.

Als Verfahrensweise gilt die „kollegiale Beratung". Fachkräfte sollten also mit anderen Fachkräften ihrer Schule unter Einbeziehung der Schulleitung abwägen, ob sie eine bestimmte Situation für eine Gefährdung halten oder nicht. Hierzu gibt es verschiedene Arbeitshilfen (siehe Materialien zum Download). Am Ende muss die Lehrkraft oder die Fachkraft für Schulsozialarbeit, die den Prozess ausgelöst hat, selbst in Abwägung aller Sichtweisen zu der Entscheidung kommen, ob sie Anhaltspunkte als gewichtig einschätzt oder nicht; *denn der gesetzliche Auftrag liegt bei der Person, nicht bei der Institution;* es sei denn, dass diese Entscheidung von der Schulleitung getroffen wird; das sollte dann in den Verfahrensregeln der Schule geregelt sein. Übrigens bedeutet es nicht, nichts zu tun, wenn die Anhaltspunkte nicht für gewichtig gehalten werden. Ein Hilfebedarf kann aus Anzeichen einer Gefährdung durchaus erkennbar sein. Nur ist dann die Annahme einer Hilfe eine freiwillige Angelegenheit der Eltern. Hier kommt es auf die Überzeugungskraft bzw. professionelle Gesprächsführung der zuständigen Fachkraft an (hierzu mehr in Band 2).

Bei der Gefährdungseinschätzung sollten zunächst alle Sachverhalte zusammengetragen werden: Beobachtungen, Aussagen des betroffenen Kindes oder anderer Kinder, ggf. weitere Erkenntnisse. Man sollte neben Gefährdungsaspekten immer auch über die Ressourcen des Kindes, der Eltern und der gesamten Familie sprechen, um nicht in eine „Problemtrance" zu geraten und sich in eine über Gebühr negative Sichtweise hineinzusteigern. Auch das gegenteilige Risiko besteht durchaus: Dann neigt man dazu, eine Familie mit der „rosaroten Brille" zu sehen, weil man die Eltern so mag. Professionalität bedeutet hier, eine große Klarheit in der Differenzierung von Tatsachen und deren Bewertungen zu gewinnen. Möglicherweise reichen die Fakten aus, um eine Entscheidung über eine Gefährdung zu treffen. Wenn dies nicht der Fall ist, besteht der nächste Schritt darin, mit dem betroffenen Kind noch einmal zu sprechen oder auch mit den Eltern ins Gespräch zu gehen. Dies alles sind große Herausforderungen im professionellen Vorgehen, die einer guten Beratung und Begleitung durch geeignete Fachkräfte und auch einer Qualifizierung der Akteure bedürfen.

8.6 Mit Eltern und Kindern Schwieriges ansprechen

Mit Kindern über vermutete Gewalt, Vernachlässigung oder andere Gefährdungen zu sprechen, Eltern damit zu konfrontieren, dass ihr Kind berichtet habe, dass es zu Hause geschlagen wird, sie auf blaue Flecken anzusprechen, die auf Gewalt schließen lassen, ungeeignete oder fehlende Ernährung, ungeeignete Bekleidung oder einen ungepflegten Gesamtzustand zu thematisieren: Dies sind bei Weitem die schwierigsten Gespräche, die man sich vorstellen kann (vgl. Kohaupt 2003). Bei Eltern wird dies fast immer großen Widerstand auslösen, weil es für sie peinlich ist; weil sie sich ggf. ertappt fühlen; weil sie das Recht der Schule bestreiten, sich in „ihre privaten Angelegenheiten einzumischen"; oder weil sie sich ungerechtfertigt beschuldigt fühlen. Hier gilt es die Balance zu wahren zwischen genauer Aufklärung des Sachverhalts (Sind die Vermutungen über eine Gefährdung berechtigt? Was genau ist geschehen – und was nicht?) und Empathie für die Situation der Eltern zu entwickeln, ihre Peinlichkeit, ihre Schamgefühle und all das, was möglicherweise hinter dem geäußerten Widerstand steckt – und auch hinter der Gefährdung (vgl. Fertsch-Röver 2010). Ideal ist es, wenn die Eltern sich öffnen und sich auf gegebenenfalls notwendige Hilfen einlassen. Doch in der Realität laufen diese Prozesse meist komplex ab, mit vielfältigen Herausforderungen für alle Beteiligten.

Ganz wichtig: Es gibt nur eine Option, die Eltern nicht auf Verdachtsmomente einer Gefährdung anzusprechen: Nämlich dann, wenn das Gespräch mit den Eltern das Kind selbst gefährden würde. Das Gesetz ermächtigt die schulischen Akteure explizit, dass Jugendamt direkt zu informieren, wenn damit zu rechnen ist, dass z. B. – durch ein Gespräch ausgelöst –

- Eltern ein Kind ins Ausland transportieren,
- das Kind nach dem Gespräch mit den Eltern bestraft, vielleicht sogar misshandelt wird,
- wichtige Belege für die Gefährdung vernichtet werden.

An dieser Stelle müssen Fachkräfte eine Güterabwägung zwischen den Rechten der Eltern auf Datenschutz und dem Recht des Kindes auf Schutz treffen, und sie müssen diese Güterabwägung mit ihren Begründungen schriftlich dokumentieren.

8.7 Hilfen einleiten!

Wenn sich herausstellt, dass die Vermutungen begründet waren, eine Gefährdung besteht und die Eltern mitwirkungswillig sind, ist es die vorrangige Aufgabe, die Eltern zur Annahme einer Hilfe zu motivieren. Dazu sollte eine schulische Fachkraft wissen oder in Erfahrung bringen, welche Art von Hilfe zur Beseitigung der Gefährdung geeignet ist und wer diese Hilfe leisten kann. Fachkräfte der Schulsozialarbeit haben meist einen guten Überblick. Auch die Kinderschutzfachkraft kann Tipps geben.

Das Ziel ist es, die Eltern im Gespräch zu überzeugen, sich Hilfe zu suchen oder die Vermittlung der Schule für eine Hilfe anzunehmen. Die Eltern sollten auf diesen Wegen in Beratungsstellen oder zum Jugendamt von der Schule begleitet werden. Den Eltern helfen klare Informationen über die Art der Hilfe und die Zugänge zu ihr. Möglicherweise ist auch ein Erstgespräch mit externen Fachkräften in der Schule sinnvoll, um Zugangsbarrieren aufzulösen (z. B. Unerreichbarkeit einer Beratungsstelle, ungünstige Öffnungszeiten) oder Vorbehalte und Hemmungen gegen Institutionen abzubauen. In einer mir bekannten Erziehungsberatung saßen immer wieder Eltern in der Sprechstunde, die einen Zettel mit z. T. unpassenden Adressen, vor allem auch von vielen verschiedenen Institutionen, erhalten hatten und sich jetzt irgendwie durch diese Liste abarbeiteten mit z. T. langen Wartezeiten, die sich dann beim ersten Termin in einer der angegebenen Institutionen als nutzlos herausstellten.

Unter schulpsychologischen Fachkräften wurde der Begriff der „Schickeria" für dieses Phänomen kolportiert, und ebenso der Begriff „Schieberitis" („Gehen Sie besser zu einer anderen Institution, wir können sie gerade nicht betreuen"). Wenn dies geschieht, sind Eltern, die mühsam motiviert wurden, völlig verzweifelt oder frustriert und geben dann auf – und dies geht immer zulasten des Kindes. Diese Phänomene liegen nicht in einer mangelnden Motivation der beteiligten Fachkräfte begründet, sondern in zu langen Wartezeiten aufgrund von Überlastungen und der mangelnden Systemkompatibilität zwischen Schulen, Hilfsdiensten und Beratungsstellen. Die für diese Phänomene sensiblen Beratungsdienste sind deshalb häufig bereit, neben ihrer „Kommstruktur" auch selbst in die Einrichtungen vor Ort zu gehen („Gehstruktur") und dort Gesprächstermine anzubieten. Diese Überlegungen machen deutlich, dass es einer guten Übergangsgestaltung nicht nur zwischen Familie und Bildungseinrichtung und zwischen den Bildungsabschnitten bedarf, sondern auch zu den kooperierenden Hilfsdiensten (vgl. Kap 1.2.1 und Kap. 7).

Gleichzeitig muss (beim Vorliegen einer Gefährdung) der Verantwortliche in der Schule eine Gewissheit darüber haben, dass eine verabredete Hilfe wirklich stattfindet. Der Schulakteur sollte sich deshalb von den Eltern eine Schweigepflichtsentbindung (Vordruck in den Unterlagen zum Download) gegenüber dem Hilfedienst ausstellen lassen, um nachfragen zu können. Alternative: Die Eltern erklären sich bereit, sich die Beratung und deren Ergebnisse von der Beratungsfachkraft schriftlich bestätigen zu lassen. Für diese Art von Vereinbarungen hat sich der Begriff „Schutzplan" eingebürgert.

Ganz wichtig: Es gibt Situationen, in denen Gefahr im Verzuge ist und schulische Fachkräfte unmittelbar handeln müssen. Sie haben keine Zeit für die beschriebenen oft langwierigen Wege. Wenn z. B. am Freitag in der letzten Stunde ein Kind mitteilt, dass es nicht nach Hause gehen möchte, weil es immer verprügelt wird, oder weil es die Situation aus anderen Gründen nicht mehr aushält, ist im Jugendamt regulär niemand mehr zu erreichen. Dann sollte man sich sofort bei der Notfallnummer des Jugendamtes (es sollte im Vorfeld mit dem Jugendamt fallunabhängig geklärt werden, wie man an die

Nummer kommt) oder bei der Polizei Hilfe holen – möglicherweise erst einmal ohne Nennung des Namens des Kindes – und mit den dort erreichten Fachkräften die Lage erörtern. Gemeinsam sollten schulische Akteure und die akut erreichbaren Dienste in der Lage sein, entsprechend notwendige Maßnahmen zu initiieren.

8.8 Datenschutz als Vertrauensbasis nutzen!

Unter Fachkräften aus sozialen Diensten und Bildungseinrichtungen wird gelegentlich der Satz „Kinderschutz bricht Datenschutz" kolportiert. Entsprechend agieren auch manche Fachkräfte in Krisensituationen dem Datenschutz gegenüber achtlos und tauschen sich ohne Zustimmung der Sorgeberechtigten über Familien aus. Nicht selten eskalieren Bemühungen um Zusammenarbeit, wenn Eltern das erfahren. Wenn am Ende solcher Verfahrensweisen sogar Kinder in Obhut genommen werden müssen, weil die Eltern aus einem berechtigten Ärger über Datenschutzverletzungen völlig in den Widerstand gehen, ist dies auch einem inkompetenten Vorgehen der Profis geschuldet.

Ich plädiere für einen sorgsamen Umgang mit den einschlägigen Datenschutzbestimmungen, weil sich auch auf diesem Weg alle Ziele erreichen lassen. Dieser Weg macht zunächst mehr Arbeit. Natürlich gibt es Extremsituationen, in denen es nicht ratsam ist (siehe o. g. Einschränkung) oder nicht die Zeit zur Verfügung steht („Gefahr im Verzug!"), die Zustimmung der Eltern einzuholen. Doch sind schulische Fachkräfte in derartigen Situationen verpflichtet, diese Güterabwägung schriftlich zu dokumentieren und im Nachhinein den Eltern so gut wie möglich zu erklären, warum sie so gehandelt haben.

Insofern ist es bis auf die oben beschriebene Einschränkung nötig, Eltern *vor* einer Mitteilung an das Jugendamt über die Schritte zu informieren. Sie werden in der Regel protestieren und wütend reagieren, aber für eine spätere Zusammenarbeit ist dies allemal besser, als hinter ihrem Rücken zu agieren. (Ausführliche Hinweise zum Datenschutz mit Praxisbeispielen gibt es in der Anlage zum Download)

8.9 Übergänge zum Jugendamt gestalten!

Es gibt für die Schule (neben der Inanspruchnahme einer Beratung durch eine Kinderschutzfachkraft) zwei Optionen, das Jugendamt in einen Kooperationsprozess mit Eltern einzubeziehen (vgl. 8.2):

- Durch die Einleitung einer Hilfe zur Erziehung kann eine drohende Gefährdung abgewendet werden. Die Eltern werden dazu durch die Schule motiviert. Aus Perspektive des Jugendamtes ist dies der Antrag auf eine Hilfe, deren Dringlichkeit nicht unbedingt zu erkennen ist. Die Schule kann mit Zustimmung der Eltern auf die Dringlichkeit hinweisen, dies ist aber nicht zu verwechseln mit einer Gefährdungsanzeige. Wenn die Eltern irgendwann zu dem Schluss kommen, dass sie die Hilfe nicht mehr brauchen, wird das Jugendamt sie beenden. Der Abbruch einer Hilfe muss aber nicht nur das Anzeichen für eine Verweigerungshaltung der Eltern sein, sondern kann genauso gut auf eine ineffektive Hilfe oder andere Probleme hinweisen, die auch bei dem Hilfeleistenden liegen können. Im Idealfall wird aber eine gute Hilfe die Eltern in die Lage versetzen, ihr Kind angemessen zu behandeln und zu fördern.
- Wenn die schulischen Akteure sehen, dass die Gefährdung durch alle Maßnahmen nicht beseitigt werden konnte – oder die Eltern eine Mitwirkung verweigern – wird das Jugendamt in seiner Funktion als der nächsten Stufe des staatlichen Wächteramtes angesprochen. Die Schule teilt dem Jugendamt mit einer schriftlichen Gefährdungsanzeige alle notwendigen Sachverhalte mit (Vorlage in den Materialien zum Download). Dann bearbeitet das Jugendamt in eigener Zuständigkeit den Fall weiter. Idealerweise sollten dann die dort zuständigen Fachkräfte die Schule über die weiteren Prozesse auf dem Laufenden halten. Dies setzt allerdings die Zustimmung der Eltern voraus. Wenn Schulen aufgrund der guten Zusammenarbeit mit dem Jugendamt sicher sind, dass die Fachkräfte des Jugendamtes sich um die Zustimmung der Eltern bemühen, kann aus einer mangelnden Information kein Konflikt entstehen, wie dies leider in der Praxis immer wieder mal geschieht.

Gegenüber den Eltern kann der Begriff „Jugendamt" im Prozess des Kinderschutzes an mehreren Stellen im Prozess genannt werden. Eltern sollten so gut wie möglich darüber aufgeklärt werden, dass das Jugendamt in erster Linie einen unterstützenden Auftrag hat und nur im äußersten Notfall auf Basis eines gerichtlichen Beschlusses Kinder in Obhut nehmen wird.

8.10 Kinderschutz in der Schule – eine langfristige Herausforderung

Eine zentrale Problematik liegt darin, dass das Jugendamt die Sichtweise der Schule über die Gefährdung nicht automatisch übernimmt, sondern selbst eine eigenständige Gefährdungseinschätzung in einer kollegialen Beratung durchführt – und die Ergebnisse können abweichend sein. Als Berater habe ich es immer wieder erlebt, dass selbst in einzelnen Teams des gleichen Jugendamtes eine Sachlage sehr unterschiedlich eingeschätzt wurde; sowohl was die Unmittelbarkeit des Handlungsdrucks anging als auch die Eignung von Interventionsoptionen.

Es ist hilfreich, wenn schulische Akteure diese Problematik grundsätzlich verstehen und im Dialog mit dem Jugendamt nach Lösungen zum Wohle eines Kindes suchen. Immer wieder musste ich schulischen Vertreterinnen aber auch raten, den Weg über eine Beschwerde bei den zuständigen Vorgesetzten zu gehen, wenn aus irgendeinem Grund die Situation völlig blockiert war. Rechtlich könnten sich Schulen beim Dissens mit Jugendämtern sogar selbst an das Familiengericht wenden; das habe ich in meiner Praxis aber noch nicht erlebt.

Durch die gesetzlichen Regelungen können erhebliche Qualitätsentwicklungen in der Kooperation und in der gegenseitigen Information und Vernetzung verschiedenster Berufsgruppen befördert werden. Wichtig ist die Einbindung in ein lokales oder regionales Gesamtkonzept, das die nötigen Voraussetzungen durch entsprechende Fortbildung, Informationsveranstaltungen und Beratung schafft.

Download: Arbeitshilfen zur Arbeit im Kinderschutz

Literaturverzeichnis

Adelt, Eva; Reichel, Norbert (2009): Öffnung von Schule – Öffnung zur Schule. Bilanz und Perspektiven der Ganztagsschulentwicklung in Nordrhein-Westfalen, in: Appel, Stefan; Ludwig, Harald; Rother, Ulrich; Rutz, Georg (Hrsg.): Jahrbuch Ganztagsschule 2009. Leben – Lernen – Leisten, Schwalbach

Agentur Junges Herz (2016): Kindermarketing – Kinder als Zielgruppe; erreichbar unter https://www.agentur-jungesherz.de/blog/kindermarketing-kinder-als-zielgruppe/ (01.07.2020)

AKJstat (2020): Monitor Hilfen zur Erziehung 2020, Dortmund; erreichbar unter http://hzemonitor.akjstat.tu-dortmund.de/ (06.02.2021)

Altrichter, Herbert (2019): Steuerung/Governance der Lehrer*innenfortbildung im schulischen Unterstützungssystem; in: Priebe, Botho; Böttcher, Wolfgang; Heinemann, Ulrich; Kubina, Christian (Hg.): Steuerung und Qualitätsentwicklung im Fortbildungssystem. Probleme und Befunde – Standardbildung und Lösungsansätze, Hannover

Anhorn, Roland; Balzereit, Marcus (2016): Handbuch Therapeutisierung und Soziale Arbeit, Wiesbaden

Bade, Angelika; Melzer, Wolfgang; Mohme, Harald; Pries, Heinz-Friedrich(1982): Eltern lernen ihre Kinder unterrichten. in: Pädagogik extra 7/8, S. 44–48

Baier, Dirk; Pfeiffer, Christian; Simonson, Julia; Rabold, Susann (2009): Jugendliche in Deutschland als Opfer und Täter von Gewalt. Erster Forschungsbericht zum gemeinsamen Forschungsprojekt des Bundesministeriums des Innern und des KFN. Forschungsbericht Nr. 107. Hannover

Barth, Karlheinz; Gomm, Berthold (2014): Gruppentest zur Früherkennung von Lese- und Rechtschreibschwierigkeiten. Phonologische Bewusstheit bei Kindergartenkindern und Schulanfängern, München

Barthelmess, Manuel (2016): Die systemische Haltung. Was systemisches Arbeiten im Kern ausmacht, Göttingen

Bartscher, Matthias (2011): Auf dem Weg zur Erziehungs- und Bildungspartnerschaft mit Eltern – Akteure, Konzepte und Strukturen für eine nachhaltige Prävention; in: Institut für Soziale Arbeit (Hg.) (2011): ISA-Jahrbuch zur Sozialen Arbeit 2011, Münster: Waxmann Verlag: S. 178–216

Bartscher, Matthias; Boßhammer, Herbert; Kreter, Gabriela; Schröder, Birgit (2010): Bildungs- und Erziehungspartnerschaft. Rahmenkonzeption für die konstruktive Zusammenarbeit mit Eltern in Ganztagsschulen; Der GanzTag in NRW, Beiträge zur Qualitätsentwicklung 2010, Heft 18

Bartscher, Matthias (2013): Praxisportrait: Die Elternschule Hamm – Vom Projekt zu einer lebensweltorientierten sozialen Infrastruktur; in: Stange, Waldemar; Krüger, Rolf; Henschel, Angelika; Schmitt, Christof: Erziehungs- und Bildungspartnerschaften. Praxisbuch zur Elternarbeit, Wiesbaden

Bartscher, Matthias (2018): Bildung – Beziehung – Bindung: Von der Elternarbeit zur Bildungs- und Erziehungspartnerschaft, in: „Kinderleicht", Ausgabe 3-2018

Bartscher, Matthias (2018): Handbuch zur Bildungs- und Erziehungspartnerschaft – Teil 2. „Es liegt an uns, Eltern zu erreichen!" – Zielgruppendifferenzierte Strategien auf dem Hintergrund der Sinus-Milieustudien, Hamm

Bartscher, Matthias (2019a): Handbuch zur Bildungs- und Erziehungspartnerschaft – Teil 4. Motivierende Gespräche mit Eltern, Jugendlichen und Kindern führen. Inspirierende Werkzeuge für professionelle Kommunikation, Hamm

Bartscher, Matthias (2019b): Haltung entwickeln! – Professionelle Beziehungsgestaltung in „Bildungs- und Erziehungspartnerschaften". Anregungen für die Arbeit mit Haltungskarten, Hamm

Bartscher, Matthias (2020): Bildungsort Familie: Chancen erkennen und Potenziale nutzen! in: ISA-Jahrbuch 2020 – Kinderschutz? Lebenswelten gestalten – Gefahren abwehren, Münster, S. 124–141

Bartscher, Matthias; Sacher, Werner (2020): Mit Augenmaß praktizieren – Die Forderung nach Bildungs- und Erziehungspartnerschaft; in: Lernende Schule Heft 92/2020

Bartscher, Matthias; Boßhammer, Herbert; Kreter, Gabriela; Schröder, Birgit (2010): Bildungs- und Erziehungspartnerschaft. Rahmenkonzeption für die konstruktive Zusammenarbeit mit Eltern in Ganztagsschulen; Der GanzTag in NRW. Beiträge zur Qualitätsentwicklung 2010. Heft 18

Bartscher, Matthias; Hurrelmann, Klaus (2020): Bildungsort Familie. Das Potential von Eltern erkennen und stärken; in: Lernende Schule Heft 92/2020

Bartscher, Matthias; Kriener, Martina (2016): Rechte von Kindern und Jugendlichen, in: Schröer, Wolfgang; Struck, Norbert; Wolff, Mechthild (Hg.): Handbuch Kinder- und Jugendhilfe, Weinheim und Basel, S. 1242–1266

Barz, Heiner (2018): Eltern und Schulen gemeinsam stark – Prozessbegleitung und Ergebnissicherung. Abschlussbericht. Heinrich-Heine-Universität Düsseldorf, Institut für Sozialwissenschaften

Barz, Heiner; Tippelt, Rudolf (Hg.) (2004): Weiterbildung und Soziale Milieus in Deutschland

Baumert, Jürgen (2003): Transparenz und Verantwortung, in: Kilius, N.; Kluge, J.; Reisch, L. (Hg.): Die Bildung der Zukunft, Frankfurt am Main: Suhrkamp Verlag: S. 213–228

Bayerisches Staatsministerium (2014): Leitlinien zur Gestaltung der Bildungs- und Erziehungspartnerschaft von Schule und Elternhaus. München

BDP – Berufsverband Deutscher Psychologinnen und Psychologen e.V. – Sektion Schulpsychologie (2015): Schulpsychologie in Deutschland – Berufsprofil, Berlin; erreichbar unter https://www.bdp-schulpsychologie.de/backstage2/sps/documentpool/2015/berufsprofil.pdf (23.09.2020)

Beck, Ulrich (1983): Jenseits von Stand und Klasse? Soziale Ungleichheiten, gesellschaftliche Individualisierungsprozesse und die Entstehung neuer sozialer Formationen und Identitäten. S. 35–74, in: Reinhard Kreckel (Hg.): Soziale Ungleichheiten. Göttingen

Bellenberg, Gabriele (2012): Schulformwechsel in Deutschland. Durchlässigkeit und Selektion in den 16 Schulsystemen der Bundesländer innerhalb der Sekundarstufe I (im Auftrag der Bertelsmann Stiftung), Gütersloh

Bernitzke, Fred (2006): Methoden der Elternarbeit. Expertise für das BLK-Verbundprojekt „Lernen für den Ganztag", Speyer

Betz, Tanja; Bischoff, Stefanie; Eunicke, Nicoletta; Kayser, Laura B.; Zink, Katharina (2017): Partner auf Augenhöhe? Forschungsbefunde zur Zusammenarbeit von Familien, Kitas und Schulen mit Blick auf Bildungschancen – Zusammenfassung, Gütersloh

Beyer, Gunter (2018): Auch Elternarbeit will gelernt sein. In: SEMINAR Lehrerbildung und Schule 2/2018 / BAK-Vierteljahresschrift 24. Jg., S. 50–59

Bildungsbüro Oberhausen (Hg.)(2012): Materialordner „Tipps für eine gelingende Bildungs- und Erziehungspartnerschaft", Oberhausen

Blossfeld, Hans-Peter; Blossfeld, Gwendolin Josephine; Blossfeld, Pia Nicoletta (2019): Soziale Ungleichheiten und Bildungsentscheidungen im Lebensverlauf. Die Perspektive der Bildungssoziologie, Journal for educational research online 11 (2019) 1, S. 16–30

BMFSFJ - Bundesministerium für Familie, Senioren, Frauen und Jugend (Hg.)(2020): Referentenentwurf des Bundesministeriums für Familie, Senioren, Frauen und Jugend. Entwurf eines Gesetzes zur Stärkung von Kindern und Jugendlichen (Kinder- und Jugendstärkungsgesetz – KJSG), Berlin; erreichbar unter: https://www.kinderschutz-zentren.org/Mediengalerie/1601988090_-_Referentenentwurf_eines_Gesetzes_zur_Staerkung_von_Kindern_und_Jugendlichen.pdf (17.01.2020)

BMFSFJ – Bundesministerium für Familie, Senioren, Frauen und Jugend (Hg.)(2015): Qualitätsstandards für Beteiligung von Kindern und Jugendlichen. Allgemeine Qualitätsstandards und Empfehlungen für die Praxisfelder Kindertageseinrichtungen, Schule, Kommune, Kinder- und Jugendarbeit und Erzieherische Hilfen, Berlin; erreichbar unter https://www.bmfsfj.de/blob/94118/c49d4097174e67464b56a5365bc8602f/kindergerechtes-deutschland-broschuere-qualitaetsstandards-data.pdf (21.10.2020)

BMFSFJ – Bundesministerium für Familie, Senioren, Frauen und Jugend (Hg.) (2016): gutes Familienleben in der digitalen Gesellschaft. Ergebnisse eines Fachworkshops und strategische Empfehlungen, Berlin

Bormann, Inka (2000): Schule als lernende Organisation – Kann eine veränderte Lehrerbildung Schule verändern? Bielefeld; erreichbar unter: https://www.sowi-online.de/sites/default/files/bormann.pdf (20.10.2020)

Born, Andreas; Klaudy, Elke Katharina; Micheel, Brigitte; Risse, Thomas; Stöbe-Blossey, Sybille (Hg.) (2019): Familienzentren an Grundschulen. Abschlussbericht zur Evaluation in Gelsenkirchen. Duisburg: Inst. Arbeit und Qualifikation, IAQ-Forschung, 2019-04. Online unter http://www.iaq.uni-due.de/iaq-forschung/2019/fo2019-04.pdf (11.06.2020)

Böttcher, Wolfgang; Klemp, Gesa; Nüsken, Dirk; Overesch, Pierre; Peters, Sofia Helena; Schmidt, Ariane (2019): Zwischenbericht der Evaluation des Projektes „Ein guter Ort für alle – Wir gestalten Inklusion!" für den Zeitraum 2017/2018, Bochum/Münster

Braun, Anja (2020): Studie: Babysprache hilft beim Sprechen lernen, SWR Wissen; erreichbar unter https://www.swr.de/wissen/babysprache-100.html (03.06.2020)

Bronfenbrenner, U. (1989): Die Ökologie der menschlichen Entwicklung. Natürliche und geplante Experimente, Frankfurt am Main: Fischer Verlag

BöfAE e.V. – Bundesarbeitsgemeinschaft der öffentlichen und freien, nicht konfessionell gebundenen Ausbildungsstätten e.V. (2012): Länderübergreifender Lehrplan Erzieherin/ Erzieher; erreichbar unter http://www.boefae.de/wp-content/uploads/2012/11/laenderuebergr-Lehrplan-Endversion.pdf (06.02.2021)

Bundesministerium für Jugend, Familie, Frauen und Gesundheit BMJFFG (1990): Achter Jugendbericht. Bericht über Bestrebungen und Leistungen der Jugendhilfe; Bonn

Burchard, Amory (2009): Studie an Schulen: „Kevin ist kein Name, sondern eine Diagnose". Wie deutsche Grundschullehrer Kinder aufgrund ihrer Vornamen in Schubladen stecken, Zeit Online; erreichbar unter https://www.zeit.de/wissen/2009-9/vorurteile-namen-grundschullehrer (05.07.2020)

Burchard, Amory (2019): Deutscher Abstieg bei der Pisa-Studie. Lernt endlich, kein Kind zurückzulassen! Erreichbar unter https://www.tagesspiegel.de/wissen/deutscher-abstieg-bei-der-pisa-studie-lernt-endlich-kein-kind-zurueckzulassen/25294162.html (5.7.2020)

Burow, Olaf-Axel (2000): Ich bin gut – wir sind besser. Erfolgsmodelle kreativer Gruppen. Stuttgart

Buschmann, Anke (2008): Heidelberger Elterntraining zur frühen Sprachförderung: Trainermanual, München

Büttner, Mareike; Voigt, Jana (2015): Theoretische Grundlagen für eine erfolgreiche Netzwerkarbeit, Potsdam; erreichbar unter https://www.stiftung-toleranz.de/wp-content/uploads/2016/08/Flick-Stiftung-Netzwerke-end.pdf (11.11.2020)

Daudert, Elke (2001): Selbstreflexivität, Bindung und Psychopathologie. Hamburg

de Mause, L. (1977): Hört ihr die Kinder weinen: Eine psychogenetische Geschichte der Kindheit. Frankfurt/M.

Deegener, Günther (2002): Kritische Stellungnahme zum Triple P, Homburg; erreichbar unter http://www.kinderschutzbund-bayern.de/fileadmin/user_upload/veroeffentlichungen/ stellungnahmen/kritische_stellungnahme_triplep.pdf (Zugriff am 21.7.2017)

DeGEval – Arbeitsgruppe „Systemische Ansätze" des Arbeitskreises Evaluation von Entwicklungszusammenarbeit in der DeGEval (2013): Systemische Ansätze in der Evaluation; erreichbar unter https://www.degeval.org/images/stories/Arbeitskreise/AK_ENTW_POL/Diskussionspapier_AG_SAE_130731.pdf (02.11.2020)

Deller, Ulrich (2015): Die goldenen Regeln der Netzwerkarbeit; erreichbar unter https://www.sozial.de/die-goldenen-regeln-der-netzwerkarbeit.html (11.11.2020)

DER SPIEGEL 50/1993 (1993): Spiel mit mir Seife Fa!, Hamburg; erreichbar unter https://www.spiegel.de/spiegel/print/d-13693242.html (29.10.2020)

Deutscher Bundestag – Wissenschaftliche Dienste (2018): Zur Entwicklung der Risiken von Scheidung und Trennung in verschiedenen Familien-und Lebensformen; erreichbar unter https://www.bundestag.de/resource/blob/575702/e3051fdc35fe0ad87c0919137e8b058f/WD-9-053-18-pd-data.pdf (22.07.2020)

Dewey, John (1930): Demokratie und Erziehung, Breslau

Ditton, Hartmut (2013): Wer geht auf die Hauptschule? Primäre und sekundäre Effekte der sozialen Herkunft beim Übergang nach der Grundschule. In: Erziehungswissenschaft 16, S. 731–749

DKSB – Deutscher Kinderschutzbund Landesverband NRW e.V. (HG.) (2012): Das Bundeskinderschutzgesetz – Inhalte und Umsetzungserfordernisse. Handreichung für Mitglieder von Jugendhilfeausschüssen, Wuppertal; erreichbar unter https://www.kinderschutz-in-nrw.de/fileadmin/user_upload/Materialien/Pdf-Dateien/DKSB_Jugendhilfeausschuesse.pdf (03.11.2020)

Dombrowski, Rosine; Solga, Heike (2012): Soziale Ungleichheiten im Schulerfolg. Forschungsstand, Handlungs- und Forschungsbedarfe; in: Kuhnhenne, Michaela; Miethe, Ingrid; Sünker, Heinz; Venzke, Oliver (Hrsg.): (K)eine Bildung für alle – Deutschlands blinder Fleck Stand der Forschung und politische Konsequenzen, Opladen

Duveneck, Anika (2016): Potenziale non-formaler Bildung für eine umfassend vernetzte Bildung. In: Suthues, Bettina / Transferagentur Kommunales Bildungsmanagement NRW (Hrsg.): Kommunales Bildungsmanagement und Netzwerkgestaltung. Potentiale und Herausforderungen vernetzter Bildung in der Kommune, Münster, S. 16–18

Dyllick, Thomas H.; Weber, Julia; Storch, Maja (2020): Motto-Ziele – ein neuer Zieltyp für das Unbewusste, in: Systhema 34. Jg. 2020, Heft 3, S. 263–275

Fegert, Jörg M. (2015): Kinder in der Zerreißprobe – Elternrechte um jeden Preis? Entwicklungsabhängige Belastungen aus der Sicht der Kinder- und Jugendpsychiatrie und Psychotherapie, Vortrag vom 03.11.2015 – Berlin; erreichbar unter https://www.uniklinik-ulm.de/fileadmin/default/Kliniken/Kinder-Jugendpsychiatrie/Praesentationen/FF_2015_11_03_Friedrich_Ebert_Stiftung.pdf (26.07.2020)

Fertsch-Röver, Jörg (2010): Zur Gesprächsführung mit Eltern bei Verdacht auf Kindeswohlgefährdung (durch die Eltern) – Beratungs- oder Abklärungsgespräch?; in: Kindschaftsrecht und Jugendhilfe 3-2010

Fichtner, Jörg (2013): Der Umgang mit dem Umgangsboykott und das gefährdete Kindeswohl aus psychologischer Sicht, unveröffentlichter Vortrag beim Fachkongress Essen: Eltern bleiben, das ist schwer …! Kinderschutz im Spannungsfeld von Hochstrittigkeit, 30.09. - 01. 10.2013

Fichtner, Jörg (2016): Forschungsstand im Bereich Trennung und Scheidung von Eltern und Perspektiven für die Kooperation der Akteure, unveröffentlichter Vortrag bei der Veranstaltung „Eltern Trennung und Scheidung – lokales Netzwerk zum Wohle der Kinder" am 01.03.2016 in Hamm

Fiegert, Monika; Solzbacher, Claudia (2014) „Bescheidenheit und Festigkeit des Charakters…" Das Konstrukt Lehrerhaltung aus historisch-systematischer Perspektive; in: Schwer/Solzbacher 2014

Figdor, Helmuth (2003): Scheidungskinder: Wege der Hilfe, Gießen

Fromm, Erich (1976): Haben oder Sein. Die seelischen Grundlagen einer neuen Gesellschaft, Stuttgart

Frühförderung Bayern (2016): Schwerpunkte von Erziehungsstilen in den Sinus-Milieus; erreichbar unter https://www.fruehfoerderung-bayern.de/fileadmin/files/PDFs/MSF_2016/Skripts_MSF_2016/Erziehungsverhalten_in_den_SINUS-Milieus.pdf; (21.04.2020)

Füller, Christian (2018): Pädagogen im Griff des Eros: Wie Hartmut von Hentigs Anhänger ihren Meister rehabilitieren wollen; erreichbar unter https://www.nzz.ch/feuilleton/die-anhaenger-hartmut-von-hentigs-wollen-dass-ihr-meister-rehabilitiert-wird-ld.1367382 (27.07.2020)

Gernert, Wolfgang (1993): Jugendhilfe – Einführung in die sozial-pädagogische Praxis, München u. Basel

Geschäftsstelle Elternschule Hamm (2011): Das Hammer Elterntraining. Konzeption – Erprobung – Evaluation, Hamm

GEW (HG.)(2010): Gewalt und Geschlecht in der Schule. Analysen, Positionen, Praxishilfen, Frankfurt; erreichbar unter https://www.gew.de/index.php?eID=dumpFile&t=f&f=24453&token=f77ae32eff309a4d6110e1c8a350aaeab5fb4d4f&sdownload=&n=GewGesch_Schule_4.pdf (27.07.2020)

Gloger-Tippelt, Gabriele (1999):Transmission von Bindung über die Generationen – Der Beitrag des Adult Attachment Interview, in: Praxis der Kinderpsychologie und Kinderpsychiatrie 48 (1999) 2, S. 73–85

Gymnasium Kirchheim (o.J.) Bildungs- und Erziehungspartnerschaft am GyKi; erreichbar unter https://gymnasium-kirchheim.de/bildungs-und-erziehungspartnerschaft-am-gyki.html (02.11.2020)

Habermas, Jürgen (1981): Theorie des kommunikativen Handelns (Bd. 1: Handlungsrationalität und gesellschaftliche Rationalisierung, Bd. 2: Zur Kritik der funktionalistischen Vernunft), Frankfurt am Main

Hallenberg, Bernd (2018): Menschen mit Zuwanderungsgeschichte in Deutschland – vhw-Migrantenmilieu-Survey 2018, Berlin; erreichbar unter https://www.vhw.de/fileadmin/user_upload/07_presse/PDFs/ab_2015/vhw_Schriftenreihe_Nr._10_Migrantenmilieu-Survey_2018.pdf (26.09.2020)

Harms, Gerd; Preissing, Christa; Richtermeier, Adolf (1985): Kinder und Jugendliche in der Großstadt, Berlin

Hattie, John Allan (2003): Teachers Make a Difference. What is the research evidence? Australian Council for Educational Research, Cambervell, Vic. https://research.acer.edu.au/cgi/viewcontent.cgi?article=1003&context=research_conference_2003 (06. 02. 2020)

Hattie, J. A. (2013): Lernen sichtbar machen. Überarbeitete deutschsprachige Ausgabe von „Visible learning", besorgt von Wolfgang Beywl und Klaus Zierer. Baltmannsweiler: Schneider Hohengehren.

Heintel, Peter; Krainz; Ewald E. (1990): Projektmanagement: Eine Antwort auf die Hierarchiekrise? Wiesbaden

Hellmann, Michaela; Institut für Entwicklungsplanung und Strukturforschung: Netzwerk für örtliche und regionale Familienpolitik (Hg.) (2004): Erziehungspartnerschaft – Bildungspartnerschaft, Netzwerk-Rundbrief Juli 2004

Helsper, Werner; Tippelt, Rudolf (Hg.) (2011): Pädagogische Professionalität, Weinheim

Hennig, Claudius; Ehinger, Wolfgang (2009): Das Elterngespräch in der Schule. Von der Konfrontation zur Kooperation, Donauwörth

Henry-Huthmacher, Christine; Hoffmann, Elisabeth (Hg.) (2009): Wenn Eltern nur das Beste wollen ... Ergebnisse einer Expertenrunde der Konrad-Adenauer-Stiftung, St. Augustin

Heuchtkötter, Lea (2017): Das Geschäft mit den Kindern. Skrupellose Ausbeutung oder raffiniertes Marketingkonzept?; erreichbar unter https://www.wcg.de/blog/detail/das-geschaeft-mit-den-kindern/ (01.07.2020)

Huber, Christian (2006): Soziale Integration in der Schule?! Eine empirische Untersuchung zur sozialen Integration von Schülern mit sonderpädagogischem Förderbedarf im Gemeinsamen Unterricht, Marburg

Huber, Christian (2011): Lehrerfeedback und soziale Integration. Wie soziale Referenzierungsprozesse die soziale Integration in der Schule beeinflussen könnten, in: Empirische Sonderpädagogik 3 (2011) 1, S. 20–36

Hübner, Lutz; Nemitz, Sarah (2010): Frau Müller muss weg. Ein Auftragswerk des Staatsschauspiels Dresden, Dresden

Hurrelmann, K.; Bauer, U. (2015): Einführung in die Sozialisationstheorie, Weinheim: Beltz.

Infas-Dimap (2019): Das Deutsche Schulbarometer. Elternbefragung 2019, im Auftrag der Robert Bosch Stiftung in Kooperation mit der ZEIT September 2019; erreichbar unter https://deutsches-schulportal.de/download/das-deutsche-schulbarometer/?wpdmdl=10184&refresh=5e976244df8bc1586979396 (15.04.2020)

Institut für soziale Arbeit e.V. (Hg.)(2012): Die Kinderschutzfachkraft – eine zentrale Akteurin im Kinderschutz, Münster

Jugendamt der Stadt Hamm – Geschäftsstelle Elternschule (2011): Das Hammer Elterntraining. Konzeption – Erprobung – Evaluation, Hamm

Jungermann, Anja; Pfänder, Hannah; Berkemeyer, Niels (2018): Schulische Vernetzung in der Praxis. Wie Schulen Unterricht gemeinsam entwickeln können, Steinfurt

Jurt, Josef (2013): Kulturelles Kapital, Potsdam; erreichbar unter https://www.uni-potsdam.de/de/romanistik-kimminich/kif/kif-begriffe/kif-kult-kapital

Kalle, Matthias; Stelzer, Tanja (2014): Scheidungskinder. Glück gehabt, Zeit-Magazin 18/2014; erreichbar unter https://www.zeit.de/zeit-magazin/2014/18/scheidungskinder-risiko-trennung (26.7.2020)

Katholischer Sozialdienst Hamm (Hg.) (2008): „MEIN KIND WIRD FIT – ICH MACH MIT". Entwicklung eines Projektes zur Ausbildung und Begleitung von Migrantinnen und Migranten als Mittler in Erziehungs- und Bildungsfragen. Erfahrungs- und Auswertungsbericht, Hamm

Keller, Heidi (2011): Kinderalltag. Kulturen der Kindheit und ihre Bedeutung für Bindung, Bildung und Erziehung; Berlin, Heidelberg

KMK – Kultusministerkonferenz (2004): Standards für die Lehrerbildung: Bildungswissenschaften (Beschluss der Kultusministerkonferenz vom 16.12.2004 i.d.F. vom 16.05.2019); erreichbar unter https://www.kmk.org/fileadmin/Dateien/veroeffentlichungen_beschluesse/2004/2004_12_16-Standards-Lehrerbildung-Bildungswissenschaften.pdf (06.11.2020)

Knop, Meike (2014): Urlaub im Kloster. Eine empirische Analyse der Übernachtungsmöglichkeiten und Kursangebote deutscher Klöster, Trier

KMK – Kultusministerkonferenz (2018): Bildung und Erziehung als gemeinsame Aufgabe von Eltern und Schule – Informationen der Länder über die Zusammenarbeit von Eltern und Schule (Beschluss der KMK vom 04.12.2003 i. d. F. vom 11.10.2018)

Kobelt Neuhaus, Daniela; Haug-Schnabel, Gabriele; Bensel, Joachim (2014): Qualität der Zusammenarbeit mit Eltern. Ein Leitfaden für den frühpädagogischen Bereich; ein Kooperationsprojekt der Karl Kübel Stiftung für Kind und Familie und der Vodafone Stiftung Deutschland; gefördert durch die AG für Kind und Familie, Worms

Kohaupt, Georg (2003): Wirkungen des Rechts auf Hilfebeziehungen im Kinderschutz; in: Das Jugendamt 10/2003

Köster-Ehling, Olaf (2020): Kooperative Beratung durch die Schulleitung, in: Systhema, 34, Jg. 2020, S. 290

Kraus, Björn (2002): Konstruktivismus – Kommunikation – Soziale Arbeit, Heidelberg.

Krause, Frank; Storch, Maja (2010): Ressourcen aktivieren mit dem Unbewussten. Manual und ZRM-Bildkartei, Bern

Krumm, Volker; Weiß, Susanne (2005): Was Lehrer Schülern antun. Ein Tabu in der Forschung über „Gewalt in der Schule", in: Grunder, Hans-Ulrich (Hrsg.). „Und nun endlich an die Arbeit!" Baltmannsweiler

Kuhl, Julius (2001): Motivation und Persönlichkeit: Interaktionen psychischer Systeme, Hogrefe, Göttingen

Kuhl, Julius; Müller-Using, Susanne; Solzbacher, Claudia; Warneke, Wiebke (2011): Bildung braucht Beziehung. Selbstkompetenz stärken – Begabungen entfalten, Freiburg

Kuhl, Julius; Müller-Using, Susanne; Solzbacher, Claudia; Warneke, Wiebke (2011): Bildung braucht Beziehung. Selbstkompetenz stärken – Begabungen entfalten, Freiburg

Kuhl, Julius; Schwer; Christina; Solzbacher, Claudia (2014): Professionelle pädagogische Haltung: Persönlichkeitspsychologische Grundlagen; in: Schwer/Solzbacher 2014

Kuhnhenne, Michaela; Miethe, Ingrid; Sünker, Heinz; Venzke, Oliver (2012): Einleitung. Bildung als soziale und politische Frage, in: Kuhnhenne, Michaela; Miethe, Ingrid; Sünker, Heinz; Venzke, Oliver (Hrsg.): (K)eine Bildung für alle – Deutschlands blinder Fleck. Stand der Forschung und politische Konsequenzen, Opladen

LAGA – Landesarbeitsgemeinschaft der kommunalen Migrantenvertretungen Nordrhein-Westfalen (2003): Natürliche Mehrsprachigkeit und Schulerfolge. Jetzt Handeln! Dokumentation der Anhörung des Ausschusses für Migrationsangelegenheiten im Landtag von Nordrhein-Westfalen November 2003; erreichbar unter https://landesintegrationsrat.nrw/wp-content/uploads/2014/10/Nat%C3%BCrliche-Mehrsprachigkeit-und-Schulerfolge.pdf [10.07.2020]

Lepold, Marion; Ullmann, Monika (2018): Digitale Medien in der Kita. Alltagsintegrierte Medienbildung in der pädagogischen Praxis

Lohre, Wilfried (2005): Entwicklung regionaler Bildungslandschaften. Ein Auftrag des Projektes „Selbstständige Schule" in Nordrhein-Westfalen; in: Regiestelle E&C der Stiftung SPI (Hg.): Orte der Bildung im Stadtteil. Dokumentation des Werkstattgesprächs am 2. Februar 2005, Berlin

Lohre, Wilfried; Engelking, Gerhard; Götte, Zitta; Koppe, Claudia; Kober, Ulrich; Madelung, Petra; Schnoor, Detlev; Weisker, Katrin (2004): Regionale Bildungslandschaften. Grundlagen einer staatlich-kommunalen Verantwortungsgemeinschaft, Troisdorf

Ludwig-Körner, Christiane (2011): Bildung für Säuglinge und Kleinkinder, Vortrag bei den Lindauer Psychotherapiewochen 2011 (Lutz Hübner und Sarah Nemitz)

LVR-Landesjugendamt Rheinland (Hg.) (2009): Arbeitshilfen zur Entwicklung und Steuerung von Netzwerken Früher Förderung. Ein Modellprojekt des LVR-Landesjugendamtes Rheinland, Köln

LWL Landesjugendamt Westfalen; LVR Landesjugendamt Rheinland (Hg.) (2019): HzE Bericht 2019; Münster, Köln.

Medienpädagogischer Forschungsverbund Südwest (mpfs) (Hg.)(2019): JIM 2019 – Jugend, Information, Medien. Basisuntersuchung zum Medienumgang 12- bis 19-Jähriger in Deutschland, Stuttgart; erreichbar unter: https://www.mpfs.de/fileadmin/files/Studien/JIM/2019/JIM_2019.pdf (02.01.2021)

Medvedev, Alexei (2020): Heterogene Eltern. Die Kooperation von Eltern und Schule neu denken und umsetzen, Weinheim

Merkens, Hans (2016): Evaluation in Schulen – Notwendigkeit und Grenzen, in: DDS – Die Deutsche Schule 108. Jahrgang 2016, Heft 2, S. 205–215; erreichbar unter https://www.uni-bielefeld.de/einrichtungen/weos/die-deutsche-schule/inhalte/dds-hefte-im-open-access/DDS-22016/Inhalte_DDS_2016_2_8_Merkens_ST_Bericht.pdf (02.11.2020)

Merkle, Tanja; Wippermann, Carsten (Hg.: Konrad-Adenauer-Stiftung) (2008): Eltern unter Druck. Selbstverständnisse, Befindlichkeiten und Bedürfnisse von Eltern in verschiedenen Lebenswelten, Berlin

Meyer, Thomas (1994): Die Transformation des Politischen, Frankfurt

Meyer, Thomas (2011): Berichtspräsentation der Elternbefragung zur Schulqualität an der Schule am Webersberg Homburg, Saarbrücken; erreichbar unter http://www.schuleamwebersberg.de/wp-content/uploads/2012/01/EvaEltern2011_V%C3%96.pdf; (11.01.13)

Miller, William R.; Rollnick, Stephen (2015): Motivierende Gesprächsführung, Freiburg

Moch, Matthias; Junker-Moch, Manuela (2012): Rolle und Aufgaben einer Kinderschutzfachkraft (gemäß § 8a Abs. 4 SGB VIII); in: Institut für soziale Arbeit e.V. (Hg.) (2012): Die Kinderschutzfachkraft – eine zentrale Akteurin im Kinderschutz, Münster, S. 56–76

Möller, Gerd (2014): Benachteiligung beim Übergang in die Sekundarstufe. Primäre und sekundäre Herkunftseffekte; erreichbar unter https://bielefeld.gew-nrw.de/fileadmin/user_upload/Themen_Wissen_PDFs/Bildung_Soziales_PDFs/Bildungsgerechtigkeit_PDFs/Moeller_Primaere_und_sekundaere_Herkunftseffekte.pdf (09.07.2020)

mpfs – Medienpädagogischer Forschungsverbund Südwest (Hg.) (2018): KIM 2018 – Kindheit, Internet, Medien. Basisuntersuchung zum Medienumgang 6- bis 13-Jähriger in Deutschland, Stuttgart; erreichbar unter: https://www.mpfs.de/fileadmin/files/Studien/KIM/2018/KIM-Studie_2018_web.pdf (02.01.2021)

Müller, Reinhard (2014): Keimzelle in Gefahr, Frankfurter Allgemeine Zeitung, 12.03.2014; erreichbar unter https://www.faz.net/aktuell/politik/inland/ehe-und-familie-keimzelle-in-gefahr-12844184.html#void (29.07.2020)

Müller-Using, Susanne (2001): Beziehungskulturen und Schulqualität: Welche Werte leiten professionelles Alltagshandeln von Grundschullehrer/innen? In: Kuhl u.a. 2011

Nave-Herz, Rosemarie (2001): Die nichteheliche Lebensgemeinschaft – eine soziologische Analyse, Familienhandbuch; erreichbar unter: https://www.familienhandbuch.de/familie-leben/partnerschaft/herausforderung-konflikte/dienichtehelichelebensgemeinschaftsoziol.php (20.07.2020)

Nave-Herz, Rosemarie (2019): Familie heute. Wandel der Familienstrukturen und Folgen für die Erziehung, Darmstadt

Niesel, Renate (2015): Schulreife oder Schulfähigkeit – was ist darunter zu verstehen? https://www.familienhandbuch.de/kita/schule/uebergang/SchulreifeoderSchulfaehigkeit.php (11.06.2020)

Nieskens, Birgit; Schumacher, Lutz; Sieland, Bernhard (2013): Gelingensbedingungen für die Entwicklung guter gesunder Schulen. Ein Leitfaden mit Empfehlungen, Checklisten und Arbeitshilfen; erreichbar unter http://www.handbuch-lehrergesundheit.de/downloads/Leitfaden_Gelingensbedingungen.pdf (02.11.2020)

Nifbe – Niedersächsisches Institut für frühkindliche Bildung und Entwicklung (Hg.) (2020): Zusammenarbeit mit vielfältigen Familien, Freiburg

OECD (1998): Staying ahead: In-service Training and Teacher Professional Development, Paris

OECD (Hg.) (2001): Lernen für das Leben. Erste Ergebnisse der internationalen Schulleistungsstudie PISA 2000, Paris

Omer, Haim (2014) Autorität ohne Gewalt. Coaching für Eltern von Kindern mit Verhaltensproblemen. „Elterliche Präsenz" als systemisches Konzept, Göttingen

Omer, Haim (2015): Wachsame Sorge. Wie Eltern ihren Kindern ein guter Anker sind, Göttingen

Omer, Haim; Haller, Regina (2019): Raus aus der Ohnmacht: Das Konzept Neue Autorität für die schulische Praxis, Göttingen

Omer, Haim; von Schlippe, Arist (2004): Autorität durch Beziehung. Die Praxis des gewaltlosen Widerstands in der Erziehung, Göttingen
PädQUIZ (2019) Handbuch für die Familienzentren im Zertifizierungsjahr 2019/20, Berlin, erreichbar unter https://www.paedquis-familienzentrum.de/sites/default/files/2019.08.01.Handreichung_FZ_19-20_mit%20Anhang.pdf (15.11.2020)
Präventionsnetzwerk Ortenaukreis (Hg.) (2019): Qualitätsstandards in der Zusammenarbeit zwischen Schule und Eltern, Freiburg
Prenzel, Manfred; Artelt, Cordula; Baumert, Jürgen; Blum, Werner; Hammann, Marcus; Klieme, Eckhart; Pekrun, Reinhard (Hg.) (2007): PISA 2006. Die Ergebnisse der dritten internationalen Vergleichsstudie, Münster
Rauschenbach, Thomas (2009): Zukunftschance Bildung. Familie, Jugendhilfe und Schule in neuer Allianz, Weinheim, München: Juventa Verlag
Rauschenbach, Thomas (2009): Zukunftschance Bildung. Familie, Jugendhilfe und Schule in neuer Allianz, Weinheim, München
Reckwitz, Andreas (2019): Das Ende der Illusionen. Politik, Ökonomie und Kultur in der Spätmoderne, Frankfurt
Röhrich, Wilfried (1981): Die repräsentative Demokratie. Ideen und Interessen, Opladen
Rombey, Wolfgang (2014): Erfolgsfaktoren einer kommunalen Bildungslandschaft. Eine Handreichung zum Aufbau eines kommunalen Bildungsnetzwerkes. Wegweiser Kommune, bezogen unter: https://www.wegweiser-kommune.de/documents/10184/17239/Erfolgsfaktoren+einer+kommunalen+Bildungslandschaft.pdf/1a07af71-47d6-4e91-9f7c-502372938ed9 (16.09.2020)
Roth, Gerhard (2011): Bildung braucht Persönlichkeit, Wie Lernen gelingt; Stuttgart
Roth, Gerhard (2015): Wie das Gehirn die Seele formt, FAZ 11.08.2015
Roth, Xenia; Schmidt, Hartmut W. (2014): Handbuch Elternarbeit: Bildungs- und Erziehungspartnerschaft in der Kita, München
RuhrFutur gGmbH (2018): Gemeinsam Wirken. Faire Bildungschancen für alle, Essen
RuhrFutur gGmbH, Regionalsverband Ruhr (Hg.) (2020): Bildungsbericht Ruhr 2020. Bildung in der Region gemeinsam gestalten, Essen
Rummler, Klaus; Asllani, Donjeta; Bänninger, Matthias; Braunschweiler, Stefan; Brückner, Eigenmann, Evelyn; Hofstetter, Michaela u.a. (2018): Hausaufgaben und Medien. Lern- Und Medienbildungsprozesse am Übergang zwischen formellen und informellen Kontexten, Zürich, erreichbar unter https://doi.org/10.5281/zenodo.1169629 (04.07.2020)
Sacher, Werner (2007): Kooperation zwischen Schule und Elternhaus: Was erwarten Eltern und Schüler? Vortrag am 17. 12. 2007 in Bad Wildbad, erreichbar unter https://lehrerfortbildung-bw.de/s_sueb/allgschulen/matproj/elternarbeit/Elternarbeit_Vortrag_Bad_Wildbad_07.pdf (31.10.2020)
Sacher, Werner (2012): Erziehungs- und Bildungspartnerschaft zwischen Eltern und Lehrkräften. Vortrag bei der Fachstelle Elterneinbindung der Stadt Hamm am 24.01.2012 (unveröffentlicht)
Sacher, Werner (2014): Elternarbeit als Erziehungs- und Bildungspartnerschaft: Grundlagen und Gestaltungsvorschläge für alle Schularten, Bad Heilbrunn. Klinkhard-Verlag.
Sacher, Werner; Berger, Fred; Guerrini, Flavia (2019): Schule und Eltern – eine schwierige Partnerschaft. Wie Zusammenarbeit gelingt. Stuttgart: Kohlhammer
Sacher, Werner (2020): Arten der Beziehung zwischen Lehrkräften und Eltern – Ermittelt aus den Daten der bayerischen Repräsentativ-Untersuchung von 2004 an 574 Schulen (unveröffentlicht)
Sacher, Werner (unter Mitwirkung von Matthias Bartscher) (2018): Bildungs- und Erziehungspartnerschaft zwischen Bildungsinstitutionen und Familien – eine vielversprechende Neuausrichtung der Elternarbeit oder doch nur eine Illusion? Eine Erwiderung

auf die Kritik von Tanja Betz, Januar 2018, erreichbar unter https://www.bartscher.info/app/download/9931148/Sacher+-+Bartscher+-+BEP-Diskussion+Beitrag+2018.pdf (10.01.2021)

Sacher, Werner (2020): Kooperation zwischen Schule und Elternhaus als Schlüssel zum Schulerfolg, in: Schule im Blickpunkt. Informationen des Landeselternbeirats Baden-Württemberg, 54. Jg., Heft 3, Februar 2020, S. 5–9

Sartory, Katharina; Jungermann, Anja; Hoeft, Maike; Bos, Wilfried (2018) Kommunales Übergangsmanagement in der Praxis. Wie Kommunen und Schulen Übergänge gemeinsam gestalten können, Münster

Schmoll, Heike (2012): Durchlässigkeit der Schulsysteme: Doppelt so viele Schulabsteiger wie Schulaufsteiger, FAZ.net, erreichbar unter https://www.faz.net/aktuell/politik/inland/durchlaessigkeit-der-schulsysteme-doppelt-so-viele-schulabsteiger-wie-schulaufsteiger-11943746.html (09.07.2020)

Schopp, Johannes; Wehner, Jana (2006): Eltern stärken – Dialogische Elternseminare; in: Tschöpe-Scheffler, Sigrid (Hrsg.): Konzepte der Elternbildung. Eine kritische Übersicht, Opladen

Schneider Stingelin, Colette; Rummler, Klaus; Grabensteiner, Caroline (2020): Die Mütter als willkommene Dienstleistende. Spuren elterlicher Betreuung bei Hausaufgaben Jugendlicher in der Schweiz, in: Lernende Schule, Heft 92, 2020, Hannover, S. 20–23

Schratz, Michael; Michels, Inge; Wolters, Angelika (Hg.) (2021): Menschen machen Schule. Mutig eigene Wege gehen, Hannover

Schratz, Michael; Pant, Hans Anand; Wischer, Beate (2013): Was für Schulen! Schule als lernende Organisation – Beispiele gute Praxis, Seelze

Schulz von Thun, Friedemann (2015): Von wem stammt das Werte- und Entwicklungsquadrat?, in „SyStemischer – Die Zeitschrift für systemische Strukturaufstellungen, Ausgabe 07/2015, S. 88–98

Schwartz, Katja; Kunigkeit, Hansjürgen (2020): Beratungslehrkräfte in Nordrhein-Westfalen: Facetten einer Rolle im System Schule, in: systhema, 34, Jg. 2020, S. 276–289

Schwer, Christina; Solzbacher, Claudia (Hg.) (2014): Professionelle pädagogische Haltung. Historische, theoretische und empirische Zugänge zu einem viel strapazierten Begriff, Bad Heilbrunn

Settertobulte, Wolfgang (2010): AOK-Familienstudie. Routinen und Rituale fördern die Gesundheit der Kinder, Gütersloh

SEB – Schulentwicklungsberatung Bezirksregierung Arnsberg (o.J.): Das Schulprogramm als Steuerungsinstrument der Schulentwicklung, Arnsberg, erreichbar unter https://www.schulentwicklung.nrw.de/e/upload/schulinterneevaluation/diagnose-schulprogramm.pdf (17.10.2020)

SINUS Markt- und Sozialforschung GmbH (2020): Die Sinus-Milieus in Deutschland 2020, Heidelberg, erreichbar unter https://www.sinus-institut.de/sinus-loesungen/sinus-milieus-deutschland/ (06.02.2021)

Spiewak, Martin (2015): „Sie wollen unsere Kinder!" in ZEIT: Chancen-Beilage 44/2015 (Schule & Erziehung)

Spitzer, Manfred (2012): Digitale Demenz: Wie wir uns und unsere Kinder um den Verstand bringen, München

Stadt Hamm (2000): Zur Lebenssituation benachteiligter Menschen in Hamm – Kommunaler Armutsbericht, Hamm, https://cdn.website-editor.net/3c983223cab142c3af2e57e4c6780514/files/uploaded/Armutsbericht%2520Hamm.pdf (11.06.2020)

Stadt Hamm (2002): Das „sozial- und bewohner(innen)orientierte Stadtteilentwicklungsprojekt Hamm-Norden" – Kurzdarstellung der Arbeit 1992 - 2002, Hamm

Stadt Hamm (Hg.) (2000): Menschen in benachteiligten Lebenslagen: Der kommunale Armutsbericht, Hamm

Stadt Mannheim (Hg.)(2011): Unterstützen und stärken. Gelingende Elternarbeit am Übergang Schule – Beruf, Mannheim

Stange, Waldemar (2013): Präventions- und Bildungsketten – Elternarbeit als Netzwerkaufgabe. In: Stange, Waldemar; Krüger, Rolf; Henschel, Angelika; Schmitt, Christof (Hrsg.): Erziehungs- und Bildungspartnerschaften, Wiesbaden, S. 17–69

Stange, Waldemar; Krüger, Rolf; Henschel, Angelika; Schmitt, Christof (2012): Handbuch Erziehungs- und Bildungspartnerschaften. Grundlagen und Strukturen von Elternarbeit, Wiesbaden

Stange, Waldemar; Krüger, Rolf; Henschel, Angelika; Schmitt, Christof (2012): Handbuch Erziehungs- und Bildungspartnerschaften. Grundlagen und Strukturen von Elternarbeit, Wiesbaden

Statistisches Bundesamt (2018): Familie, Lebensformen und Kinder. Auszug aus dem Datenreport 2018; erreichbar unter https://www.destatis.de/DE/Service/Statistik-Campus/Datenreport/Downloads/datenreport-2018-kap-2.pdf?__blob=publicationFile (20.07.2020)

Statistisches Bundesamt (2020): Ehescheidungen und betroffene minderjährige Kinder; erreichbar unter https://www.destatis.de/DE/Themen/Gesellschaft-Umwelt/Bevoelkerung/Eheschliessungen-Ehescheidungen-Lebenspartnerschaften/Tabellen/ehescheidungen-kinder.html (15.02.2020)

Statistisches Bundesamt (2020): Ehescheidungen mit Kindern; erreichbar unter https://www.destatis.de/DE/Themen/Gesellschaft-Umwelt/Bevoelkerung/Eheschliessungen-Ehescheidungen-Lebenspartnerschaften/Tabellen/ehescheidungen-kinder.html#fussnote-1-115750 (20.07.2020)

Statistisches Bundesamt (2020b): Pressemitteilung Nr. 328 vom 27. August 2020; erreichbar unter https://www.destatis.de/DE/Presse/Pressemitteilungen/2020/08/PD20_328_225.html (06.02.2021)

Stern, Cornelia; Reichel, Norbert (2014): Regionale Bildungsnetzwerke. Gemeinsam Bildung im Ganztag gestalten. In: Heinrich, Dörthe; Stötzel, Janina (Hrsg.): Ganztag im Bildungsnetzwerk. Herausgegeben vom Institut für soziale Arbeit e.V. Münster, Serviceagentur, Ganztägig lernen' NRW. Münster, S. 15–20.

Stöger, Roman (2016): Die wirksamsten Management-Werkzeuge. Das Schweizermesser für Führungskräfte, Stuttgart

Storch, Maja (2009): Motto-Ziele, S.M.A.R.T.-Ziele und Motivation, in: Birgmeier, Bernd (Hrsg.): Coachingwissen. Denn sie wissen nicht, was sie tun? Wiesbaden S. 183–205

Storck, Remi (2010): Zusammenarbeit mit Eltern; in: Baier, Florian; Deinet, Ulrich (Hg.): Praxis der Schulsozialarbeit. Methoden, Haltungen und Handlungsorientierungen für eine professionelle Praxis. Opladen, S. 327–346

Sünker, Heinz; Swiderek, Thomas (1997): Partizipation hat Konjunktur. Kinderpolitik, Kinderrechte und Partizipation von Kindern, in: AGJ 1997

Terhart, Ewald (2011): Lehrerberuf und Professionalität. Gewandeltes Begriffsverständnis – neue Herausforderungen; in: Helsper, Werner [Hrsg.]; Tippelt, Rudolf [Hrsg.]: Pädagogische Professionalität. Weinheim S. 202–224. – (Zeitschrift für Pädagogik, Beiheft; 57)

Thiersch, Hans (2017): Das Konzept Lebensweltorientierte Soziale Arbeit, für meine Enkel zitiert, Tübingen-Berlin; erreichbar unter https://www.hans-thiersch.de/Hans-Thiersch.de/Veroeffentlichungen_files/Elementare%20Einfu%CC%88hrung%20in%20die%20lebensweltorientierte%20Soziale%20Arbeit%202019.pdf (22.04.2020)

VHW (2020): Das Gesamtmodell des Migrantenmilieu-Survey 2018; erreichbar unter https://www.vhw.de/forschung/urbaner-wandel-gesellschaftl-zusammenhalt/projekte/migrantenmilieu-survey-2018/ (11.02.2020)

Vodafone Stiftung Deutschland (Hg.)(2013): Qualitätsmerkmale schulischer Elternarbeit. Ein Kompass für die partnerschaftliche Zusammenarbeit von Schule und Elternhaus, Düsseldorf 2013

Von-der-Tann-Grundschule (2011): Elternbefragung der Von-der-Tann-Schule 2011, Regensburg; erreichbar unter http://www.schulen.regensburg.de/vdt/images/pdfs/Evaluation/elternbefragung%20ergebnis%202011.pdf (11.01.13)

Walper, Sabine (2020). Entwicklung, ökologischer Ansatz nach Bronfenbrenner. In: M. A. Wirtz (Hrsg.), Dorsch – Lexikon der Psychologie. https://portal.hogrefe.com/dorsch/entwicklung-oekologischer-ansatz-nach-bronfenbrenner/ (04.06.2020)

Walper, Sabine (2011): Die Folgen von Trennung und Scheidung für Kinder in Deutschland, www.erzieherin.de; erreichbar unter https://www.erzieherin.de/die-folgen-von-trennung-und-scheidung.html (27.07.2020)

Walper, Sabine; Entleitner-Phleps, Christiane; Wendt, Eva-Verena (2016): Brauchen Kinder immer (nur) zwei Eltern? Forschungsergebnisse in Psychologie und Soziologie und ihre Bedeutung für das Kindschaftsrecht, in: RdJB Recht der Jugend und des Bildungswesens 2-2016, S. 210–226

Walper, Sabine; Grgic, Mariana (2019): Bildungsort Familie, in: Köller, Olaf; Hasselhorn, Marcus; Hesse, Friedrich W.; Maaz, Kai; Schrader, Josef; Solga, Heike; Spieß, C. Katharina; Zimmer, Karin (Hg.): Das Bildungswesen in Deutschland. Bestand und Potenziale, Stuttgart

Wampfler, Philippe (2014): Generation „Social Media". Wie digitale Kommunikation Leben, Beziehungen und Lernen Jugendlicher verändert, Göttingen

Wikipedia (2020): Seite „Bindungstheorie". In: Wikipedia, Die freie Enzyklopädie. Bearbeitungsstand: 29. April 2020, 15:08 UTC. URL: https://de.wikipedia.org/w/index.php?title=Bindungstheorie&oldid=199424762 (26. September 2020, 13:34 UTC)

Winterhoff, Michael (2008): Neue Bild-Serie über die schlimmsten Erziehungsfehler: Warum unsere Kinder Tyrannen werden, erreichbar unter https://www.bild.de/ratgeber/gesundheit/die-haeufigsten-fehler-in-der-erziehung-4388544.bild.html (04.01.2020)

Winterhoff, Michael (2009): Warum unsere Kinder Tyrannen werden: Oder: Die Abschaffung der Kindheit, Gütersloh

Wippermann, Katja; Wippermann, Carsten; Kirchner, Andreas (2013): Eltern – Lehrer – Schulerfolg, Stuttgart, Lucius-Verlag

Wittler, Christine (2008): Lernlust statt Lernfrust. Evaluation eines Elterntrainings zur Förderung autonomieunterstützender Instruktionsstrategien im häuslichen Lernkontext (Dissertation), Bielefeld, https://pub.uni-bielefeld.de/download/2302531/2302534/Dissertation_Wittler.pdf (11.06.2020)

Wischer, Beate; Katenbrink, Nora (2017): „Drum prüfe auch, wer sich nur temporär bindet?" In: Killus, Dagmar u. a. (Hrsg.:): Eltern. Friedrich Jahresheft XXXV, Hannover S. 7–9

Wulf, Ulrich (2015): Medien in der Familie, Soziale Netzwerke, Apps, Datenschutz etc., Elternvortrag im Hammonense Gymnasium 25. November 2015, unveröffentlichte PowerPoint-Präsentation

Ziegenhain, Ute; Schöllhorn, Angelika; Künster Anne K.; Hofer, Alexandra; König, Cornelia; Fegert, Jörg M. (2010): WERKBUCH VERNETZUNG. Chancen und Stolpersteine interdisziplinärer Kooperation und Vernetzung im Bereich Früher Hilfen und im Kinderschutz, Köln, erreichbar unter https://www.fruehehilfen.de/fileadmin/user_upload/fruehehilfen.de/pdf/Werkbuch_Vernetzung__NZFH_2010_.pdf (11.11.2020)

Zischke, Vera (2007): Wirtschaftsfaktor Taschengeld? Westdeutsche Zeitung, 9.8.2007; https://www.wz.de/panorama/wirtschaftsfaktor-taschengeld_aid-31658405 (02.07.2020)

Übersicht zu den Download-Materialien

1. Qualitätsmerkmale der Bildungs- und Erziehungspartnerschaft zwischen Schulen und Familien

2. Arbeitshilfe zur Zielentwicklung

3. Vorlage zur Erstellung eines Projektplanes

4. Arbeitshilfen für die Arbeit im Kinderschutz
   a. Gesetzliche Grundlagen und Verfahrensschritte im Kinderschutz in der Schule
   b. Empfehlungen zur Gefährdungseinschätzung bei einer vermuteten Kindeswohlgefährdung
   c. Dokumentation eines Elterngespräches im Rahmen einer Gefährdungseinschätzung
   d. Vorlage Entbindung von der Schweigepflicht gem. § 203 StGB
   e. Vorlage für eine Gefährdungsmitteilung an das örtliche Jugendamt
   f. Beispielsituationen für die Anwendung des Datenschutzes

5. Die Sinus-Migrantenmilieus 2018

Ausblick auf den zweiten Band

Der zweite Band liefert Anregungen und Impulse zur Weiterentwicklung der individuellen Professionalität schulischer Akteure. Zwischen den beiden grundlegenden Kompetenzen – der Arbeit in Gruppen und der Arbeit in Einzelssettings – werden Gemeinsamkeiten und Differenzen aufgezeigt und Entwicklungsimpulse systematisch aufbereitet.
Auf dieser Basis lassen sich vielfältige Anregungen für die motivierende Beziehungsgestaltung geben, die konkretisiert werden für die Übergangssituationen am Anfang und Ende jeden Bildungsabschnitts, für digitale Kommunikation, für die Gestaltung von Beteiligungsgremien und weitere Partizipationsformen und nicht zuletzt für die Arbeit im Kinderschutz. In die systematische Darstellung sind vielfältige Praxisbeispiele integriert.

Schemapädagogik – ein neuer Ansatz zwischen Psychotherapie und Schulpädagogik

MARCUS DAMM

Guter Unterricht braucht Beziehungen

Schemapädagogik – ein Ansatz zum Umgang mit verhaltensauffälligen Schülern

16 x 23 cm, 229 Seiten + Downloadmaterial

ISBN 978-3-7727-1196-1

€ 24,95

Fachbuch

Alle Preise zzgl. Versandkosten, Stand 2021.

Unterrichtsstörungen sind ein weit verbreitetes Phänomen, mit dem viele Lehrende täglich konfrontiert sind. Der Band eröffnet Einblicke in typische Lebensthemen von Lehrenden, die die Unterrichts- und Beziehungsgestaltung beeinflussen können. Er zeigt effiziente Möglichkeiten, konstruktiv mit typischen Unterrichtsstörungen umzugehen, und führt ein in die Grundlagen schemapädagogischen Denkens und Handelns und in die Psychologie von Heranwachsenden mit narzisstischer, antisozialer, passiv-aggressiver und Borderline-Struktur. So können Sie tiefgründige Konflikte besser verstehen, Widerstände auflösen und Beziehungen zwischen Lernenden und Lehrenden verbessern.

Die Downloadmaterialien enthalten zahlreiche Arbeitsblätter und vertiefende Materialien für Ihren Unterricht.

Unser Leserservice berät Sie gern:
Telefon: 05 11/4 00 04 -150
Fax: 05 11/4 00 04 -170
leserservice@friedrich-verlag.de

www.klett-kallmeyer.de

Unter **www.friedrich-verlag.de** finden Sie Materialien zum Buch als Download.
Bitte geben Sie den achtstelligen Download-Code in das Suchfeld ein.

DOWNLOAD-CODE: **d31520be**

Hinweis:

Das Download-Material enthält Arbeitshilfen und Materialien, die Sie beim Aufbau einer Bildungs- und Erziehungspartnerschaft mit Eltern unterstützen.

Durch den Kauf dieses Buches (ISBN 978-3-7727-1520-4) haben Sie das Recht erworben, das ergänzende Download-Material in Ihren derzeitigen und zukünftigen Lerngruppen und Klassen einzusetzen und zu vervielfältigen. So können Sie etwa einzelne Seiten ausdrucken und verteilen oder mit Beamer oder Whiteboard verwenden.

Was Sie **nicht** dürfen:
- Das Download-Material oder Teile davon an Kolleginnen und Kollegen weitergeben.
- Das Download-Material oder Teile davon in Netzwerke einstellen, wie etwa Schulserver oder Cloud-Systeme, sodass Kolleginnen und Kollegen darauf Zugriff erhalten.
- Die Lizenzinformation und Quellenhinweise auf dem Downloadmaterial entfernen.
- Bei einer Bibliotheksausleihe des Buches das Download-Material herunterladen.

Bitte tragen Sie im Sinne dieser Lizenz dazu bei, dass wir weiterhin digitales Ergänzungsmaterial für Lehrerinnen und Lehrer bereitstellen können. Der Verlag behält sich dabei vor, auch gegen urheberrechtliche Verstöße vorzugehen.

Unsere Autorinnen und Autoren sowie der Verlag wünschen Ihnen viel Erfolg bei der Nutzung der Materialien!

Haben Sie Fragen zum Download? Dann wenden Sie sich bitte an den Leserservice der Friedrich Verlags GmbH. Schreiben Sie uns oder rufen Sie uns an!

Sie erreichen unseren Leserservice
Montag bis Donnerstag von 8 – 18 Uhr
Freitag von 8 – 14 Uhr
Tel.: 0511/40004-150
Fax: 0511/40004-170
E-Mail: leserservice@friedrich-verlag.de

Wir freuen uns über Ihre Rückmeldung und helfen Ihnen gerne weiter!